테크 천재들의 연대기

테크 천재들의 연대기

카라 스위셔 지음 최정민 옮김

그들은 어떻게 세상을 읽고,

바꾸고,

망가뜨리나

BURN BOOK: A Tech Love Story

글항아리

월트 모스버그에게

테크 분야의 첫 칼럼, 첫 문장을 이렇게 쓰셨지요. "개인용 컴퓨터는 사용하기 너무 어려운데, 그건 당신 잘못이 아니다." 30여 년이 지난 지금도 이 문장은 여전히 사실이고, 당신이 제 인생의 진로를 바꿔놓았다는 것 또한 마찬가지입니다. 절대 다 보답하지 못할 겁니다. 그건 (제게는 감사하게도) 당신의 잘못입니다.

순한 양이 필요한 순한 양

통과 데이지, 그들은 경솔한 인간이었다.
물건이든 사람이든 때려 부순 뒤 돈으로,
혹은 더 무지막지한 경솔함으로,
혹은 그들을 한데 묶어주고 있는 그 무언가로 보상했다.
그런 다음 자기네가 어질러놓은 것을
다른 사람들에게 말끔히 치우게 했다.
_F. 스콧 피츠제럴드, 『위대한 개츠비』

나중에 보니 그것은 결국 자본주의였다.

　테크 산업에서 모든 게 궤도에서 벗어났던 순간을 선택해야 한다면, 나는 2016년 12월 10일 요리를 좋아하는 큰아들과 농산물 직거래 장터에서 멋진 메이어 레몬을 고르고 있던 그때를 택할 것이다. 노밸리의 언덕 위로 안개가 걷히며 샌프란시스코의 햇살이 비치는 그곳에서 나는 제보를 하나 받았다. 실리콘밸리의 가장 막강한 테크 기업 수장들이 예상을 뒤집고 이제 막 대통령에 당선된 데다 자신들의 성향과는 정반대일 듯한 남자를 만나기 위해 맨해튼의 트럼프 타워로 소집되었다는 것이다.

　'비밀 회동'이란 표현이 더 그럴듯했다. 내가 이 '기술 정상 회의'에 대해 들을 수 있었던 이유는 테크업계의 일류 기업가 중 한 명이 '진보 성향'인 데다 도널드 트럼프 대통령 당선인에 대한 '노골적인 반대'로 초대받지 못했기 때문이다. 따돌림당한 그 사람은 분에 차서 연락했다.

　"누구든 궁지로 몰아야만 직성이 풀리는 뚱뚱한 패배자한테 알랑대다니 창피한 일이에요." 그가 말했다. "믿어집니까? 믿어져요?"

인터넷 산업을 탄생 때부터 시작해 수십 년간 취재해온 나는 그 사실이 믿어졌다. 내 생물학적 아들은 내 자부심의 원천이었던 반면, 젊은 신예 창업가들은 하나둘 나한테 걸려 까발려지면서 나는 마치 망나니로 변한 자식을 둔 부모의 심정이 되었다.

내가 첫 번째로 전화 건 사람은 까칠할 때도 있지만 재미있고 쉽게 곁을 주는 실력자였다. 내가 취재해온 사람을 전부 떠올려봐도 테슬라와 스페이스X의 CEO인 일론 머스크만큼은 나와 어느 정도 인간적인 관계를 유지할 수 있다고 확신했다. 머스크는 훗날 트위터(엑스X로 이름을 바꿨다)의 거대한 트롤 왕으로 변했지만, 준비된 논점에 의지하지 않는 몇 안 되는 테크업계 거물 중 한 명이었다. 어쩌면 가장 의지해야 할 사람이었을 텐데 말이다.

그러면 머스크는 트럼프의 초대를 어떻게 생각했을까? 그 회의에는 명시된 의제가 없었던 터라 내가 보기에 그 자리는 오로지 사진 촬영을 위한 것임이 분명했다.

"가면 안 돼요." 나는 그에게 경고했다. "트럼프가 당신을 엿 먹일 거예요."

머스크는 동의하지 않았다. 그는 참석하겠다면서 새로 선출된 대통령을 위한 비즈니스 협의회에도 이미 가입했다고 덧붙였다. 끊임없이 분열을 초래하는 트럼프의 공포심 조장 및 이민부터 동성애자 권리에 이르기까지 관련 안건들을 폐기하겠다는 그의 선거 공약을 언급했을 때, 머스크는 그런 위협을 묵살했다.

그는 "설득할 수 있다"고 장담했으며 "내가 그 사람한테 영향을 끼칠 수 있다"고 말했다.

보아하니 머스크는 오랫동안 자신을 한낱 인간이 아닌 그 이상, 우상이나 때로 신으로 여겨왔기에 자신이 악취 나는 물을 고급 포도주로 바꿀 수 있다고 생각하는 듯했다. '잘해봐라.' 나는 전화를 끊으며 생각했다.

계속해서 다른 C 레벨 임원들에게 전화를 걸어 의견을 구했다. 게스트 목록은 피터 틸이 짰다. 그는 미래 기술에 베팅해 부자가 된 역투자가이자 끊임없이 성가시게 구는 인간이었다. 미래에 대한 그의 최근 비전은 지금까지 내놓은 것 가운데 가장 기이했는데, 바로 트럼프를 지지하는 것이었다. 이건 분명 틸의 대담한 베팅이었고 훌륭하게 성공했다.

나는 틸에게는 연락할 생각조차 없었다. 그와 나는 연락을 끊은 지 오래였다. 특히 2007년 우리가 서로 어떤 것에도 합의하지 못한 긴 화상 인터뷰 이후로는 더 소원했다. 카메라가 멈춘 후, 나는 틸에게 동성애자도 이성애자처럼 결혼하고 자녀를 가질 권리가 있다고 강조했다. 틸과 나는 모두 동성애자로 잘 알려져 있지만, 틸은 동성애자들이 '특별한 권리'를 얻어서는 안 된다고 주장했다. 내가 우리에게는 특별한 권리는커녕 아무 권리도 없다고 주장했음에도 불구하고 말이다. 우리에게는 공통점이 전혀 없었다. 우리 둘 다 결혼하고 아이를 갖게 될 터였지만(내 경우는 두 아이), 아마 그로서는 나를 피해야겠다고 본능적으로 느꼈을 것이다.

그러나 나는 초대받은 다른 사람들과 이야기를 나눴고, 그중 몇 명은 틸이 합류하라며 압박했다고 말했다. 그 외에 다른 사람들은 틸의 초대를 달가워했고, 트럼프가 선거 유세에서 반복적으로 말했던 끔찍한 일들을 정말 하려는 건 아니라고 주장했다. 또 다른 사람은 트럼프를 만나는 것이 "공개적으로 휴전을 연출하는 일"이라며 나를 설득하려 했다. 머스크와 마찬가지로, 많은 사람이 비공개 사항을 제외하고는 실질적인 문제에 대해서 이야기하겠다며 고집을 부렸다.

"있잖아요, 이건 누가 봐도 쇼예요." 한 사람이 내게 말했다. "테크업계에 있는 누구든 지금 당장 이 행정부의 주목을 받는 건 싫어하죠. 하지만 예전 사례를 볼 때 참석하는 게 맞아요."

당혹스러운 점은 민주당 대선 후보인 힐러리 클린턴을 대놓고 지지했던 페이스북의 셰릴 샌드버그를 포함해 많은 테크업계 리더가 선거운동 기간에 트럼프의 입장에 공개적으로 반대했다는 것이다. 그들 중 대다수는 트럼프가 "무슬림의 미국 입국을 전면적으로 막는" 등 이민을 엄격히 제한하겠다는 계획을 발표했을 때 일제히 반발했다. 초대받은 사람 중 머스크와 마이크로소프트의 신임 CEO 사티아 나델라는 사실 이민자였다. 그리고 대부분 개인적으로는 트럼프를 어릿광대라 부르며 조롱했다.

이런 식의 일상적인 위선은 내가 실리콘밸리의 엘리트들을 취재하는 수십 년 동안 점점 더 흔해졌다. 그 기간에 나는 창업가들이 조잡한 신생 업계의 젊고 이상주의적인 노력가에서 가장 크고 영향력 있는 미국 기업의 리더로 변하는 과정을 지켜봤다. 예외도 있긴 했지만, 사람들은 부유하고 권력이 강해질수록 더 타협적으로 바뀌었다. 한때 진실했던 그는, 이제 어떤 불쾌함도 침범할 수 없는 안락함과 특권의 깊숙한 곳에서 값비싼 캐시미어 외투로 자신을 감싸고 있다.

누구나 대단한 부자가 되면 하루 종일 알랑대는 수많은 아첨꾼이 달라붙는다. 다수의 억만장자는 이 아첨을 진짜라고 생각하기 시작했고, 갑자기 자기 입에서 나오는 모든 말이 금이라고 여기게 되었다. 역사는 칭송 일색으로 다시 쓰인다. 만약 당신이 예전부터 그들과 알던 사이라 원래 모습을 기억한다면, 당신은 그들에게 자산이 될 수도 있고 위협이 될 수도 있다.

그래도 나는 그들이 각자 얼마간 한계가 있더라도 이번 '비밀 회동'을 하나의 기회로, 구체적으로는 의견을 표명할 창으로 삼을 수 있는 방법이 있을 거라고 생각했다. 나는 전화해오는 사람들에게 테크 기업과 그 구성원들에게 가장 중요한 핵심 가치가 무엇인지를 정하고, 그걸로 회의에서 강력한 공동 성명을 발표하라고 조언했다.

"그게 민주주의의 핵심 아닌가요?" 내가 한 CEO를 설득하려 했다. "당신이 트럼프 타워에 가는 것은 왕에게 무릎 꿇기 위해서가 아니라 악당에게 맞서기 위한 것임을 대중에게 알리세요. 당신은 트럼프의 이민자 정책에 저항할 수 있어요. 미국을 건설한 것은 이민자들이고, 테크 산업을 이룬 것도 분명 이민자들이니까요. 과학계를 옹호할 수도 있어요. 기후변화는 큰 위협이고 기술은 이를 해결하는 데 중요한 부분이 될 수 있으니까요. 건강과 교통 분야의 혁명으로 가는 길목인 중요한 기술에 투자하고 정치에 발목 잡혀서는 안 된다고 주장할 수 있어요."

내가 혼자서만 떠들고 있었다는 것을 인정한다. 기자로 경력을 시작하긴 했지만 나는 때로 분석가나 어떤 가치에 대한 옹호자에 더 가까웠다. 그리고 점차 광대가 되어가는 억만장자들에게 내 솔직한 의견을 전하기 위해 방대한 연락처 목록을 점점 더 많이 활용했다.

물론 내 조언은 완전히 무시당했다. 이 유명한 '파괴자들'은 아무 조건 없이 트럼프의 초대를 받아들였다. 그들은 품위를 저버렸다. 주지사 선거에 출마했을 때 동성 결혼에 반대해 나와 언쟁을 벌인(나중에는 그 입장을 철회했다) 휼렛 패커드의 멕 휘트먼은 그 회의에 초대받지 못한 열외자였다. 그녀는 확고한 공화당 지지자인데도 트럼프를 "부정직한 선동가"라며 정확하게 못 박았고, 선거 전 8월에는 클린턴 지지자로 돌아섰다.

회의에 초대받지 못한 또 다른 투자자 크리스 사카 역시 무슨 일이 일어나고 있는지 파악하고는 이를 멋지게 요약했다.

"재미있네요. 제가 지금까지 한 모든 테크 기업 거래에서는 서류에 서명한 뒤에야 사진 촬영을 했는데 말이죠." 그가 내게 말했다. "트럼프가 공개적으로 과학계를 받아들이겠다고 약속하고, 인터넷 검열 위협을 중단하고, 가짜 뉴스를 거부하고, 우리 직원들의 다양성에 가해지는 증오에도 반대하고 이를 고발한다면, 그때는 테크업계 리더들의 트럼프 타워 방문을 이해할 수 있을 겁니다. 그러지 않고서는 파시스트를 정당화하는 데 이용되고 있는 것뿐이죠."

이미 실패한 나 대신 사카가 그들의 마음을 돌릴 수 있었을까?

아니다. 그리고 12월 14일, 미래 창조를 도운 사람들, 더 정확히는 내가 이 글에서 일컫듯 '순한 양들'이 파시스트를 조력하기 위해 트럼프 타워의 뒷문으로 들어갔다. 대통령 당선인이 공개적으로 아마존과 애플을 공격한 적이 있는데도 제프 베이조스와 팀 쿡 역시 다른 많은 이와 함께 「어프렌티스」*의 '너드 에디션'**과 같은 그 자리에 참석했다.

이들 CEO가 호화로운 늑대 소굴에 모인 진짜 이유는 그중 누구도 인정하려들지 않았던 것, 바로 여기에 엄청난 돈이 걸려 있었기 때문이다. 그들은 차기 트럼프 행정부가 테크업계에 엄청난 피해를 입히는 걸 피하고 싶어했다. 그리고 테크 기업 임원들은 비자를 원했던 것 못지않게 새 정부, 특히 군대와의 계약도 원했다. 그들은 외국에 감춰뒀던 돈을 미국으로 다시 송금하고 싶어했다. 이때 무엇보다 여태껏 완벽하게 회피해왔던 규제로부터도 보호받고 싶어했다.

일반적으로 기업세계에서 권력에 빌붙는 행위는 뉴스거리가 아니지만, 실리콘밸리는 달라야 했다. 2000년 구글은 행동 강령에 "악이 되지 마라Don't be evil"라는 모토를 포함시켰다. 테슬라의 머스크는 인류에 대한 자신의 헌신이 멋진 전기자동차를 만들고 화석연료에 대한 의존도를 줄일 수 있도록 했다고 주장했다. 페이

---

* 　트럼프가 진행했던 리얼리티 쇼. 16~18명 참가자들을 면접하여 트럼프가 1명씩 해고하는 방식으로 진행된다.
** 　지능은 뛰어나지만 강박이 있고 자존감과 사회성이 떨어지는 사람들만 모아서 프로그램을 진행했다는 의미.

스북은 "사랑하는 사람들과의 더 강한 관계, 많은 기회가 있는 더 강한 경제, 우리의 모든 가치를 반영하는 더 강한 사회"를 만들기 위한 도구가 되길 원했다.

이 모든 회사가 세상을 바꾸겠다는 꿈같은 신조로 출발했고, 실제로 그것을 실천했다. 그러나 홍수처럼 밀려드는 잘못된 정보에서부터 고립되고 도구에 중독된 사회까지, 처음에는 상상도 못 한 방식으로 점점 문제가 심각해졌다. 그래서 나는 연설할 때면 이런 농담으로 마무리했다. "이제 여러분을 스마트폰에게 보내드리겠습니다…… 제 말은, 스마트폰이 지금 여러분 모두가 누리고 있는 최고의 관계이며, 여러분이 아침에 가장 먼저 보고 밤에 가장 마지막까지 만지는 대상이니까요."

이 말은 늘 웃음을 자아냈지만, 트럼프가 임기를 절반쯤 마쳤을 때는 훨씬 덜 웃긴 말이 되었다. 그리고 테크 기업들이 얼마나 타협적으로 변할지에 대해 내가 과소평가했다는 사실이 명확해졌다.

나는 2018년 칼럼니스트로 『뉴욕타임스』에 합류한 뒤 첫 칼럼에 "트위터와 유튜브는 물론이고 페이스북 또한 현시대의 디지털 무기 딜러가 되었다"라고 썼다. "그들은 인간의 소통을 변형시켜 종종 사람들 사이의 연결을 대립으로 만들고, 그 불화를 전례 없는 규모의 피해로 급증시켰다. 그들은 수정헌법 제1조를 무기화했고 시민 담론을 무기화했다. 그리고 무엇보다 정치를 무기화했다."

테크업계 거물들은 자신들이 폭스뉴스 같은 케이블 네트워크보다 나쁘지 않고(사실이긴 하지만 기준이 너무 낮다) 대중의 양극화를 초래했다는 건 입증할 만한 인과관계가 없다고 주장한다(측정이 불가능하다). 무엇보다 그들은 무기화를 '의도치 않은 결과'로 일축하곤 했다.

그럴 수도 있겠지만, 상상할 수 없는 결과는 아니었다. 프랑스 철학자 폴 비릴리오는 우리 생각을 자극하는 명언을 남겼다. "배를 발명하면 난파선도 발명하는 것이고, 비행기를 발명하면 비행기 추락 사고도 발명하는 것이며, 전기를 발명하면 감전도 발명하는 것이다. 모든 기술은 저마다 부정적인 면을 지니는데, 이는 기술적 진보와 동시에 발명된다."

분명하게 짚고 넘어가자. 히틀러에게 인스타그램은 필요치 않았다. 무솔리니는 트윗할 필요가 없었다. 살인적인 독재자들은 스냅챗을 통해 악명을 떨칠 필요가 없었다. 하지만 그들이 그런 막강한 도구를 가지고 있었다면 어땠을지 상상해보라. 트럼프는 그렇게 했다. 그리고 상당 부분 소셜미디어 덕분에 선거에서 승리했다. 꼭 그것 때문만은 아니지만, 라디오를 활용한 프랭클린 D. 루스벨트에서 TV를 활용한 존 F. 케네디, 소셜 테크놀로지를 활용한 도널드 J. 트럼프까지 곧장 이어지는 선을 쉽게 확인할 수 있다. 그리고 그런 일은 트럼프 혼자 한 것이 아니다. 국내외 선전 업체들은 거짓말과 잘못된 정보를 퍼뜨릴 기회를 엿봤다. 오늘날 악의적인 활동가들은 계속해서 플랫폼을 조작하고 있지만 아직 실질적인 해결책은 보이지 않는다. 왜냐하면 이 강력한 플랫폼들은 설계된 대로 정확하게 작동하고 있기 때문이다.

트럼프 타워 25층으로 돌아와, 테크업계 리더들은 사진 촬영을 거부했지만 비디오 촬영은 거부하지 않았다. 대중에게 공개된 4분 분량의 영상에서 마이크 펜스 부통령 당선인 옆에서 웃고 있는 트럼프와, 트럼프가 틸의 손을 어색하게 쓰다듬으며 "매우 특별하다"고 칭찬하는 모습을 볼 수 있다.

회의가 시작되자 기자들은 순식간에 쫓겨났다. 이후 베이조스는 그 회의를 "매우 생산적이었다"고 평가했고, 오라클의 최고 경영자이자 트럼프의 대통령직 인수팀 멤버인 새프라 캐츠는 카메라를 향해 엄지손가락을 치켜 세웠다. 나머지 참석자들은 들어올 때처럼 슬그머니 빠져나갔다.

기술 정상 회의 참석자들이 집단적으로든 개인적으로든 발언을 하지 않았다는 사실에 나는 놀라지 않았다. 그런데 누가 발언했는지 아는가? 트럼프다. 나는 여러 군데 전화를 돌리던 중 마이크로소프트의 나델라가 종종 '천재 비자'라 불리는 H-1B 비자에 대해 특별히 문의했다는 것을 알게 됐지만, 트럼프 팀은 이민에 대한 언급 없이 열세 가지 논의 주제 목록을 공개했다.

전하는 바에 따르면, 트럼프 대통령은 "고쳐봅시다. 어떻게 하면 더 나아지겠습니까?"라고 대답했다고 한다. 그러나 그의 행정부는 오히려 상황을 악화시켰고, 결국 H-1B 비자 소지자의 입국을 중단하라는 포고령을 내렸다. 소송에 이긴 사람들만이 그러한 조치에 맞설 수 있었다.

과거 어느 때보다 나아질 거라고 장담했던 우리 업계에서는 굉장히 당혹스러운 일이었다.

2018년 11월, 내 팟캐스트 '레코드 디코드Recode Decode'에서 머스크를 인터뷰했다. 기술 정상 회의 전에 그에게 전화해 내가 트럼프에 대해 경고했던 사실을 상기시켰다.

"내가 가지 말라고 했잖아요. 그 사람이 당신을 물먹일 거라고요. 기억나요? 우리는 완전히……"

머스크가 말을 가로막았다. "음, 당신 말이 맞아요."

"내 말이 맞잖아요. 고마워요, 일론."

나는 내 말이 옳다고 인정받는 것을 좋아하지만 이번만큼은 전혀 기쁘지 않았다. 이들은 압도적으로 인간성이 결여돼 있었다. 트럼프 기술 정상 회의는 나 자신과 1990년대 초반부터 내가 취재해왔던 업계를 바라보는 방식에 중요한 전환점이 되었다. 대학에서 내 부전공은 홀로코스트 연구였다. 나는 프로파간다를 공부했기 때문에 트럼프가 그 분야 전문가임을 알 수 있었다. 나는 이것이 어디로 향하고 있는지 정확히 알았기에 이 이야기를 터뜨린 내 칼럼을 다음과 같이 마무리했다.

"멋지지도, 새롭지도 않은 '멋진 신세계'*에 온 것을 환영한다. 그곳이 지금 우리가 살고 있는 세상이고, 이곳의 파괴자는 트럼프이며 파괴된 것은 기술이다. 그래, 욕해도 된다. 젠장, 젠장, 젠장."

"젠장, 젠장, 젠장"이 내가 여태 쓴 것 가운데 가장 프로다운 문장은 아니겠지만 내 딴에는 깊은 실망감을 표현하려 한 것이다. 나는 기술을 사랑하고, 기술로 살아 숨 쉰다. 그리고 나는 기술을 믿는다. 하지만 기술이 약속을 실현하려면, 자신의 창조물을 운영

---

* 올더스 헉슬리의 디스토피아 소설 제목.

하는 창업가와 경영진들이 더 많은 안전장치를 마련할 필요가 있었다. 그들은 결과를 더 많이 예측해야 했다. 아니면 아예 하지 말거나. 그들은 온라인상의 분노가 갈수록 무서운 방식으로 현실세계에 확장될 수 있다는 점을 인정해야 했다.

그러나 오히려 수많은 창업가와 혁신가는 부주의했고, 이러한 태도는 초기 페이스북 사무실에 걸려 있던 모토인 "빠르게 움직여서 부숴라Move fast and break things"에 가장 잘 요약되어 있다. 물론 나는 그것이 소프트웨어 슬로건이고 나중에 바뀐다는 것을 알고 있지만(2014년 페이스북 CEO이자 공동 창업자인 마크 저커버그는 인프라스트럭처를 가리켜 "안정적인 인프라와 함께 빠르게 움직여라 Move fast with stable infra"로 장난스럽게 바꿨다), 그래도 그것이 고질적인 유치함을 나타낸다고 생각한다. 아이들은 부수는 것을 좋아하니까. 나라면 처음에 '빠르게 움직여 변화시켜라'를 골랐을 것이다. 혹은 좀더 어른스러운 표현으로 '빠르게 움직여 문제를 해결하라'라든가.

하지만 그들은 '부수며' 시작하기로 결정했고, 그런 부주의함은 전 세계적으로 피해를 입혀 결국 미국에서 무슨 일이 일어나고 있는지 이해하는 데 도움이 되었다. 2016년 8월, 탐사 저널리스트 마리아 레사는 두테르테 대통령의 '마약과의 전쟁'을 비판한 후 노골적으로 온라인 학대의 표적이 되고 있는 필리핀인들과 관련된 위험한 데이터를 다루는 계정들을 페이스북 측에 제공했다. 하지만 페이스북은 데이터 제공 이후 2년 동안 논란이 되는 계정 페이지들을 삭제하지 않았다.

이에 마리아는 2017년에 내게 연락했고, 급증하고 있는 위협에 대해 페이스북을 설득하는 데 와줄 수 있겠느냐고 물었다. "우리는 탄광의 카나리아예요. 그 위협이 당신한테 가고 있어요." 조국의 잔인한 실상을 밝히려는 노력으로 이후 노벨평화상을 수상하게 되는 그 여성이 말했다. "저들을 막게 도와줄 수 있나요?"

내가 아무리 경고하려 해도 그들을 멈출 수 없다는 건 나중에야 알게 되었다.

그 후로 매년 더 크고 새로운 기술 혼란이 발생했다. 바보같이 X로 이름을 바꾼 트위터는 세계에서 가장 부유한 사람이 리트윗을 통해 인종차별, 성차별, 동성애 혐오와 음모론을 지지하는 플랫폼으로 변질되었다. AI의 딥페이크와 잘못된 정보는 판도라의 상자를 열어 그 어떤 전염병보다 더 빠르게 인류를 괴롭힐 문제들을 촉발할 가능성이 있다. 중국의 틱톡은 십대를 위한 안전 기능을 채택해 부모들을 안심시키는 한편, 내가 인터뷰한 전 세계 정부 관료들에 따르면 틱톡 사이트는 중국공산당의 감시국가 체제를 전 세계로 확장시킬 수 있다고 한다. 그렇게 말하는 정부 관료의 수는 갈수록 늘고 있다.

시간이 흐르면서 나는 테크업계 사람들이 미래에 대한 두 가지 문화적 관점 중 하나를 수용한다는 결론에 이르렀다. 첫째, 선한 힘으로 '다크사이드Dark Side'에 대항하는 '스타워즈' 관점이다. 그리고 우리가 알고 있듯이 다크사이드는 충격적일 정도로 선전한다. '데스스타Death Star'가 파괴되는 동안 영웅은 죽고, 데스스타는 필연적으로 재건된다. 실제로 악은 승리하는 경향이 있다.

둘째, '스타트렉' 관점이다. 우주를 배경으로 하는 베네통 광고 처럼, 한 선원이 머나먼 세계로 여행을 떠나면서 악당에게 악당이 되지 말라고 설득하며 관용을 고취하는 식의 이 관점은 종종 효과를 낸다.

나는 당연히 트레키Trekkie*이며, 나만 이 관점을 지지하는 게 아니다. 유명한 테크 칼럼니스트 월트 모스버그와 내가 주최한 2007년 올싱스디AllThingsD 콘퍼런스에서 애플의 전설인 스티브 잡스는 무대에 등장해 이렇게 말했다. "저는 스타트렉을 좋아합니다. 스타트렉을 원해요."

이제 잡스가 세상을 떠난 지는 오래고 '스타워즈' 관점이 승리한 듯하다. 결코 의도한 바는 아니었지만, 테크 기업들은 고립·분노·중독 행동의 씨앗을 심어 예의범절을 망치고, 정치·정부·사회 구조, 무엇보다 우리의 정신을 방해하는 핵심적인 역할을 하게 되었다. 세상을 더 나은 곳으로 만들고 싶었지만 결국 다스베이더 코스프레를 하게 된 악의 없는 소년 왕들의 모습은 마치 SF처럼 느껴진다. 하지만 내가 하려는 모든 이야기는 실제로 일어났던 일들이다.

* 「스타트렉」의 열성적인 팬.

차례

1장
바빌론은 사라졌다

어제 넘어졌다면 오늘은 일어서라.

_H. G. 웰스

인터넷과 나는 모두 1962년에 태어났다. 그해 MIT의 한 과학자가 컴퓨터들을 연결해 오늘날 인터넷의 기술적 기반이 된 미국 고등연구계획국네트워크, 줄여서 '아파넷ARPAnet'을 만들자고 제안했다. 그 이유로는 핵 공격에 대비해 강화된 통신 시스템이 필요했기 때문이라든지, 전 세계에 몇 대 없는 강력한 슈퍼컴퓨터에 연구자들이 접근하도록 하기 위해서라든지, 아니면 오랫동안 꿈꿔온 기술적 도전이기 때문이라든지 등등 저마다 말하는 바가 달랐지만, 통신 네트워크 구축 자체는 아이디어가 풍부한 J. C. R. 리클라이더의 두뇌에서 나온 것이었다. 그는 유명한 컴퓨터 과학자로, 1963년에 '은하간 컴퓨터 네트워크Intergalactic Computer Network'를 설명하는 메모에 이 아이디어를 간략히 서술했다. 원대하면서도 약간 터무니없었기 때문에 나는 그 개념적인 아이디어가 늘 마음에 들었다. 그것은 기술의 기적이 가져온 인류 통합에 대해서도 이야기했다. 많은 사람이 그의 선례를 따라 기술에 뛰어들었다. 다들 더 고귀한 목적을 위해 인류를 하나로 모으겠다는 의지를 가지고 말이다.

나의 출생은 그보다 훨씬 덜 극적이다. 나는 뉴욕주 롱아일랜드 북부 로슬린 하버에서 삼남매 중 둘째로 자랐다. 사랑하는 아버지는 내가 다섯 살 때 세상을 떠났다. 전조 증상도 없이 아버지한테 뇌출혈이 일어난 순간 내 인생은 바뀌었다고 해도 과언이 아닐 것이다.

　"지금 당장 당신의 친구 절반이 죽었다고 상상해보세요." 그로부터 수십 년 후 나는 인터뷰를 진행하던 사람에게 『영원한 상실』이라는, 어린 나이에 부모를 여읜 아이들에 대한 책을 언급하며 이렇게 말했다. "다섯 살 아이에게 부모는 정말 세상 전체나 마찬가지예요. 만약 당신의 친구 절반이 갑자기 죽는다면 충격적이고 참담할 겁니다. 하지만 그래서 삶이 예측 불가능하다는 것도 깨닫게 돼요. 삶은 한순간에 바뀔 수 있고, 나쁜 일이 일어나지만 그 속에서 그럭저럭 살아갈 수 있다는 걸요. 그냥 계속 살아가는 거예요."

　실제 추억은 빠른 속도로 희미해지고 남은 것이라고는 아날로그 사진이 전부였다. 그 사진들 속에서 카메라를 향해 환히 웃고 있는 아버지는 밝고 희망 차 보였다. 아버지는 평범한 웨스트버지니아 가정에서 쌓아온 삶을 사랑했던 것이 분명하다. 해군 복무를 하며 대학과 메디컬 스쿨 등록금을 해결했고, 소령으로 진급한 후에는 처음으로 주요 민간 보직을 맡아 브루클린 유대인 병원에서 마취과를 운영했다. 아버지는 뜻밖에 얻은 이 기회로 자신의 첫 주택을 구입했다. 그러나 그 집으로 이사도 하기 전에 세상을 떠나고 말았다.

내가 그런 엄청난 상실을 설명할 수 있을까? 아니다. 한 번도 경험하지 않은 것을 어떻게 설명할 수 있겠는가? 그럴 수는 없다. 나는 할머니의 요청에 따라 아버지의 유골을 고향에 이장하고, 1989년 이에 대한 글을 썼다. 나는 그 글을 통해 우리가 무엇을 잃고 남기는지에 대해 생각하기 시작했다. 아이러니하게도 이것은 내가 곧 다루게 될 디지털 매체, 즉 모든 것이 본질적으로 지워지지 않는 인터넷과 대조된다.

하지만 『워싱턴포스트』에 썼듯이, 나의 기억에서는 그날의 일이 지워지지 않았다.

살아생전의 얼굴은 전혀 기억나지 않고, 사진 속에 멈춰 있는 모습만 보인다. 마지막으로 기억나는 순간이 있는데, 불을 끄기 전에 평소처럼 느릿한 말투로 "잘 자렴, 잘 자렴" 하고 말하셨던 것 같다. 그런 날이 많았던 것은 기억나는데, 마지막 날 밤은 흐릿하다. 가끔 기억을 쥐어짜내려 노력하지만, 몇 해 전 거의 포기했다. 친구들은 모두 과거를 "파내는" 데는 틀림없이 고통이 따를 거라고 말했지만, 그럼에도 불구하고 나는 잃어버린 그 기억을 보존하려는 시도를 다시 하게 될 것 같다.

아버지는 겨우 서른네 살이었다. 루이스 B. 스위셔 박사는 20년 전 어느 화창한 일요일 아침에 갑작스레 터진 뇌동맥류의 합병증으로 세상을 떠났다. 내 방은 너무 어두웠다. 그래서 아침 식사를 하자며 아버지를 깨우려고 복도로 나갔을 때는 밝은 햇살에 눈이 부셔 그늘진 문간으로 주춤하며 물러섰다. 나는 그 자리에 서서 오빠가 아버지를 깨우기 위해 부모님 침실 문을 마구 두드리는 모습을 봤다. 문은 잠겨 있었고, 오빠 제프리는 손잡이를 빙글빙글 돌리며 엉덩이로 문을 밀쳤다. 아무리 밀쳐도 열릴 기미가 없었지만 그는 포기하지 않았고, 그때 이런 생각이 든 게 기억난다. 어떤 것들은 결코 움직이지 않는다는 것을 나는 이해했다고.

우리 둘 다 아버지가 이튿날 할 연설을 위해 글을 쓰다가 방에서 깊이 잠든 거라고 생각했다. 오빠 제프가 계속 문을 발로 차고 두드리며 큰소리를 내자 결국 어머니가 다가와 초조하게 노크하며 말했다. "부시, 부시, 당장 문 열어요. 제프가 잔뜩 화났어요." 하지만 아버지는 일어나지 않았다.

그러고 나서는 문을 부수기 위해 도끼를 들고 오는 소방관들, 온갖 물건이 매달려 있는 구급차와 들것 등등 상황은 빠르게 전개됐다. 모든 게 끝났을 때의 이상한 침묵까지. 나는 그들이 아버지를 싣고 나가기 한참 전에 안락한 내 방으로 다시 돌아왔기 때문에, 지금은 그저 아버지가 누워 있는 바퀴 달린 들것, 하얀 시트, 그 뒤를 따라가며 "대체 어떻게 된 거예요?"라고 말하는 어머니의 히스테릭한 외침만 떠오를 뿐이다. 나는 조용한 내 방에 머물렀다가 다시 잠들었다. 그리고 다시는 아버지를 만나지 못했다. 아버지는 1월 내내 몇 주 동안 버티다가 두 차례의 끔찍한 수술을 받은 후 세상을 떠났다. 아버지는 아주 추운 2월의 어느 날에 묻혔다. 나는 장례식에 가지 않았다.

무거운 이야기지 않은가? 그런데 상황은 더 나빠졌다. 아버지가 세상을 떠난 후 어머니가 재혼하면서 우리 가족은 프린스턴으로 이사했다. 어머니가 두 번째 남편으로 고른 사람은 친절하고 명랑했던 내 아버지와는 정반대였다.

새아버지가 먼저 한 일 중 하나는 아버지가 그토록 자랑스러워했던 집을 팔아치우는 것이었다. 또한 아버지가 기르던 프루던스라는 이름의 바셋하운드를 다른 사람에게 보냈다. 아버지의 흔적을 모조리 지우는 이상한 방법으로 존재감을 과시하는 듯했으나 인생이 너무 갑작스럽게 틀어진 어머니는 아무 저항도 하지 않았다. 새아버지는 매우 편안한 중상류층 환경을 제공하더니 무차별 학대를 일삼으며 그 환경을 망쳐놓았다. 집에 테니스 코트가 있었지만 이용하지 못하게 잠가놓았고, 내 방에 있는 전화기를 도청했다(내가 마약이나 술에 관심 없는 둔한 십대였던 탓에 아무것도 찾지 못했다). 요리사가 차려주는 저녁 식사 시간은 나와 형제들에게 진 빠지는 심리 게임이자 지식 테스트의 연속이었다.

그렇다고 불쌍히 여길 필요는 없다. 악당이라고 생각했던 누군가에게 길러지는 일에도 장점은 있었으니까. 나는 임기응변이 엄청 늘었다. 또 새아버지는 내게 '백개먼'과 '리스크'(모두 운과 대담함을 겨루는 보드게임)를 가르쳐주었는데, 이는 아주 훌륭한 전술적·전략적 사고에 도움이 되었다. 나는 개를 잃었지만, 상황을 유리하게 이끄는 능력과 일반적으로 사람들을 조종하는 데 굉장히 능숙해졌다.

나는 또래들보다 읽기와 수학을 잘하는 천재성의 조짐을 보였지만, 다른 모든 아이가 나를 따라잡았던 7학년까지만이었다. 어쨌든 테크 분야 사람들처럼 나 또한 학교에서 쉽게 지루함을 느꼈다. 2학년이던 어느 날, 내가 수업 중에 교실에서 나가자 선생님은 나를 교장실로 보냈다. 전화를 받은 어머니는 학교에 불려와 내게 왜 교실에서 나갔느냐 물었고, 나는 이렇게 대답했다. "다 아는 내용이라서요." 확실히, 나중에 다루게 될 나의 불쾌한 오만함은 이때부터 싹수를 보이고 있었다.

학교를 대하는 태도는 대학에 진학해서도 변함없어서 나는 학교 공부를 시간 낭비라고 생각했다. 조지타운대학 외교학부에 다녔는데 내 1순위 선택은 아니었다. 오빠 제프는 들어갔지만 나는 들어가지 못한 스탠퍼드대학이 1순위였다. 당시 조지타운은 만일에 대비한 '보험'용 학교였고, 특히 가톨릭 학교 출신의 중위권 학생들이 모여들었다. 나 역시 가톨릭교도이기는 했지만, 성당에는 거의 나가지 않았다. 열세 살 때 사랑하는 할머니 부탁에 못 이겨 견진 성사를 받았는데, 그게 내가 종교적인 이유로 성당에 간 마지막 날이었다.

예수회의 영향에도 불구하고 대학 동창들은 주말마다 코가 비뚤어지도록 술을 마셨고, 간음도 서슴지 않았다. 나는 술을 마시지 않는 데다 벽장 속에 숨은* 레즈비언이어서 조지타운은 정말 내게 맞지 않는 최악의 장소였다. 나는 학교가 '조지타운대학의 동성애자들Gay People of Georgetown University'이라는 학생 단체와 법

---

*   성 정체성을 밝히지 않았음을 의미하며, 성 정체성을 밝힌다는 의미의 커밍아웃은 '벽장 속에서 나오다coming out of the closet'에서 유래함.

적 공방을 벌이는 것을 분노하며 지켜봤다. 학교는 그 단체의 모금 활동에 맞서 싸웠을 뿐만 아니라 동성애자들이 캠퍼스에서 만나는 것조차 허락하지 않았다. 아이러니한 점은 학교를 운영하는 신부 중 상당수가 명백히(그러나 주장하는 바로는 순수한) 벽장 속에 숨은 동성애자였다는 사실이다. 졸업하고 몇 년 뒤 조지타운은 내 경험에 대해 연설해달라며 초청했고, 나는 그들의 위선에 대해 자세히 설명하기도 했다.

하지만 당시에는 숨을 쉬기조차 힘들었다. 이에 나는 바너드 칼리지로 편입학 지원을 했고, 입학 허가를 받아 1월에 뉴욕으로 이사할 계획이었다. 그런데 그해 가을쯤 나는 학생 신문에서 일하는 3학년생 로버타 오스터를 만났다. 그녀는 내 글 몇 편을 읽더니 대뜸 이렇게 말했다. "가지 마. 내 밑에서 글을 써봐. 넌 스타가 될 거야." 그녀는 저널리스트로서의 천재성이 보인다며 나를 설득하는 데 성공했고, 나는 바너드의 자리를 버리고 『호야The Hoya』라는 학교 신문에서 기자 활동을 시작했다. 칼럼을 맡아 내 목소리로 각양각색의 룸메이트와 잘 지내는 방법부터 타투 새기기, 학생과 지역 주민 간의 충돌까지 여러 주제를 다루었다.

1학년이 끝날 무렵, 보통 4학년생에게 수여되는 학생 저널리즘상(번 신부의 이름을 딴 '에드워드 B. 번 어워드')을 수상했다. 나는 열 받은 4학년 학생들을 향해 "최고의 번 상"이라며 자랑했다. 못된 행동이었지만, 나는 저널리즘을 사랑했고 재능을 타고났다. 거기에 딸려오는 관심과 칭찬을 좋아한 것도 있다.

조지타운이 워싱턴 D.C.에 있었던 터라 나는 매일 『워싱턴포스트』를 읽었다. 어느 날 그들이 내가 관심 가졌던 캠퍼스에서의 일, 즉 엘살바도르의 악명 높은 군 살인마의 캠퍼스 연설에 대한 기사를 쓰기 전까지 나는 그 신문을 숭배했다. 나 또한 그 연설을 학생 시위와 함께 다룬 적이 있었다. 놀랍게도 『워싱턴포스트』의 짧은 기사에는 자잘한 오류가 넘쳐났다.

고작 8인치 길이의 기사인데도 언론사가 이렇게까지 엉성할 수 있다는 데 분노가 일었다. 나는 기록을 바로잡고 싶은 마음이 치밀어 신문사의 메트로 섹션 에디터였던 래리 크레이머에게 전화를 걸었다. 그리고 그들의 부정확성에 실망했다고 말했다.

그는 나에게 직접 와 면전에 대고 말하라면서 너라면 더 잘할 수 있었을 것 같냐고 물었다. 나는 그럴 수 있었다. 그래서 버스를 타고 캠퍼스에서 노스웨스트 15번가에 위치한 『워싱턴포스트』 본사로 갔다. 그곳에서 기사에 대해 논쟁을 계속했다. 짤막한 기사임을 감안하더라도 부끄러운 수준이었다는 내 주장에 몹시 화가 난 크레이머는 그 자리에서 나를 『워싱턴포스트』 비상근 기자로 채용했다. 그렇게 나는 몇 년 동안 조지타운 취재를 맡게 되고, 기사들을 클리핑하면서 귀중한 경험을 쌓았다.

신문사에서 일하는 게 학교 수업보다 훨씬 더 재미있었지만, 역사 수업만큼은 예외였다. 나는 나치 같은 집단이 어떻게 프로파간다와 미디어와 커뮤니케이션 도구를 사용해 사실을 왜곡하고, 대중을 과격하게 만들며, 표적으로 삼은 사람들을 악마화하는지를 중점적으로 공부했다. 내가 놀란 건 두려움과 분노를 이용해 사람들을 쉽게 조종할 수 있다는 것과 아무런 반발도 사지 않은 채 사실을 파괴할 수 있다는 것이었다.

대학 시절의 나에 대해 많이 생각한다. 동성애자로 산다는 것에 대한 대중의 이해가 현실과 달랐기 때문에 나는 나 자신에 대한 프로파간다에 상당히 시달렸다. 미디어는 이러한 현실 왜곡의 중심에 있었다. 나는 비토 루소의 1981년 책『셀룰로이드 벽장』에 특히 매료되었는데, 이 책은 할리우드에서 게이와 레즈비언이 묘사되는 방식을 현실에서 대우받는 방식과 비교하며 정밀하게 추적했다. 할리우드 영화에는 비극적으로 자살하는 레즈비언, 묵인하는 게이, 외모에 관심 많은 우스꽝스러운 남자, 공격적이고 거친 남자가 가득했다. 그러한 묘사는 나나 내가 아는 누군가를 제대로 반영하고 있지 않았다. 이런 클리셰들은 바뀔 필요가 있었다.

동성애자에 대한 부정적인 태도가 너무 강하게 퍼져 있어서 나는 오랫동안 동경해온 삶을 추구하지 않게 되었다. 내 꿈은 아버지를 따라 군에 입대하거나 중앙정보국CIA에 들어가 전략 분석가로 일하는 것이었다. 나는 미국인의 경험에서 가장 자랑스러운 부분, 즉 국가 안보를 오랫동안 굳게 믿어왔고, 어두운 세력으로부터 국가 안보를 지키는 데 일조하고 싶었다. 하지만 당시 반反동성애 물결에 대항하는 것은 거의 불가능했고, 군대 내에서 동성애자 색출은 10년 넘게 계속되었다. 1993년 클린턴 시대의 '묻지 말고 말하지 마라Don't Ask, Don't Tell'* 정책조차 끔찍했다. 문제는

---

*   1993년부터 시행된 성소수자 복무를 위한 병역법. 겉으로는 성소수자를 보호하는 것처럼 보였으나 실제로는 역작용이 더 컸다.

내가 그 누구도 강제로 벽장 속에 갇히지 않기를 바랐다는 것이
다. 나는 그들이 묻기를 바랐고, 내가 말하게 되길 바랐다.

차별로 인해 1순위 진로가 막힌 나는 한발 물러나 저널리스트
가 되기로 했고, 컬럼비아대학 저널리즘 스쿨에 지원해 합격했다.
돌이켜보면 그 등록금으로 당시 부진했던 애플 주식을 샀더라면
좋았을 것 같다. 컬럼비아의 프로그램은 대부분 아주 다른 미디어
시대를 거쳐온 고풍스러운 교수들이 담당했다. 컴퓨터는 부족했
고, 파이카pica 규격을 사용해 헤드라인 작성법을 배우는 것은 시
간 낭비 같았다. 저널리즘의 기본이 여전히 중요하긴 했지만, 미
디어는 곧 강력한 메시지가 될 터였고(마셜 매클루언의 명언) 그
격차를 해소해나가는 방법은 커리큘럼에 없었다.

따지고 보면, 당시는 디지털 초기였고 컴퓨터 사용이 드물기는
했다. 졸업 후 수많은 신문사에 지원했지만 가차 없이 떨어졌다.
워싱턴 D.C.로 돌아온 나는 프리랜서로 일을 시작했다. 공교롭게
도 마침 에디터들이 숙청되어 『워싱턴 시티 페이퍼』의 호전적인
새 에디터 잭 셰이퍼에게 스태프가 없던 그때 내가 그곳에 나타
났다.

셰이퍼는 나를 부에디터로 채용했지만, 내가 가진 지식은 한순
간에 바닥나고 말았다. 셰이퍼는 편집 기술이 있었지만 딱히 멘토
링 타입은 아니었다. 나는 분에 넘치는 자리에 채용되었고, 그 일
을 잘해내지 못했다. 그래서 셰이퍼가 1년 만에 나를 해고했는데
도 그리 부당하다고 느끼지 않았다.

사실 나는 삶이 크게 불공평하다고 여기는 유형이 아니다. 그러

나 내가 이 사람들보다 경험이 많지는 않더라도 그들보다 더 성공할 거라고 생각했던 기억은 난다. 경력 초반에 상사가 내리는 결정을 보고 '난 다르게 할 거야'라고 마음먹었다. 나는 나 자신의 취향과 판단을 알아차리기 시작했다. 그저 그걸 실행할 확신과 성숙함이 없었을 뿐이다. 한번은 『워싱턴포스트』에서 인턴십 면접을 봤는데 에디터가 내게 "너무 자신만만하다"고 말했다. 나는 이것이 여자의 입을 다물게 하고 기를 꺾으려는 남자들의 언어임을 이미 알고 있었다. 나는 그런 일이 일어나도록 내버려두지 않을 작정이었고, 그래서 이렇게 대답했다. "너무 자신만만한 게 아니라 정말로 잘해요. 혹은 잘하게 될 거고요."

그다음 상사는 선구적인 충격 르포 프로그램 「매클로플린 그룹 The McLaughlin Group」의 존 매클로플린이었다. 나는 주로 『내셔널 리뷰』에 실리는 그의 칼럼을 대필했고, 그는 거기에 우익적인 독설을 추가했다. 그리고 복잡한 엔터테인먼트 정책을 지나치게 단순화한 환원주의적 케이블 뉴스의 선구자 격인 그의 쇼에도 참여했다. 나는 물론 진보주의자였지만, 대부분의 스태프는 그가 리처드 닉슨의 연설문을 써주었다는 이유로 그를 대단한 인물로 여긴 아첨꾼들이었다. 그게 그가 가진 힘이었다.

매클로플린은 정말 지독한 인간이었다. 그는 가장 이상하고도 다양한 방식으로 스태프들을 학대했다. 그는 모든 사람에게 특정한 방식으로 버터 바른 토스트를 만들어달라고 요구하곤 했다. 심지어 그의 보좌관도 그에게 토스트를 만들어주어야 했다. 그랬기 때문에 어느 날 그가 나를 불러 "토스트 좀 만들어줄 수 있겠나?"

라고 물었을 때 놀라지 않았다.

"아니요, 토스트는 안 만들 거예요. 전 저널리즘 석사 학위를 가지고 있는데, 그건 호밀을 포함해 어떤 종류의 토스트도 만들지 않는다는 뜻이에요."

그는 눈치가 없었다.

"다른 스태프들은 다 만들어주는데. 내가 요청하는 걸 안 하면 해고될 걸세."

"글쎄요, 요청하셔도 전 토스트를 안 만들 테니, 그렇다면 저를 해고하셔야겠네요."

그는 위협을 멈추지 않았다. "자네도 알다시피, 내가 요청했는데 만들어주지 않으면 나는 자네를 해고할 거야."

"네, 알겠습니다."

나는 내가 그만둘 수 있도록 그가 토스트를 만들어달라고 하길 바랐다.

그러나 그런 일은 없었다. 단 한 번도.

그가 연례 파티를 계획하고 있을 때, 매클로플린 또는 본인이 선호하는 바에 따라 매클로플린 '박사'(먼지 쌓인 철학 박사 학위)는 자신이 모욕이라 느꼈던 일들 때문에 초대할 사람과 초대하지 않을 사람을 가리는 동안 대부분의 스태프를 대기하게 만들었다. 그는 자신의 파티에 초대받지 못하는 사람은 고통스러워할 거라고 믿었다. 그가 당시 레이건 행정부의 어느 차관을 비판할 계획으로 분위기를 몰아가는 동안 나는 눈알을 굴렸다. 그는 이런 나의 경멸을 즉각 알아차렸다. 왜냐하면 내가 고개를 끄덕이며 격하게 동의를 표하지 않은 유일한 사람이었기 때문이다.

"거기 아가씨는 내가 그 자리에 불러 모으고 있는 사람들의 '집단적인' 권력이 인상적이지 않나?" 그는 자신의 전매특허인 우렁찬 목소리로 고함쳤다. "그들은 나를 만나 경의를 표하려고 오는 거야!"

나는 숨을 고르고 말을 삼켰다. 그러다가 '에라 모르겠다, 나는 쿠빌라이 칸이다'라고 생각하면서 내질렀다. "저기, 매클로플린 박사님. 제가 이번 여름에 그리스의 한 신전에 갔는데, 벽에 무슨 글이 적혀 있더라고요. 가이드에게 물어보니 이런 뜻이라고 하더군요. '바빌론은 사라졌다.' 제 생각에 이건 모든 강대국이 아무리 노력하고 분투해도 언젠가는 무너진다는 것을 뜻해요. 그러니까 머지않아 저는 정말 강력해질 거고, 박사님은 이를테면 양로원에서 휠체어에 앉아 누군가 떠먹여주는 살구 조림 같은 거나 먹게 될 거라는 뜻이에요."

매클로플린은 폭발해서 당장이라도 나를 해고할 것처럼 바라봤다. 그러더니 웃음을 터뜨렸다. "자네 말이 맞아." 그는 이렇게 말했다. 그가 다른 직원들에게 다음의 말을 하기 전까지 직원들은 모두 겁에 질려 있었고, 내가 희생양이 될 거라고 생각했다.

"이 사람은 권력이 뭔지 이해하고 있구먼!"

그도 권력이 무엇인지 꿰뚫고 있었다. 알고 보니 그 사람은 성희롱도 했고, 결국 내 친구인 여직원까지 괴롭히기 시작했다. 나는 그 친구와 함께 보좌관에게 그의 행동을 신고했는데, 보좌관은 너희가 "거짓말하는 게 틀림없다"고 말했다. 나는 그 자리에서 그 직장을 그만두었다. 훗날 나는 매클로플린이 자신에게 다가오는 필연적인 종말을 피하기 위해 필사적으로 매듭지으려 했던 다른 여성과의 소송에서 증언하게 된다. 마침내 합의가 이뤄지면서 사건은 법정으로까지 가진 않았지만, 나는 그가 처벌을 면하는 걸 원치 않았기에 『워싱턴포스트』에 실릴 매클로플린에 대한 특집 기사를 작업 중이던 에릭 올터먼과 이야기를 나눴다. 「권위자의 힘Pundit Power」이라는 제목의 1990년 기사에서는 스물여덟 살짜리 전 직원의 말을 이렇게 인용했다.

> "나는 성희롱이 포르노와 같다고 생각한다"라고 스위셔는 말했다. "보면 안다. 사람들은 당신에게 예뻐 보인다고 말할 수 있고, 거기에는 어떤 위협도 없을 것이다. 그러나 존 매클로플린이 하는 말에는 위협이 있었다.

『워싱턴포스트』에 내 이름을 노출하는 것은 용감한 일로 보였지만, 커리어 면에서는 어리석은 일이었다. 저널리스트들은 익명의 피해자가 하는 말은 인용하지 않을 거고, 적어도 나는 증언을 감당할 수 있었기에 공식적인 기록을 통해 말해야 한다고 느꼈다. 훗날 나는 다른 인터뷰에서 이렇게 말했다. "저는 제 이름을 밝히고요, 그 사람을 '돼지'라고 부른 겁니다. 당신들도 당황하거나 희생되지 말고 일어서야 해요." 이것은 내 안에서 결코 변하지 않을 가치이자 내 경력에 도움이 될 특성이었다.

나는 『워싱턴포스트』로 돌아갈 방법을 찾아 처음에는 사무 보조로 일하다가 뉴스 보조, 그다음에는 인턴으로 차근차근 단계를 밟아 올라갔다. 보통 내게는 무의미하고 시간 낭비일 뿐인 소모적인 권모술수들 덕분에 신문사에서 권력과 이것을 휘두르는 사람에 대해 더 많은 것을 배울 수 있었다. 나는 너무 거창한 일은 절대 하지 말자고 일찌감치 마음먹었다.

그리고 변화를 지지하는 다른 방법들도 있었다. 반동성애 혐오 표현을 싣고 싶어하는 에디터들의 말을 들었을 때 내가 했던 것처럼 말이다. 나는 표현이 부정확하고 부정직하다는 점을 지적했던 때에 도리어 '옹호적'이고 '감정적'으로 나오지 말라는 경고를 받았다. 또 한번은 『워싱턴포스트』의 에디터들이 동성애자에 대한 오래된 클리셰를 반복하는 터무니없는 사진을 게재하고 싶어했다. 나는 다시 한번 "우리 안에는 여러 개의 자아가 있다We contain multitudes"고 상기시키며 이의를 제기했다("나는 나 자신에게 모순인가?/ 그렇다면, 내가 나 자신에게 모순이라면/ 나는 크고 내 안에는 많은 사람이 있다"라는 월트 휘트먼의 시 「나 자신의 노래」를 좋아한다).

하나같이 이성애자이고 백인이며 대부분 남성인 그들이 이 인용문의 의미를 이해했을까? 휘트먼을 알기나 했을까? 그렇지 않았다. 그리고 그들은 사진 게재를 고집했다. 하찮은 뉴스 보조였던 내가 무슨 짓을 했는지 아는가? 당시에는 디지털 사진이 없었다. 그래서 나는 디자인 데스크에서 실물 사진을 슬쩍해 내 책상 서랍에 넣어두었다. 그들은 다른 사진을 골라야 했고, 다행히 그 사진은 모욕적인 캐리커처가 아니었다.

속임수를 쓴 걸 후회하느냐고? 단 한순간도 후회한 적 없다. 그때 그곳에서, 내가 옳다고 믿는 것을 말하거나 실천함으로써 생기는 결과에 대해 신경 쓰지 않는 것이 삶을 살아가는 가장 좋은 방법이라고 생각했다.

비슷한 시기에 스타일 섹션에서 한 파티 취재 자리에 나를 보냈다. 도착하고 몇 분 뒤, 나는 방 건너편에서 매클로플린을 발견했다. 이때는 『워싱턴포스트』「권위자의 힘」 기사에 내 말이 인용된 후였기 때문에 나는 그가 나를 피하려 할 거라고 생각했다. 그러나 아니었다. 그는 키가 아주 크고 눈에 띄는 사람이었는데, 털이 무성한 가슴을 한껏 부풀린 채 곧장 성큼성큼 다가왔다.

"카라 스위셔." 그는 마치 TV에 나온 듯 큰소리로 말했다. "이 동네 사람 대부분은 등 뒤에서 칼을 꽂는데 자네는 나를 앞에서 찔렀군. 고맙게 생각하네." 그러고는 크게 웃었다.

어떤 면에서 나는 그런 매클로플린을 존경했다. 그는 추잡한 심술쟁이 영감이었지만 전투의 조건을 이해하고 있었다. 나는 그의 눈을 똑바로 쳐다봤다. 과묵함과 애매함은 확실히 내 스타일이 아니었다. 특히나 정확성과 정직함이 매우 효과적일 때는 더 그랬다. 나는 주저 않고 반격했다. "언제든지요, 이 개자식아."

매클로플린은 그 말에도 웃음을 터뜨렸다. 그가 나를 잘 가르친 게 분명했기 때문이다. 악한이라고 여겼던 사람이고, 나와 불꽃 튀기며 싸울 많은 악당 중 한 명이었지만 나는 그와 꽤 잘 지냈다. 그러다 그는 작별 인사를 했고, 그게 마지막이었다. 그가 떠나기 전 내가 그에게 발설하지 않고 나중에 머릿속에서만 말한 것이 있다. "당신이 죽을 날만 기다리고 있겠습니다, 매클로플린 '박사님'."

말했다면 좋았을 텐데. 그 후로 나는 그런 기회를 놓치지 않으려 했다. 내가 다섯 살 때 배웠듯이 인생은 너무 짧고, 나에게는 낭비할 시간이 없었기 때문이다.

매클로플린도 마찬가지였다. 1990년 그해는 매클로플린이 쌓은 커리어의 정점이었다. 그 시점부터 점점 빛이 바래더니 2016년에는 마침내 무릎을 꿇었다. 그 무렵 나는 그에게 내가 있을 거라 말했던 바로 그 자리에 올라 있었다.

그리고 정말로 바빌론은 사라졌다.

2장

골드러시 이전

오직 연결하라! 그것이 그녀 설교의 전부였다.
산문과 열정을 연결하면 그 두 가지 모두 고양될 것이고
인간의 사랑은 절정에 달할 것이다.
더 이상 단편적인 삶을 살지 마라.

_E. M. 포스터, 『하워즈 엔드』

앨 고어는 인터넷을 발명했다. 어느 정도는.

아마 대부분 알고 있겠지만, 전 부통령 앨 고어는 1999년 CNN 인터뷰에서 이런 성과를 주장했다는 이유로 널리 비난받았다. 그가 했던 정확한 말은 다음과 같다. "미국 의회에서 일하는 동안 나는 인터넷 창조에 앞장섰습니다."

전적으로 사실이다. 고어는 테네시주 상원의원으로서 '고어 법안Gore Bill'으로도 알려진 '1991년 고성능 정보처리 및 통신법'을 만들어 추진했다. 이 법안은 획기적인 모자이크Mosaic 브라우저와 같은 기획들에 자금을 지원했고, 이제 없어서는 안 될 미디어의 상용화에 중요한 역할을 했다.

나는 오존층을 파괴하는 염화불화탄소의 사용을 제한하려는 그의 노력에 대한 기사를 보도하며 1989년에 고어를 만났다. 기후변화에 대해서도 그는 옳았다. 그가 인터넷을 발명했다고 말한 게 바보처럼 들렸더라도 어쩌면 우리는 그가 한 모든 일과 기술에 관심을 보인 워싱턴 D.C.의 몇 안 되는 사람 중 하나가 되어준 데 대해 고마워해야 할 것이다.

묘하게 공로를 인정받을 만한 다른 한 사람은 당시 하원 의장이었던 뉴트 깅리치인데, 그는 네바다주 상원의원이었던 제임스 엑슨의 바보 같은 통신 품위법 개정을 막았다. 이후 깅리치는 공화당에서 가장 끔찍한 정치인 중 한 명으로 변하고 말았지만, 그는 개방적이고 자유로운 인터넷을 억압하려는 공격적인 정치적 시도를 조기에 저지하는 데 중요한 역할을 했다.『마더존스』지는 깅리치가 포르노를 구했다며 영웅 취급을 하면서 비난했는데, 현재 그가 미국 역사상 가장 천박한 대통령을 옹호하고 있기 때문에 요즘에는 그 말이 적절하다고 느껴진다. 잘 싸웠다, 뉴트!

1990년대 초, 연방 지원을 통해 최초의 인터넷 회사들이 설립되기 시작했다.『워싱턴포스트』는 내게 광범위한 디지털 주제에 대해 보도할 수 있도록 지면을 내주었는데, 그건 그 일을 할 만한 사람이 없었기 때문이다. 막 서른이 된 나는 뉴스룸에서 '젊은' 축이었다. 사실 나도 이미 그쪽에 꽂혀 있었다. 듀크대학에서의 짧은 펠로십 기간에 나는 계시를 받았다. 컴퓨터 앞에 앉아 초기 월드 와이드 웹에 접속해 콘텐츠를 전달하는 놀라운 힘을 직접 경험했던 것이다. 그렇다면 내가 가장 먼저 한 일은 무엇이었을까?

『캘빈과 홉스』만화 컬렉션을 다운로드하는 것이었다. 그렇게 함으로써 컴퓨터 네트워크를 혼잡하게 만들 수 있다는 사실을 내가 조금이라도 신경 썼을까? 그렇지 않았다. 그런데 시스템 관리자(이미 초창기 테크인이었지만 7학년 학생 같은 외모의 청년)가 화를 냈다.

"당신 때문에 전부 막혔잖아요." 그가 나를 꾸짖었다.

"버튼 하나만 누른 건데 책 한 권이 통째로 다운로드됐어요." 내가 그에게 말했다. "책 한 권이라니, 맙소사!"

"큰일이라고요." 그는 '여자애들은 코딩을 할 수 없다'는 듯이 노려봤는데 그건 내가 앞으로 너무 잘 알게 될 그런 표정이었다. 물론 나는 코딩을 할 수 없었지만, 이 괴짜는 공감하지 못할 어떤 사실을 알고 있었다. 책 한 권이 책 전부가 될 수 있고, 노래 한 곡이 노래 전부가 될 수 있으며, 영화 한 편이 영화 전부가 될 수 있다는 점이다. 수십 년 동안 나를 지탱해주었고 오늘날에도 여전히 지탱해주는 이 개념을 떠올린 것은 바로 그때 그 자리에서였다.

'디지털화할 수 있는 모든 것은 디지털화될 것이다.'

만약 "하느님께서 '빛이 있으라' 말씀하시자 빛이 있었다"는 게 가장 중요한 기술 개념이라면(분명히 하자면, 아직까지 그 어떤 괴짜도 이 개념을 능가하지 못했다), 아날로그를 디지털로 전환할 수 있다는 이 아이디어는 우리가 오늘날 여전히 직면하고 있는 약속이자 과제의 핵심이다.

나는 그날 노스캐롤라이나주 더럼의 비좁은 컴퓨터실에서 우리가 새로운 역사의 또 다른 전환기에 와 있다는 것을 깨달았다. 인쇄기나 전기, 전구, 전보, 라디오, 전화기, TV의 여명을 목격하고 있는 셈이었다. 이 혁신이 차세대 콘텐츠 및 커뮤니케이션 전달 시스템이라는 사실이 분명하게 보였다. 무엇보다 내가 노다지를 캤다는 것을 깨달았다. 나는 인터넷 시대에 완전히 올라탔고, 그게 어떻게 발전하든 다루고 싶었다.

내가 매료되지 않을 이유가 뭐가 있겠는가? 나는 우연히 90년 전인 1903년 12월 17일 노스캐롤라이나주 키티호크 근처 킬데빌 힐스에서 오빌 라이트가 최초의 동력 비행기를 조종한 바로 그 주에 있었다. '라이트 플라이어Wright Flyer'는 단 12초간 공중에 떠 있었고, 그동안 시속 11킬로미터의 속도로 36미터를 이동했다.

내가 그 자리에 있었다면, 해변에 서서 감흥과 감동도 없이 더 길고 높고 빨랐어야 했다고 불평했을까? 라이트 형제에게 야유를 보내며 비행기는 형편없고 더 나은 날개가 필요하다고 조롱했을까? 커다란 바퀴가 달린 자전거를 타고 바람을 가르며 팔자수염을 기른 기술자 형제를 향해 "똑바로 하지 못해?" 하고 소리쳤을까?

누군가는 그렇게 했을 수도 있겠지만, 나는 아니다. '인간이 날았다'는 한 가지 중요한 사실 때문이다.

『캘빈과 홉스』를 다운로드하고 나니 이 새로운 기술이 미디어에 얼마나 더 혁명을 일으킬지 보고 싶어졌다. 물론 초기 콘텐츠는 세상을 뒤흔드는 것과는 거리가 멀었다. 영국의 한 대학은 커피 메이커를 설치했는데, 관심 있는 사람은 웹사이트에 접속해 매초 업데이트되는 커피 주전자의 사진을 볼 수 있었다. 커피 때문에 졸릴 수도 있는 최초의 상황이었다. 또 다른 웹페이지에서는 포도를 터뜨리는 방법에 대한 설명을 제공했다. 그때는 교황 요한 바오로 2세가 집전한 미사의 '인터넷 방송' 정도면 흥미진진한 것으로 통했다(나는 그게 달 착륙 사건이라도 되는 양 보도했다).

금을 찾는 사람에게 패닝 접시와 곡괭이가 필요했듯이 웹사이트 제작자에게도 좋은 것을 얻기 위한 도구가 필요했다. MAE-

이스트라 불리는 대규모 인터넷 허브 네 곳 중 하나였던 워싱턴 D.C. 지역에 인터넷 서비스 제공자ISP가 갑자기 생겨났다(또 다른 대규모 허브인 MAE-웨스트는 실리콘밸리에 있었다). 거기에는 선견지명이 있는 기업인들이 운영하는 PSINet과 UUNet이 포함되어 있었다. 이들은 수십 년 동안 연방 정부에 서비스를 제공해오면서 많은 비용을 청구하고 아무런 혁신도 하지 않는 소위 '벨트웨이 밴디트Beltway bandit'*의 구식 데이터베이스 기술과는 달랐다. 새로운 녀석들은 아주 다른 종이었다.

나는 PSINet 빌 슈레이더의 사무실에서 그가 큰 플라스틱 통에 든 프레첼을 꺼내 우적우적 먹는 동안 인터뷰를 한 적이 있다. 프레첼을 먹는 내내 그는 우리가 목격하고 있는 엄청난 변화를 열정적으로 설명했다. "지금껏 우리가 해온 다른 모든 일을 뛰어넘는다는 걸 모르시겠습니까?" 그가 문을 잠근 뒤 마치 괴짜 세례자 요한처럼 말했다. 나는 동공이 흔들리는 채 혼자 생각했다. '이 사람이 날 죽이고 시체를 플라스틱 프레첼 통에 넣으려는 걸까?' 기사에 쓰지는 않았지만 그가 인터넷을 거의 신앙처럼 여기는 것은 분명했다. 빌이 공동 설립한 회사는 1995년 중반에 상장되었고, 7월에는 기업 가치가 1억500만 달러를 기록했다. 그리고 모든 열에 들뜬 꿈이 그렇듯 거기에는 나쁜 결말도 있었는데, PSINet은 2001년 무렵 파산을 선언했다.

나는 완전한 붕괴가 뒤따르는 전적인 지배, 그 부분에 사로잡혔

---

*   컨설팅 및 연구 용역 서비스를 제공하던 워싱턴 D.C. 인근의 기업들.

다(바빌론은 계속해서 생겼다가 사라지길 반복했다). 내가 아이디어를 얻기 위해 기사 하단에 내 이메일 주소를 적었을 때 동료들은 내가 미쳤다고 생각했다. 한 사람이 "뭐 하러 그런 짓을 해? 독자들이 아무 때나 너한테 메일을 보낼 텐데"라고 말했다. 바로 그거다. 즉각적인 소통은 나의 길잡이가 되어줄 터였다. 종종 어린아이에게 나무에 대해 설명하려는 것처럼 디지털이 무엇을 뜻하는지 설명해야 할 때가 있기는 했지만.

"웹은 더 야생적이고 원시적인 인터넷 위에 잘 다듬어진 구획과 같다. 방대하고 정리되지 않은 대량의 전자적 정보를 '홈페이지'로 나누고, 각 홈페이지에는 텍스트, 그래픽, 음성, 음악, 심지어 비디오까지 포함할 수 있는 맞춤형 데이터 뱅크가 있어 질서 잡힌 모습을 하고 있다." 나는 한 기사에 이렇게 썼다.

명함에 '@' 기호를 삽입하는 것과 관련해 최전선에서 보도했던 것도 숨 막힐 만큼 흥분되는 일이었다. 그 기사는 "처음에는 명함에 있는 그 기호가 고대 상형 문자처럼 보이기 때문에 익숙하지 않은 사람들은 읽기 어렵다"로 시작됐다.

예를 들어 내가 워싱턴 D.C. 지역에 위치한 디스커버리 커뮤니케이션스가 웹사이트 구축에 무려 1000만 달러나 썼다는 기사를 작성했을 때 그건 대단한 일이었다. 그때 내가 관찰한 바로는 "새로운 만트라: 당신에게 '.com'이 없다면 당신은 별 볼 일 없다".

나는 처음으로 해킹, 사기, 위성 문제, 오정보, 개인 정보 침해 등 오늘날 여전히 문제로 남아 있는 사안들을 지적했다. 당시에는 흥미로웠지만 지금은 매번 똑같아 보이는 소니 플레이스테이션의 데뷔를 취재하기도 했다. 그리고 '멀티미디어 킬러'로 알려졌지만 곧 스스로 사라져버린 시디롬(읽기 전용 메모리를 가진 콤팩트디스크)처럼 세상에 등장했다가 종적을 감춘 많은 기술에 대해서도 기록하고 있었다.

신문의 광고 소멸로 미디어가 종말을 맞을 것이라는 내 예측은 현실이 되기 시작했다. 1995년 샌프란시스코의 크레이그 뉴마크라는 별난 기업가가 친구들에게 지역 행사, 일자리, 판매 물건 목록을 이메일로 보내기 시작했다. 1년도 채 지나지 않아 그는 '크레이그리스트Craigslist'를 웹 기반 서비스로 전환하고 전국적으로 확장하기 시작했으며 결국에는 전 세계로까지 넓혔다.

그걸 보면서 나는 신문이 사라지리라 확신했고, 『워싱턴포스트』에서 내 말을 들어줄 사람이라면 누구에게든 우리의 모든 돈, 모든 사람, 모든 인센티브를 디지털에 쏟아부어야 한다고 말했다. 나는 독자들이 디지털을 가장 중요하게 느끼도록 해야 한다고 주장했다. 물론 주요 사업은 언제나 신문에 있었기 때문에 상사들은 결코 그렇게 하지 않았다. 『워싱턴포스트』와 이후 『월스트리트저널』에서 끝없이 이어지는 회의 중 마케팅 담당자들은 이렇게 묻곤 했다. "젊은 사람들이 우리 기사를 매일 읽게 하려면 어떻게 해야 할까요?"

그러면 나는 이렇게 대답했다. "있잖아요, 저한테 아이디어가 있어요."

그러자 그들은 "와우, 카라한테 아이디어가 있대요"라고 했다.

나는 "모든 페이지를 테이프로 붙여서 연결시키는 거예요. 그러면 첫 면만 읽고 던져버리진 않겠죠"라고 말했다.

나는 확실히 성가신 인간을 자처하고 있었지만, 내 요점은 젊은 독자들이 아날로그 신문을 구독하고 싶어하지 않는다는 것이었다. 그들은 완전히 다른 것을 원했다. 나는 언제나 사람들이 소화하고 싶어하는 방식으로 뉴스를 제공하자는 아이디어를 옹호했다. 설령 그것이 살라미 소시지에 기사를 인쇄하는 것이라도 말이다. 게다가 나는 책을 다운로드했던 그 첫 경험의 중요성을 무시할 수 없었다. 기술 선구자로서 컴퓨터 마우스, 그래픽 사용자 인터페이스의 초기 버전 등을 다수 발명한 더글러스 엥겔바트는 이런 말을 했다. "디지털 혁명은 문자나 심지어 인쇄의 발명보다 훨씬 더 중요하다."

그가 옳았다. 그리고 다음과 같은 말을 했을 때는 더더욱 옳았다. "우리가 더 잘 발전할수록 더 빨리 발전할 것이다."

하지만 내가 일하던 곳은 확실히 속도가 충분히 빠르지 않았다. 빙하가 녹는 수준으로 느렸다. 나는 전설적인 발행인이자 놀랍도록 유쾌한 악당 캐서린 그레이엄의 아들이면서 워싱턴포스트컴퍼니의 상냥한 CEO인 돈 그레이엄에게 거북이 속도로 진행되는 디지털 변화에 대해 여러 번 우려를 표했다. 내가 이 소유주들을 얼마나 사랑했는지는 아무리 강조해도 지나치지 않는다. 그들의 용기와 확고함, 품위, 그리고 결코 훌륭하지 않은 세상 속에서 훌륭함을 향한 그들의 헌신 때문이다.

또한 돈 그레이엄은 말로 다 하지 못할 만큼 겸손했고 심지어 자신의 권력에 대해서는 소심하기까지 했다. 내가 지역 소매점들

54

의 폐업에 관한 기사를 연달아 게재했을 때도 그는 단 한 번도 나를 불안하게 만들지 않았다. 나는 내 기사가 그와 『워싱턴포스트』를 부자로 만들어준 대형 광고주들을 화나게 했다는 것을 알고 있었다. 하지만 1990년에 지역 쇼핑 시설의 파산에 관해 다음과 같은 첫 문단을 썼을 때조차 나는 그가 받고 있는 압박을 느끼지 못했다.

우선 가핑클스라는 워싱턴 D.C.의 오래된 백화점이 문을 닫는다는 소식을 듣고 어제 모든 사람의 머릿속에 떠오른 다소 탐욕스러운 질문에 대해 대답하자면, 계획대로 세일은 수요일에 시작된다. 즉 모든 것이 사라져야 함을 의미한다. 하지만 몇 파운드나 되는 고디바 초콜릿을 어떻게 없앨까? 수십 장의 에르메스 스카프는? 포장지에 '가핑클스'라고 굵직하게 인쇄된 수많은 팬티스타킹은? 수많은 프랑스제 크리스털은? 가득 쌓인 웨딩 레지스트리wedding registry* 정보는?

나를 제지할 때마다 미안해하던 그레이엄이 내게 한 최악의 말은 "어이쿠"였다. 그런 다음 그는 경쾌하게 손짓하며 느긋한 걸음으로 내 책상에서 멀어졌다. '발행인 압력'의 반대말은 무엇일까? 그것은 돈 그레이엄이다. 그리고 내가 그에게 디지털 문제에 관해 이야기를 시작하며 AT&T의 인터체인지와 발행인이 큰 부담을

---

*   신랑 신부가 지인들에게 공유할 목적으로 작성한 희망 결혼 선물 목록.

떠안는 바보 같은 거래를 버리고 대신 AOL이라는 당시 소규모였던 온라인 서비스에 투자하라고 제안했을 때도 그는 똑같은 인내심을 보였다. 그는 기술 분야에서 AT&T가 최고라고 주장했다. 나는 그들이 전화 회사를 괴롭히는 거대 기업을 운영한다고 해서 디지털 미디어에서 민첩하거나 혁신적인 건 아니라고 반박했다. 실제로 그 거대 통신사가 그냥 인터넷 액세스를 판매하는 것으로 전환하고 『워싱턴포스트』의 디지털 잉크* 및 기타 신문들이 웹으로 곧장 이동함에 따라 인터체인지는 결국 문을 닫았다.

내가 크레이그 뉴마크가 무엇을 하고 있는지 이야기했을 때는 그레이엄이 관심을 보였던 반면, 크레이그리스트가 그의 안내 광고 사업을 없애버릴 거라고 말했을 때는 폭소했다.

"광고는 비용이 엄청 드는데 고객 서비스는 형편없고, 정적이며, 무엇보다 효과가 없어요." 나는 잔소리를 계속했다. "완벽한 디지털 파괴 대상이기 때문에 아날로그로 머물러 있다가 사라지겠죠. 당신 사업은 근본적으로 없어질 거고, 모든 게 끝나서 죽음의 문턱에 이르기 전까지는 그걸 알아차리지도 못할 거예요."

돈은 그 순간 내게는 분에 넘치는 친절한 미소를 지으며 말했다. "어이쿠."

수년 후 그레이엄은 테크 분야를 받아들였고, 페이스북의 젊은 마크 저커버그에게 절실히 필요했던 초창기 조언자가 돼주었으

---

* 과거 『워싱턴포스트』에서 제공한 전자 신문 서비스로, 웹 표준 기반으로 제작되지 않았던 탓에 이용이 제한적이었다.

며, 더 많은 지분을 원하는 벤처 캐피털을 달래기 위해 페이스북 주식을 확보할 기회를 넘기기도 했다. 그레이엄은 "2005년 1월, 마크에게 페이스북 지분 10퍼센트에 600만 달러를 제안했어요"라고 내게 메시지를 보냈다. "아니나 다를까, 액셀파트너스는 (내 생각에) 1500만 달러를 제안했고요. 나도 매칭을 생각하긴 했지만 (액셀의 짐 브라이어가) 이걸 올릴 줄 알고 있었죠. 이건 우리보다 그들한테 더 가치가 있었어요(우리가 다음 라운드를 위해 액수를 올리는 일은 절대 없을 거고, 큰 성공은 그들에게 대단히 귀중할 테니까요)."

그레이엄이 바보가 아니라는 점은 분명했고, 그의 태도는 실제로 상당히 전형적이었다. 1990년대 초, 한 가지 문제는 테크 분야가 지나치게 전문적이고 틈새시장처럼 보였다는 것이다. 가정용 컴퓨터는 아직 가정용 제품이 아니었다. 애플의 파워북과 IBM의 싱크패드 같은 노트북은 주로 업무용이었고, 이러한 서비스에 접속하는 데 사용되는 모뎀은 괴로울 정도로 느렸다. 그리고 Wi-Fi는? 존재하지 않았다.

새로운 온라인 기술을 사용하는 데 따르는 난점은 내가 듀크대학의 시스템을 다운시킨 순간부터 명백했다. 다행히 당시에 나는 리사 디키라는 여성과 교재했는데, 그녀는 얼리 어답터이자 테크 분야에 능통한 사용자였다. 리사는 워싱턴주에 있는 국제기구에서 일하며 해외와 소통하는 데 다양한 채팅과 기술적으로 어려운 문자, 전자 게시판 시스템을 사용해왔다. 1994년 가을 그녀가 러시아로 이주했을 때 나는 편지나 전화 통화가 아닌 다른 방법으로 연락을 주고받길 원했는데, 바로 그때 리사가 이메일을 소개하면서 AOL 계정에 가입할 것을 권했다.

나는 의회 도서관이 컬렉션에 소프트웨어를 추가하겠다고 발표했던 1988년부터 이미 이 분야에 대해 조금씩 글을 쓰기 시작했다. "홍보 담당자들이 '안녕하세요. 가장 많은 책을 보유한 도서관입니다'라고 인사하며 전화를 받는 의회 도서관에서 소프트웨어 프로그램을 수집하기 시작한다는 것이 조금 이상해 보인다"라며 말이다. 그리고 아직 내가 테크 분야를 맡고 있지는 않았기에 혁명이 다가오고 있음을 알아차린 샌드라 로슨이라는 사서가 했던 아날로그의 죽음에 대한 애도를 추가해 메인 테마를 완벽하게 맞추었다. "로슨은 컴퓨터에 불러온 연구 프로그램에 대해 '컴퓨터가 순식간에 해낼 수 있는 일을 책으로 하려면, 책이 한 무더기는 필요할 것이다'라고 말했다. 책더미와 케케묵은 냄새, 끝없이 이어진 통로로 이루어져 있던 어제의 도서관은 이제 사라지고 마는 걸까? 그녀는 '사람들은 언제나 책의 느낌을 좋아할 것 같다'며 아쉬운 듯이 말했다."

그러나 내겐 감상적인 기분이 조금도 들지 않았고, 곧 내가 얻을 수 있는 모든 서비스나 장치의 사용을 시도하게 되었다. 1993년 나는 가상현실의 초기 버전을 테스트하면서 다음과 같은 제목의 글을 썼다. "나를 보고, 느끼고, 만져보라." 이게 실질적으로 내가 테크 분야에 대해 쓴 첫 번째 글이었다. 물론 온라인 섹스에 관한 글이었다.

나는 지구상에서 가장 섹시하지 않은 장소 중 한 곳, 버지니아주 셜링턴에 있는 베스트 바이* 매장에서 기기를 체험해봤다. 설명해주던 쾌활한 직원이 이렇게 말했다.

"이 헬멧은 고객님을 파리로 데려다줄 수 있어요." 나는 그건 에어프랑스도 할 수 있을뿐더러 그들은 칵테일까지 준다고 말했다. 그는 내게 "우주를 떠다닐 수 있다"고 말했다. 그건 메스꺼울 것 같았다. 완곡하게 말하자면, 우리는 서로 먼저 공격하기를 기다리면서 조심스레 탐색하며 우리를 애태우는 어떤 진실에 다가가고 있었다. 그가 먼저 굴복했다. "저기, 성인 오락도 있어요." 그가 공모하듯이 말했다. 아아, 사이버오르가슴. 기술이 가진 진정한 잠재력의 추잡한 비밀.

실생활에서의 기술은 덜 흥미롭지만 더 실용적이었다. 나는 업무용으로 두 개의 양면 플로피 디스크와 워드스타WordStar가 있는 '굉장히 무거운' 케이프로Kaypro와 공중전화의 송수화기 부분에 장착할 수 있게 해주는 전화 커플러를 사용하는 TRS-80 모델 100(별명은 트래시Trash-80이었다) 같은 다양한 연결 컴퓨터를 사용하고 있었다.

하지만 그때까지 내가 가장 집착한 것은 휴대전화였다. 개인이 사용하기에는 너무 비쌌지만 『워싱턴포스트』는 뉴스룸을 위해 새

---

* 미국의 전자제품 판매 체인.

모토롤라 백 폰bag phone* 하나를 구입했다. 흉하게 생기고 연결도 계속 끊겼지만 나는 그걸 자주 빌렸다. 다른 사람들은 그 백 폰에 관심 없었기 때문에 내가 며칠 동안 독점할 수 있었다. 나는 그걸 온갖 장소로 가져가 전화를 걸어보면서 성공하기도 하고 실패하기도 했다. 얼마 지나지 않아 1996년 시장에 출시된 '클램셸clamshell' 타입의 스타택StarTAC을 포함해 플립형 휴대전화에 영감을 준 모토롤라 마이크로택MicroTAC을 손에 넣었다. 그리고 은빛 디스크와 온갖 종류의 저장 장치를 실행하기 위한 수십 개의 모뎀과 시디롬, 드라이브를 구입했다. 이런 장치의 대부분은 월드 와이드 웹의 인기가 높아짐에 따라 곧 사라질 터였다.

W3 혹은 www는 1990년에 출시되었는데, 유럽입자물리연구소CERN에서 최초의 웹사이트에 "방대한 양의 문서에 대한 보편적인 접근을 제공하는 것을 목표로 하는 광역 하이퍼미디어 정보 검색 이니셔티브"로 소개되었다. 이것은 대단히 난해한 괴짜의 표현 방식으로, 인간의 모든 지식은 서로 무한하고 계속해서 진화하는 사슬로 연결되어 있다는 뜻이었다.

테크인인 테드 넬슨이 만든 이 중요한 개념과 용어는 매우 단순하게 만들어진 CERN의 페이지에 언급된 바와 같이 "선형적인 구조로 제한되지 않는다". 번역하자면, 그것은 '모든 것'이고, '모든 곳'에 있으며, '동시에' 있다는 의미일 것이다. 그리고 가장 중요한 점은 그것이 '언제나' 있다는 것이다.

---

* 일반 유선 전화기와 비슷하게 생겼으나 가방에 넣어 들고 다닐 수 있었다.

무한히 확장할 수 있는 것은 미증유의 능력이었고, 진정으로 엄청난 이 아이디어를 깨달은 사람들에게 그것은 우아하고 심오했다. 결정적으로, 인터넷이 작동하는 데는 모든 종류의 새로운 디지털 도구들이 필요했다. 이는 전에는 존재하지 않았던 완전히 새로운 산업을 암시했다. 이 새로운 '정보 초고속도로information superhighway'(당시에는 종종 이렇게 불렸다)를 더 잘 달릴 수 있게 해주는 소프트웨어인 브라우저가 그러한 도구에 포함되었다.

1993년 나는 마크 앤드리슨, 에릭 비나가 일리노이대학 어배너 샘페인의 국립 슈퍼컴퓨팅 응용 센터에서 대학원 과정 중에 만든 모자이크 브라우저를 사용해봤다. 나중에 앤드리슨과 알고 지내게 되었는데, 좋을 때도 있고 나쁠 때도 있었다(시간이 지날수록 훨씬 더 나빠졌고 그는 더 이상해졌다). 그가 만든 브라우저는 속도가 빠르고 이미지를 표시할 수 있었기 때문에 그는 급속도로 업계의 전설이 되었다. 실리콘밸리로 자리를 옮긴 그는 세간의 이목을 끌던 연쇄 창업가이자 테크에 대해 떠들고 다니던 짐 클라크와 함께 넷스케이프를 공동 창업했다. 회사는 1995년 8월에 상장되었고, 넷스케이프 브라우저는 시장을 완전히 장악하며 떼돈을 번 최초의 웹 회사가 되었다.

왜 아니겠는가. 기술은 의도했던 대로 급격하게 확장되었다. 1993년 중반, 웹사이트는 130개에 불과했고 그중 1.5퍼센트만이 상업적인 '.com' 주소를 가지고 있었다. 1년 뒤에는 3000개로 늘었다. 그리고 내가 1994년 AOL의 스티브 케이스를 만났을 무렵에는 그 10배가 되었고, 금세 다시 100배가 되었다.

나는 버지니아주 타이슨스 코너의 한 자동차 대리점 뒤에 있는 밋밋한 사무실 건물에 앉아 메모했다. 케이스는 버튼다운 옥스퍼드 셔츠와 카키 바지를 입고 싸구려 책상 뒤에 앉아 '세상을 바꾸는' 계획을 펼쳤다.

　　"언젠가 우리가 타임워너보다 커질 겁니다." 달덩이 같은 얼굴을 한 이 청년은 마치 세계에서 가장 강력한 미디어 회사를 무너뜨리는 게 쉬운 일이라는 듯 거창하게 말했다. "이것은 기술의 차세대 대혁명이 될 거고요 우리는 이 분야에서 가장 중요한 회사가 될 겁니다." '아주 정신 나간 놈이네'라는 생각이 들었다. 그가 말하고 있는 것은 약간 정신 나간 소리가 아니라 엄청나게 정신 나간 소리였다. 특히나 그가 현재 이끌고 있는 회사의 대략적인 역사와 위태로운 존재감을 고려하면 더 그랬다. 케이스는 인기 있는 피자 토핑을 파악하고 드라이 샴푸 타월렛이 성공할지 여부를 파악하는 마케팅 담당자로 일을 시작했다. 그러니 오늘날 그가 장난스레 부인하고 있는 이 지나친 주장은 전형적인 제품 과대 광고 같았다.

　　저돌적인 기업가로부터 '세상을 바꾸겠다'는 연설을 들은 것은 이번이 처음이었지만 확실히 마지막은 아니었다는 점에서 중요하다. 그리고 나중에 보니 그런 말을 한 기업가 다수와 마찬가지로 아메리카 온라인의 젊은 CEO가 옳았다. 그는 정말로 세상을 바꾸게 될 것이고, 비록 당시의 나는 알지 못했으나 내 인생도 바꾸게 될 터였다. 그리고 그날 케이스가 요란한 마케팅 발표 사이에 내 뇌리에 박아넣은 한 단어가 자꾸 귓가를 맴돌았다. 그 사람

뿐만 아니라 내가 만난 모든 AOL 임원이 같은 단어를 반복했는데, 바로 '연결'이었다.

'연결'은 내 초기 기록을 온통 메우고 있었다. 매우 단순하고 기본적인 아이디어 같지만, 미디어의 기하급수적 특성으로 인해 그 생각이 너무 순진했다는 걸 나중에 깨달았다. 이후 미래학자 재런 러니어가 내게 말했던 것처럼, 인류 공동체의 가장 큰 실험은 또한 가장 처참한 것으로 판명되었다. 하지만 나는 이미 이 업계에 속수무책으로 올인하고 있었다. 비록 아무도 이해하지 못하는 것을 만드는 이 아무개들을 취재하는 일이 『워싱턴포스트』에서의 내 커리어에는 후퇴나 다름없음에도 불구하고 말이다. 베이퍼웨어vaporware(완전히 출시되지 않은 소프트웨어를 뜻하는 용어) 기술 보도가 따분한 괴짜들과 테크업계에서 관심받지 못하는 기술로 가득 찬 벽지 중의 벽지였다는 사실은 잊어라. 내게 이 분야는 폭발할 듯 보였고, 가능성이 무한하게 느껴졌다. 디지털화 지배의 방향성이 핵심이었다. 그것은 듀크대학에서 처음 충격을 주었고, 그 뒤 케이스가 열심히 떠들어댔을 때 다시 한번 충격을 주었다.

케이스는 이후 나와의 인터뷰에서 "모든 사람이 누구에게나 연락해 무슨 말이든 할 수 있고, 무엇이든 알 수 있고, 무엇이든 될 수 있을 것"이라고 말했다.

그를 처음 만났을 때, 내가 싸구려 카펫을 내려다보는 동안 케이스가 낡은 책상 위로 발을 올렸던 게 기억난다. 그런 다음 두 팔을 머리 뒤로 받치고 의자에 등을 기대면서 폼을 잡았는데, 그는 10년 안에 정말 그런 거물이 되었다. 즉, 그 순간에는 우습게 들렸던 호언장담이 과장이 아니었던 것이다. 10년도 채 지나지 않아 그는 치솟는 AOL 주가를 이용해 소위 '세기의 합병'이라 불린 거래에서 정말로 타임워너를 컨트롤하게 되었다. 케이스는 결국 '차를 잡은 개*'가 될 터였지만, 그 우중충한 사무실에서는 그저 자신감 넘치는 스타트업 대표일 뿐이었다. 그리고 그 회사는 내가 1976년 동명의 영화 개봉 이후 '배드 뉴스 베어스Bad News Bears'** 라 부르기 시작한 부적응자와 외톨이들로 이루어진 회사였을 뿐이다.

그날 AOL에서 『워싱턴포스트』 사무실로 운전해 돌아오는 길에, 폴크스바겐 래빗 컨버터블을 타고 66번 국도를 따라 달리면서 케이스를 포함해 엄청나게 이상하지만 주목하지 않을 수 없는 사람들을 빨리 취재하고 싶다고 생각했다. 뉴스룸에 돌아오자마자 나는 곧장 비즈니스 섹션 상사였던 데이비드 이그나티우스에게 갔다. 그는 내가 이 분야에 초점을 맞추고 싶은지 확인하기 위한 미팅을 제안한 사람이었다. 나는 그에게 '당장' 테크 분야에 관여하고 싶다고 말했다.

"정말 정치 분야는 취재하고 싶지 않나? 여기서는 그게 정상에 오를 수 있는 방법인데." 유난히 덥수룩한 짙은 눈썹을 치켜올리며 그가 물었다. 기자의 본분과 하는 일이 뭔지 되묻기라도 하듯

---

*   예상치 못하게 어려운 목표를 이룬 사람을 뜻하는 관용 표현.

**   소외되고 놀림받는 아이들이 오합지졸 야구팀을 이루어 승리하는 스포츠 코미디 영화로, 국내 개봉 타이틀은 「꼴찌 야구단」.

이(이건 언제나 좋은 일이다). 영리한 이그나티우스는 백악관과 의회를 취재하는 것이 『워싱턴포스트』에서 성공하는 데 유리한 위치라는 것을 알고 있었다. 그런데 왜 나는 그 모든 것에 등을 돌리는 걸까? 실제로 세상을 쥐고 있는 사람들에 대해 쓸 수 있는데, 어째서 세상을 소유한 확고한 세력을 자신이 이길 수 있다고 여기는 이들에게 집착하는 걸까?

이그나티우스가 정확하게 알아본 것은 내가 최고의 기자들에게조차 타협을 장려하는 난장판에는 전혀 관심이 없다는 점이었다. 스타일 섹션의 보조로서 나는 포토맥강의 지식인층을 위한 빛 좋은 개살구 같은 기사를 쓰기 위해 워싱턴 D.C. 고위층의 말을 잠자코 들으며 받아적어야 했다. 나는 그게 싫었다. 더 정확히 말하면, 그들의 권위, 미래가 그들에게 달려 있다는 확신이 싫었다. 마음속 깊은 곳에서 이 테크광들이 만드는 것에서 반짝이는 아주 작은 불빛을 보는 것만으로도, 발명하고 혁신하는 사람들이야말로 중요한 존재라는 생각을 떨칠 수 없었다. 나는 뱅크스 집 아이들이 메리 포핀스에게 얼마나 오래 머물 거냐고 물을 때, 그녀가 대답으로 했던 "바람이 바뀔 때까지 머물 거란다"라는 대사를 떠올렸다.*

바람의 방향은 확실히 바뀌었고, 영혼을 짓밟는 워싱턴 D.C.의 파티에 더 많이 참석하는 일 또는 키티호크의 해변에 서서 뭔가가

---

* 영화 「메리 포핀스」(1975)의 한 장면으로 바람을 타고 온 유모 포핀스가 하는 대사다. 더 이상 이곳에서 할 일이 없으면 미련 없이 떠난다는 뜻.

미끄러지듯 지나가는 것을 바라보는 일 중에서 하나를 선택하는 것은 쉬운 결정이었다. 이그나티우스는 이미 내 결정이 무엇인지 알고 있었고, "이 인터넷이라는 게 꽤 멋지네요"라고 말했다. 이것이 역대 최고로 절제된 표현이었다는 건 나중에 알게 되었다.

1996년 무렵 나는 AOL에서 내 첫 번째 책『AOL.COM: 세계를 제패한 인터넷 기업』을 쓰고 있었다. 뉴욕에서 몇 차례 최종 인터뷰를 마쳤는데, 하늘이 눈부시게 파랗던 날 파크 애비뉴에 있는 한 빌딩에서 나오면서 갑자기 모든 게 분명해졌다. 정말 이 일을 할 거라면, 숨 막히는 동부 해안을 떠나 캘리포니아로 이사해야 했다.

어쩌면 나는 골드러시에 달려들던 사람들과 비슷했는지도 모른다. 나는 동부 해안에 머무는 데 만족하거나 펜실베이니아 또는 오하이오에서 멈춘 사람들에 대해 늘 생각한다. 그들은 정착하기 전에 딱 그만큼만 간 것이다. 나는 아니다. 나는 계속 전진하는 미치광이 중 하나로 변했다. 그곳에 있는 누구도 비즈니스 측면을 제대로 다루지 않았기에, 그 공백을 채우려면 내가 그곳으로 가야 했다. 기사들은 대부분 칩 속도에 초점을 맞추는 기술 전문가나 협찬 물건을 받고 싶은 장비 마니아들이 쓴 것이었다. 내가『워싱턴포스트』사람들에게 서쪽으로 가고 싶다고 말했더니 그들은 혼란스러워했다. 왜냐하면 나한테는 엔지니어링에 대한 지식이 전무했기 때문이다. 그들에게 말했다. "이해가 안 되나요? 기술 때문이 아니에요. 기술을 제외한 다른 모든 것 때문이죠."

단 한 사람만이 내 이직을 전적으로 지지해주었다. 월트 모스버그는 그의 『월스트리트저널』 인기 칼럼인 '퍼스널 테크놀로지'로 이미 테크 리포터 중에서 가장 유명한 사람이었다. '퍼스널 테크놀로지'는 1991년에 첫 연재를 시작하며 테크업계에 대한 단 한 줄의 위대한 첫 문장으로 글을 열었다. "개인용 컴퓨터는 사용하기 너무 어렵고, 그건 당신 잘못이 아니다." 나는 AOL 책을 쓰는 동안 그 염소수염을 가진 스승에게 연락해 내 소개를 했다. 월트와 나는 직업적 숙명과 테크 정신의 융합으로 얽혀 금세 친해졌다.

나는 그에게 모든 것을 묻기 시작했고, 그가 모든 것, 모든 사람을 안다는 사실을 알게 되었다. 나는 그의 『월스트리트저널』 사무실에 거의 죽치고 있다시피 했는데, 거기엔 '컴퓨터 박물관'이 있었다. 소개서에 열거된 내용에 따르면 '컴퓨터 박물관'에는 '타이멕스 싱클레어 1000(그의 첫 번째 컴퓨터), 애플 IIe, 휴대용 애플 IIc, 1세대 매킨토시, 라디오 TRS 80 모델 100, 팜 파일럿, 아타리 800'이 포함되어 있었다. 우리는 함께 괴짜스러운 이야기를 하면서 몇 시간씩 보냈고, 월트는 워싱턴 D.C.라는 작은 우물에서 한계에 다다른 나를 봤다. 프렌치 딥 샌드위치를 먹으며 테크 이야기를 하던 노스웨스트 코네티컷 애비뉴의 한 지하 식당에서 그는 더 큰 바다, 태평양에서 헤엄치라고 권유했다. 월트는 내 눈을 똑바로 보며 말했다. "서쪽으로 가게, 젊은이."

그리고 나는 정확히 그렇게 했다.

3장

캘리포니아여, 내가 왔노라

서쪽으로 가라, 젊은이여.
그리고 국가와 함께 성장하라.

_호러스 그릴리

1997년『월스트리트저널』에는 인터넷을 취재하는 전담 기자가 없던 터라 월트는 그 신문사가 이 새로운 세계의 첫 탐험가가 되기 위해서는 나를 고용해야 한다고 확신했다. 그래서『월스트리트저널』최고의 에디터 폴 스타이거에게 전화를 걸어 나를 고용하라고 명령하듯 말했다. 월트가 그런 영향력을 지녔던 이유는 당시 그의 필독 테크 리뷰 칼럼이 매년 수천만 달러의 광고비를 긁어모았기 때문이다.

그것은 월트가『월스트리트저널』에서 가장 높은 연봉을 받는 편집 스태프인 이유이기도 했고, 그에게는 마땅히 그럴 자격이 있었다. 그는 저널리스트로서의 진실성에 대해 가장 높은 기준을 가진 사람이었고, 그저 멋모르고 졸졸 따라다니는 테크 마니아가 되는 일은 결코 없었다. 사실 월트가 실리콘밸리에서 멀리 떨어진 워싱턴 D.C.에 살기로 결정한 데는 제품을 공정하게 판단하기 위해 거리를 유지하려는 이유가 있었다. 월트가 종종 빌 게이츠나 스티브 잡스, 그의 귀를 빌리고 싶어하는 많은 거물과 통화하기는 했지만, 그는 늘 직업적인 관계로만 유지했다. 주말에 그들과 어울리지 않았고, 자기 아이들을 그들의 자녀와 같은 학교에 보내지도 않았다.

그와 동시에 월트는 이 테키techie들을 가까이에서 취재하면서 그들의 실수를 지적하고 그들에게 책임이 돌아갈 수 있다는 사실을 확실히 알게 해줄 동료를 원했다. 여전히 말로만 하는 도약은 쉬웠다. 워싱턴 D.C.는 집처럼 편한 곳이었다. 친구들과의 긴밀한 네트워크, 내 소유의 아파트, 아주 멋진 여자친구, 나를 지지해주는 직장도 있었다. 그러나 완전히 새로운 영역을 만든다는 생각을 물리칠 수가 없었다. 마지막 근무 기간에 우연히 『워싱턴포스트』 소유주인 돈 그레이엄을 만났는데, 그가 내게 떠나는 이유를 물었다. 나는 지대가 낮은 신문 발행 분야, 불어나고 있는 정보의 강, 경영진과 광고주들 사이의 관계 약화에 대해 다시 한번 설명하기 시작했다. 내가 얼간이처럼 계속 말하는 동안 일 년 내내 상냥한 그레이엄은 늘 그렇듯이 부드럽게 웃었다.

"홍수가 일어날 거예요." 그에게 경고할 때, 내 말은 내가 생각한 것보다 AOL의 스티브 케이스와 더 비슷하게 들렸다. "그래서 더 높은 지대를 찾고 있는 거예요."

"그렇다면 마른 상태를 유지하는 게 좋지." 그가 농담했다. "나한테는 더 큰 배가 필요하겠군."

'노아의 방주는 되어야 할걸.' 나는 그렇게 생각했지만 말로 내뱉지는 않았다. 그렇게 서른넷의 나는 『워싱턴포스트』를 떠나 『월스트리트저널』에 합류했다. 모든 짐을 차에 싣고 국토를 가로질러 낯선 주로 향했다. 그리고 한 세기 전 골드러시 때 캘리포니아로 향하던 사람들처럼 내가 원하는 것을 갖기 위해 그곳으로 향하는 데 신이 나 있었다. 떠나기 전 월트는 한 가지 조언을 더 해주었다. "마음 단단히 먹고 가도록 해. 그들은 자신에게 부딪혀온 게 뭔지 모를 걸세. 그들이 세상을 지배하게 될 테니 공정하되 엄격하게 다루고."

푸른 하늘, 눈부신 태양, 섭씨 25도의 날씨에 바닷가에서 불어오는 산들바람까지 완벽하게 캘리포니아다웠던 날에 샌프란시스코에 도착했다. 나는 캘리포니아 특유의 유칼립투스 나무의 향기를 기대하고 있었다. 그 향기는 우기를 맞은 깊은 숲속처럼 내면 깊숙이 느껴지는 흙 내음으로, 아직까지도 설명할 수 없는 방식으로 나를 진정시킨다. 하지만 수천 명의 사람이 거리를 혼잡하게 하고 교통을 막고 있었기 때문에 안타깝게도 내가 도착한 날 가장 먼저 나를 덮친 것은 땀에 젖은 가죽 냄새였다. 그들은 해마다 샌프란시스코 사우스오브마켓 구역에서 열리는 유명한 BDSM* 및 가죽 서브컬처 행사인 '폴섬 스트리트 페어'에 참가한 사람들이었다. 스바루 아웃백을 타고 이 순간 이곳에 도착하는 것은 새 인생을 시작하는 레즈비언에 대한 일종의 완벽한 클리셰였다.

나는 그렇게 많은 사람이 떠들썩하게, 어쩌면 자랑스럽게, 동부에서는 아주 오랫동안 그 누구도, 어떤 에너지로도 할 수 없었던 방식으로 자기 삶을 살아가고 있는 모습에 강한 흥미를 느꼈다. 그것은 무엇이든 받아들여지는 서부로 옴으로써 개인적으로 언

---

* 구속, 훈육, 지배, 복종, 가학, 피학을 포함하는 성적 역할 놀이.

은 이점이었다. 그러나 직업상으로는 확실히 그렇지 않았고, 『월스트리트저널』도 똑같이 이 새로운 디지털 시대에 대한 흥분이 부족하다는 것을 빠르게 깨달았다. 뉴욕의 많은 스태프도 나를 어떻게 해야 할지 몰랐다.

"당신은 아무래도 CB 라디오를 취재하게 될 것 같군요." 『월스트리트저널』의 대책 없이 오만한 미디어 리포터가 내게 말했다. 미디어 보도는 장래가 유망한 사람들에게 가장 인기 있는 분야로 여겨졌다. 어쨌거나 미디어 저널리스트들은 타임워너, 콘데 나스트, 뉴스 코프, 디즈니같이 인류가 보고 듣는 모든 것을 통제하는 거대 기업을 취재해야 한다. 미디어 리포터들이 자기가 취재하는 고위층처럼 행동하고, 곧잘 틀리면서도 결코 의심 따위 하지 않는 자신만만한 태도로 우쭐대는 것은 놀라운 일이 아니다.

현재 온라인 출판 분야에서 일하면서 마치 처음부터 이렇게 되리라는 걸 알고 있었다는 듯 디지털 주제에 대해 거만하게 떠들고 있는 사람이라 예의상 이름은 밝히지 않겠지만, 그 리포터는 이 분야가 앞으로 어떻게 될지 전혀 모르고 있었다. 그렇기 때문에 그는 1970년대 후반 장거리 트럭 운전사들이 주로 사용한 이동통신 시스템인 CB 라디오를 언급했던 것이다. CB 라디오는 「스모키 밴디트」 같은 영화와 「콘보이」 같은 노래 덕분에 유행을 타더니 갑자기 모든 사람이 하나씩 가지고 있는 물건이 되었다. 그만큼 빨리 유행이 끝났다. 대부분의 미디어 리포터가 새롭게 출현한 디지털 분야를 일시적인 반짝 성공이라고 생각했기 때문에, 그 리포터는 이것이 최고의 빈정거림이라고 여겼다. 또한 그는 초창기 디지털 스타트업을 '폰지 사기'와 '포템킨 마을'에 즐겨 비유했는데, 많은 스타트업은 확실히 그런 것으로 밝혀졌다.

"그 회사들이 전부 문 닫으면 취재할 게 별로 없을 겁니다." 그가 톡 쏘듯 알려주었다. 내 안에도 디지털 지배의 가능성에 의문을 제기하는 올드 미디어가 여전히 크게 자리 잡고 있었다. 나는 그냥 무시해버릴까 생각했다. 어차피 내가 테크 나라의 대사는 아니니까.

대신 나는 초자아가 아니라 이드에 의해 조종되는 인간이므로 그의 독선적인 오만에는 맞서기로 결심했다. "인터넷은 모든 미디어를 가루로 만들어버릴 거예요." 내가 그의 미끼를 물고 대꾸했다. "당신이 아는 미디어는 근본적으로 사라져가고 있어요. 그러니 이제 다들 그만둬야 해요." 그러자 그가 나를 비웃었다. 아마 그게 그의 마지막 웃음이었을 것이다. 새로 입사한 미디어의 가장 야심만만한 리포터들이 인터넷을 막다른 곳으로 여긴다는 데 나는 전혀 신경 쓰지 않았다.

당연히 데이터베이스와 인프라스트럭처 회사뿐만 아니라 컴퓨터와 칩 제조사들도 테크 생태계에 매우 중요했다. 이러한 대규모 사업에 주목하는 것은 『월스트리트저널』 보도에서 핵심 부문 중 하나였다. 그러나 그런 것은 마치 극소수만 이해할 수 있는 기계식 시계 내부에 초점을 맞추는 일처럼 느껴졌다. 인터넷은 달랐다. 나는 사람들에게 시계의 작동 방식이 아니라 시간에 대해 이야기하기로 결심했다.

내가 처음 들른 곳 중 하나는 당시 브라우저 시장의 75퍼센트를 점유하고 있던 넷스케이프였다. 테크 신동 앤드리슨은 지적으로는 대단히 뛰어났지만 정신은 절망적일 정도로 유치했다. 노골적인 농담을 던졌는데 엄청 안 웃겼다. 20대 중반이었지만 열한 살이나 열두 살짜리 같았다. 당시에 그는 사회적 신호를 알아차리는 데 어려움이 있었고, 미묘한 사회적 관계에서도 전혀 노력하지 않았다. 그리고 견해차가 나면 뭔가 배울 기회로 여기기보다는 공격으로 받아들였다. 물론 나도 똑같이 다루기 까다로운 사람이었던 탓에 실리콘밸리 초기 시절에 형성했던 가장 흥미로운 관계 중 하나였다.

오늘날 앤드리슨 브랜드의 일부는 미디어를 비난하기 위한 것이지만, 그가 시도 때도 없이 내게 전화를 걸던 시절도 있었다. 문자 메시지도 마찬가지였다. 심지어 그때도 나는 이 유치한 남성들이 과거 모습을 지우고 새로운 모습을 보여주려 노력할 거라는 느낌을 받았기 때문에 그 문자 메시지들을 '마크'라고 이름 붙인 파일에 전부 저장해두었다. 마크의 문자 메시지는 초조하고 막연하게 불만스러운 정신 상태를 나타냈는데, 일반적으로 여러 재미있는 관찰, 똑똑한 의견, 적(과 친구들)에 대한 가벼운 욕, 마이크로소프트의 새러 페일린으로부터 받은 모든 주제에 대한 방대한 양의 GIF 이미지가 포함되어 있었다(구체적으로 말하지는 않겠지만 이 말만은 하고 넘어가겠다. 우리 둘 다 새러 페일린이 소름 끼치는 동시에 묘하게 매력적이라고 느꼈다. 그리고 그런 우리 자신을 싫어했다. 적어도 나는 그랬다). 달리 말하면, 앤드리슨은 다른 많은 인터넷 거물과 마찬가지로 미디어를 싫어하기 전까지는 좋아했다는 뜻이다. 그 후로 그는 나를(그리고 다른 많은 사람도) 차단했고 답장하길 거부했다. 한때 시도 때도 없이 내게 문자 메시지를 보냈던 그 열정에 걸맞게. 십중팔구 그는 내가 지독한 인간이 됐다고 생각할 것이다. 직업상으로는 이상적이지 않지만, 개인적으로는 그의 별나고 까탈스러운 성격이 그립다는 것을 인정한다. 그는 얼간이이긴 했지만 유쾌한 얼간이였다. 그리고 이제는 소셜미디어에 상주하면서 분개하고 있는 성가신 얼간이다.

사실 앤드리슨은 언제나 약간 뚱하고 디스토피아적인 사람이었다. 이런 성격에 대해 많은 기사가 가족 문제 때문이라고 말했지만, 그가 내게 그런 이야기를 한 적은 없다. 그는 자신이 완전히 괴짜 신으로 태어났다고 생각했고, 그 오만함은 자기방어의 일부였다. 그가 남들처럼 자신의 본성을 숨기기 위해 나를 무시하려 하지는 않았기에 나는 신경 쓰지 않았다. 그렇기 때문에 중서부 출신인 앤드리슨이 샌프란시스코 베이에어리어의 훨씬 더 좋은 음식점보다 선호했던 특별할 것 없는 지역 솔푸드 체인점 호비스에서 우리가 대화를 나누었음에도 불구하고 나는 앤드리슨과의 대화가 가장 즐거웠다. 그때 그는 내게 자신이 습관의 동물이며, 단순한 선택을 좋아해서 늘 달걀을 고른다고 말했다. 그는 달걀을 아주 많이 먹었다.

그를 모방하는 기업들은 편안함을 장려하는 분위기를 그대로 따라 했다. 그것은 편한 복장, 부드러운 가구, 고급 부리토, 집에서처럼 일하기, 이발 및 운동부터 드라이클리닝까지 제공되는 모든 호사를 의미했다. 정말로, 캘리포니아 마운틴뷰에 있는 넷스케이프 캠퍼스는 유치원의 성인 버전이었다. 거기에는 늘 준비된 음식, 온갖 종류의 게임, 빈백 스타일의 의자, 플리스 후드가 있었다. 「피노키오」에 나오는 '기쁨의 섬'과 다르지 않은 소년들의 이상한 동화 나라였다. 사람이 당나귀로 변하는 것을 아무도 개의치 않았다는 점만 제외하면 말이다. 오히려 그들은 그것을 즐겼다. 따뜻한 캘리포니아의 햇살을 받으며 넷스케이프 본사로 운전해 갈 때마다, 30대 초반의 내가 이 일을 하기에는 너무 늙은 느낌이 들었다.

1995년 1월, 넷스케이프 이사회는 이 남자의 탈을 쓴 소년들을 관리하기 위해 짐 박스데일이라는 상냥하고 아주 경험 많은 통신사 임원을 CEO로 취임시키며 세상에서 가장 멋진 아빠를 책임자로 앉혔다. 미시시피에서 나고 자란 박스데일은 모든 남부 격언을 알고 있었다. 내가 가장 좋아하는 것은 "중요한 것은 중요한 것으로 유지해야 함을 기억하라"다. 나는 금세 박스데일이 좋아졌고, 세상에 더 많이 있어야만 하는 유형의 리더라는 것을 알게 되었다. 매우 윤리적이지만 젊은 테크인들을 사랑하는 그는 언제나 품위를 발산했다. 그리고 한 가지 눈에 띄는 점은 박스데일이 거짓말을 전혀 하지 않았다는 것이다. 앤드리슨이 내게 거짓말을 너무 많이 해서 몇 번인지 세는 것을 그만둔 것과는 대조된다.

안타깝게도 앤드리슨은 노멀한 쪽이었다. 그 일로 내가 충격을 받거나 화가 났다고는 말할 수 없다. 저널리스트로서 기업가들이 내게 거짓말하는 경우보다 자기 자신에게 거짓말하는 일이 더 많다는 것을 깨달았다. 어쩌면 현실을 보류하고 무에서 새로운 산업을 창출하기 위해 거짓말이 반드시 필요하다고 느꼈는지도 모른다. 토머스 에디슨은 끊임없이 이런 거짓말을 했고, 사악한 속임수로 니콜라 테슬라 같은 경쟁자들을 몰아낸 것으로도 유명하다. 발명가들은 너무 자주 영웅으로 그려지며 그들의 결점은 우리가 받아들인 이야기에서 호도된다. 이들 대부분은 어릴 때부터 상당한 방식으로 망가진다. 테크업계에는 부모(일반적으로 아버지)에게 학대당했거나 부모가 부재했던 남성들이 널려 있다. 성인이 될 때까지 그들은 불행했고, 종종 자신이 옳았다는 것이 득의양양하게 입증되기 전에는 오해를 받았다는 불만을 가지고 있었다. 무엇보다 망가진 이들은 한 가지 슬픈 특성을 공유하고 있었다. 모두 가슴이 저미도록 외로워 보였다는 점이다.

나는 많은 테크업계 거물의 뒤틀린 독선이 돈, 권력, 점점 더 많은 비굴한 조력자를 고용하는 것 이상으로 그들 자신을 부채질했다는 것을 깨달았다. 그것은 필연적으로 그들의 영혼을 얼어붙게 하고, 깊은 자기혐오와 분노를 가리는 오만을 만들어냈다. 나는 강하고 부유한 이들 중 테크업계 사람들보다 자신을 더 강렬하게 피해자화하는 사람을 본 적이 없다. 그래서 본질적으로 그들은 자신이 저지른 모든 실패와 실수를 자산으로 재구성해야 한다고 주장했다. 그것이 정말 실패였고 피해가 막심한 실수였을 때조차 말이다. 당연히 그들은 "나는 실패한 게 아니다. 그저 효과가 없는 1만 가지 방법을 발견한 것이다"라는 에디슨의 기이한 표현을 즐겨 인용했다. 그러나 이 선언은 일이 끔찍하게 잘못되어 진짜 사람들이 다쳤을 때 누가 책임져야 하는지에 대해 많은 것을 배제하고 있다. 그리고 기술의 발전과 증폭 때문에 그 피해는 빠르게 확대되며 오늘날까지 계속되고 있다.

하지만 당시 넷스케이프에 일어난 일은 실패가 아니었다. 박스데일의 '주가'는 가파르게 올랐고, 넷스케이프 사람들은 곧 실리콘밸리의 새로운 왕이 되었다. 1995년 8월 9일, 넷스케이프는 대단히 성공적으로 IPO*를 실행해 빠르게 상장되었다. 공모가는 주당 14달러가 될 예정이었으나, 공개 직전 그 두 배인 주당 28달러가 되었다. 주가는 거래 첫날 75달러까지 치솟아 투자자들에게 큰 충격을 주었고, 많은 테크 기업이 IPO를 하게 되는 계기가 되었다. 거래 첫날이 끝날 즈음, 넷스케이프의 시장 가치는 거의 30억 달러에 달했다. "이 회사가 얼마나 커질지 아무도 몰랐던 것 같아요." 박스데일이 내게 말했다. "많은 수동적 미디어와 다르게 넷스케이프는 단 한 사람도 그것에 영향을 줄 수 있고, 올라타고 어디로든 갈 수 있는 네트워크예요."

IPO 이후 기업 가치 5900만 달러가 된 앤드리슨도 마찬가지였다. 그는 곧 잡지 표지에 등장하는 천재 소년의 전형이 되었다. 가장 유명한 건, 그가 맨발에 청바지를 입고 빨간색 벨벳을 씌운 금빛 왕좌에 앉아 있는 1996년 『타임』 표지다. 헤드라인은 "특별한 괴짜들: 발명한다. 회사를 차린다. 그리고 주식 시장은 그들을 즉석부자로 만들었다. 그들은 누구인가? 어떻게 사는가? 그리고 미

* Initial Public Offering, 기업이 이미 발행했거나 새로 발행하는 주식을 불특정 다수의 투자자에게 공개적으로 파는 일로 기업 공개라고도 함.

국의 미래에 있어 그들은 어떤 의미인가?"이다. 다행히 "즉석부자"라는 말은 인기를 얻지 못했지만, 다른 의문이 나를 실리콘밸리로 이끌었다.

넷스케이프 다음으로 향한 곳은 야후였는데, 야후는 거의 9억 달러에 달하는 시장 가치를 인정받으며 1996년에 상장되었다. 그 숫자는 빠르게 두 배로 늘어났다. 넷스케이프만큼이나 어리고 장난스러운 야후는 1995년에 제리 양과 데이비드 필로에 의해 설립되었다. 당시 그들은 스탠퍼드대학의 대학원생이었는데, 이후 스탠퍼드는 테크업계 최고의 인재들을 다수 배출하는 것으로 유명해진다. 원래는 1994년에 만들어진 '제리와 데이비드의 월드 와이드 웹 가이드Jerry and David's Guide to the World Wide Web'로 불렸는데, 포털이 인기를 얻으면서 '또 하나의 계층적이고 과도하게 친절한 조언자Yet Another Hierarchical Officious Oracle'의 머리글자인 'Yahoo'로 이름을 바꿨다.

야후는 넷스케이프와 함께 인기 있는 직장이 되었다. 둘 중에서는, 경쾌한 서체에 거슬리는 느낌표가 있고 젊고 엉뚱한 분위기를 띠는 야후가 더 소비자 중심적이었다. 야후는 AOL이 개척한 것을 인터넷에 직접 올려놓고, 가장 중요한 웹사이트가 되었다. 그것은 사람이 직접 손으로 웹 크롤링을 해서 모은 다른 웹사이트들의 디렉터리였다. 그렇다, 내가 '인터넷 바운서Internet bouncer'*라 별명 붙인 집단에 의해서 한 번에 하나씩 말이다.

*   술집, 나이트클럽 등의 경비원.

나는 앤디 젬스와 이 이야기를 하며 웃었다. 『월스트리트저널』에서의 첫 기사를 위해 캘리포니아 서니베일에 위치한 야후 캠퍼스의 어두컴컴한 방에서 젬스를 인터뷰했는데, 기사의 헤드라인은 "문지기들The Gatekeepers"이었다. 이전에 젬스는 샌프란시스코 시내에 있는 '보더스 북스 앤드 뮤직'에서 일했고, 이제는 인기 디렉터리로의 입장을 통제하는 야후 직원 60여 명 중 한 명이었다. 살아 있는 귀뚜라미를 먹는 애완 타란툴라를 인터뷰에 동반한 젬스는 인터넷상에서 가장 막강한 직업 중 하나를 가지고 있었다. 60명의 다른 웹 서핑 직원들과 함께 야후, 즉 초기 인터넷의 가장 중요한 가이드에 무엇을 포함하고 포함하지 않을지 결정하는 일이었다. 심지어 그때도 조정 문제는 존재했다. 야후가 자신의 중요한 디렉터리에 추가하지 않은 사이트는 폭탄 제조와 아동 포르노 같은 불법 활동을 조장하는 사이트들뿐이었다. 그러나 논란의 여지가 있는 많은 사이트는 종종 '사회 및 문화' 영역에 나열되었다. 쿠 클럭스 클랜*과 다른 혐오 집단을 홍보하는 사이트들이 문지기를 통과했던 것이다. 젬스가 내게 자신은 '검열관'이 아니라고 주장했다.

어디서 들어본 말 같지 않은가?

그 문제는 제쳐놓더라도, 야후는 인터넷의 새로운 입구였다. 그리고 오늘날 그들의 비즈니스가 가진 장인적 본성에 대해 생각해 보는 것은 기묘하다. 야후가 주력 가이드에 더해 이메일, 개인화,

---

*   미국의 백인 우월주의 및 극우 테러 단체.

상거래, 뉴스 같은 온갖 디지털 부가 기능을 추가하면서 미래가 펼쳐지기 시작했다. 넷스케이프와 마찬가지로 야후의 마케팅은 가차 없었다. 양은 간판이었고 필로가 기술자였다. 필로는 입이 너무 무거운 사람이라 그에게서 한마디의 대답만 끌어낼 수 있어도 내게는 작은 승리였다. 나중에 야후는 팀 쿠글과 이후 할리우드의 테리 세멜 같은 더 전문적인 경영진을 영입했다. 하지만 원래 그 브랜드는 컴퓨터실에서 성층권까지 도약한 양과 필로를 중심으로 만들어진 것이다. 한 커버스토리에서는 그들이 활기차게 보라색 야후 미니에서 뛰쳐나온다. 다른 데서는 스스로 '치프 야후Chief Yahoo'라 이름 붙인 양이 머리에 컴퓨터를 쓰고 서핑보드를 타고 있었다.

인터넷 업계 사람들은 이런 걸 좋아했다. 그런 연출이 '나는 기업의 격식에 관심 없다'는 분위기를 풍기면서 목표로 하는 청중에게 어필하고 좋은 기삿거리가 되기 때문이었다. 물론 그것들 대부분은 대중에게 이 발명가들이 권력을 장악하고 그것을 즐길 거라는 신호를 보내는 보여주기식 연출이었다. 나는 실리콘밸리의 '거짓말'에 대한 이야기를 쓰기도 했는데, 이는 25년이 지난 지금도 꽤 잘 들어맞는다. 나는 "그렇다면 이제 두려움 없는 위험 감수와 광적인 노력, 천재적인 프로그래밍에 맞먹는 자축과 자기기만이 실리콘밸리 정신의 일부가 된 것은 놀랍지 않다"라고 쓰면서 다음과 같은 문구들을 나열했다.

"돈 때문이 아닙니다."(돈 때문이었다!)

"명성 때문이 아닙니다."(마찬가지로 명성 때문이었다!)

"우리는 신분적 상징에 얽매이지 않기 때문에 여기에는 복장 규정, 전용 주차 공간, 멋진 사무실이 없습니다."(있었다. 그저 달랐을 뿐.)

"여기에는 책임자라고 할 만한 사람이 없습니다."(아하하.)

"제품에 대한 게 아니라 세상을 바꾸는 일에 대한 겁니다."(제품에 대한 게 맞았다.)

"우리에게는 경쟁 상대가 없습니다/우리에게는 경쟁 상대가 많습니다."(한숨.)

그때도 나는 이 연극 같은 PR이 지겹고 뻔하다고 생각했다. 야후의 경쟁사로, 여섯 명의 젊은이가 창업한 익사이트Excite를 방문했을 때도 확실히 그랬다. 스타트업과 뒷마당에서 뚝딱거리던 이들의 누추한 시작에 대한 오랜 클리셰를 참고해 가짜 차고 문을 둔 개방형 구조의 본사를 둘러보던 중 여섯 명 가운데 한 사람(솔직히 누구였는지 기억 안 난다)이 신나서 회사 2층과 1층 사이에 설치된 어린이용 나선형 미끄럼틀을 보여주었다. "타보세요, 내려가 보세요." 내면의 아이를 찾는 것이 나의 기업가 정신을 해방시키는 열쇠라고 생각한 그가 재촉했다. "우리는 모든 파트너에게 타보라고 해요."

나는 그들의 파트너가 아니었기에 "됐어요" 하고 말했다. "난 다섯 살 때 미끄럼틀을 별로 좋아하지 않았고, 어른이 된 지금은 확실히 좋아하지 않아요." 그는 의기소침해졌다.

이런 미끄럼틀 속임수는 드문 일이 아니었다. 여러 인터넷 회사의 본사 대부분에는 탱탱볼, 온갖 종류의 스쿠터, 스케이트보드가 있었고, 낮잠 자는 공간은 빠짐없이 있었다. 마치 기이할 정도로 큰 세 살배기들이 어마어마한 돈더미를 손에 넣고는 사탕과 장난감을 무한정 얻을 수 있다는 것을 깨달은 듯했다. 나는 사탕은 먹었지만 장난감은 피했다. 나중에, 내 아들들이 '실제로' 어렸을 때는 출근하는 나를 따라오고 싶어했다. 왜냐하면 늘 어딘가에는 고카트가 있었기 때문이다. 이 공격적이고 보여주기식인 장난기가 혁신과 어떤 관련이 있는지 잘 이해되지 않았지만, 칸막이 사무실 문화와 끝없는 회의의 한계에서 벗어나는 일의 중요성은 이해했다. 하지만 테크 기업들은 그보다 한 단계 더 나아가 동심을 목표로 하더니 꽤 빠르게 그 방향을 유치함 쪽으로 전환하고, 거기에 동조했다. 야후와 넷스케이프 같은 회사가 이런 우스꽝스러운 환경을 도입하자 모두가 그들을 모방한 것이다. 벤처 캐피털이라는 관대한 부모도 거기에 편승했다.

누가 봐도 우스꽝스러웠다. 그러나 이 새로운 전개가 효과를 내는 듯한데 내가 무슨 말을 하겠는가? '새잎이 돋아나면 묵은 잎은 떨어진다'라는 이 분야의 가장 강력한 교훈을 얻은 테크업계 리더는 아직 많지 않았다. 모든 테크 회사가 더 대단한 무언가를 시도하는 중이고, 권력은 이전과 같은 방식으로 지속되지 않는다는 이러한 이분법에서 테크 산업의 병적인 성격을 볼 수 있다. 당시에는 이 사실이 너무 덧없게 느껴졌고, 그것은 업계에 있어 하나의 자산이자(변화!) 가장 큰 약점이었다(너무 많은 변화!). 아니나 다를까, 1998년 초 넷스케이프의 1위 브라우저 지위는 빠르게 하락하고 있었다. 마이크로소프트의 공격을 받은 넷스케이프는 회사 전체 또는 일부 매각을 고민했다. 그해 말, 넷스케이프는 AOL에 인수되었고 마크 앤드리슨은 최고 기술자로 자리를 옮겨 넷스케이프의 직원이 되었다. 정말 처량한 일이었다(그도 이것을 깨닫고 최대한 빨리 회사를 떠났다).

그럼에도 여전히 호시절은 계속되었고, 회사들은 관심 끌기와 마케팅, 필요한 정도에 못 미치는 수익만으로 상장을 해대고 있었다. 왜 아니겠는가? 당시에는 기본적인 중력의 법칙이 이 놀라운 테크업계 신들에게는 적용되지 않았다. 실제로 상황은 금세 터무니없는 수준이 되었다. 한번은 잘 알려진 투자 은행 직원이 내게 전화해 상장하면 주가가 급등할 곳이 있는데 '아직 매출은 없는' 회사라는 이야기를 들려주었다. 수익성이 부족한 회사에는 익숙했지만, 이 이야기에는 정신이 번쩍 들었다.

가든파티에서 스컹크가 된다는 것은 사람들이 나를 향해 코를 찡그리고 너무 부정적이라며 비난한다는 말이다. 이는 주로 언론에 대고 하는 모욕이었다. 때로는 그 모욕이 정당화되기도 했지만, 나는 그런 악취를 풍기며 그 모든 게 나쁜 일이 될 수 있는 상황에 대해 글을 쓰는 것이 내 일의 일부라고 주장했다. 나는 특히 온라인 식료품 배달 회사 웹밴에 집착했는데, 그 회사는 가장 잘나갈 때 직원 수가 3500명에 달했다. 그들은 투자 라운드*를 계

---

* 스타트업의 성장 과정에 따라 구분한 투자 단계.

속 올렸지만, 숫자들을 따져보니 뭔가 맞지 않는다는 걸 알 수 있었다. 다른 많은 사람과 함께 나는 계속 관련 문제를 보도했다. 아무도 내 분석에 관심을 기울이지 않았고 파티는 계속되었다(그 스타트업이 파산 신청을 할 때까지 최소 3년 동안). 또 다른 완벽한 예시는 초창기 1시간 배송 서비스로 다수의 일류 벤처 캐피털로부터 2억5000만 달러를 투자받아 1999년 350만 달러의 매출과 2630만 달러의 손실을 거둔 코즈모닷컴이다. 나는 온라인과 현실 상거래의 결합이라는 아이디어에 마음이 빼앗겼고(어쨌거나 나는 7년 동안 리테일 분야를 보도했으니까) 그 결합이 필연적이라 느꼈지만, 여기에는 문제가 많은 듯했다. 확실히 문제가 있었다. 코즈모는 2년 만에 실패했다.

그래서 나는 기본적으로 이런 회사들로부터 받은 일련의 스카웃 제안을 거절했다. "1억 달러는 금방 벌 수 있을 거예요." 한 스타트업 CEO가 그야말로 편집할 게 전혀 없는 사이트의 편집주간 자리를 제안하며 말했다. 수년에 걸쳐 나는 모든 주요 인터넷 회사와 수많은 소규모 회사로부터 채용 제안을 받았다. 내가 그 제안들을 항상 거절한 이유는 보도하는 일을 좋아했기 때문이다. 인터넷 붐 시기에 많은 저널리스트가 이직해갔지만 난 아니었다. 그런 이직은 영혼을 망가뜨리는 일처럼 보였다. 어쩌면 나는 스톡옵션 행사 권리를 얻을 때까지 견딘다는 게 몹시 짜증나는 일임을 알고 있었는지도 모른다.

그리고 거기에는 내 테크 경력이 시작된 회사 AOL의 테드 리언시스가 제안한 또 하나의 애매한 편집장 자리도 포함되어 있었다. AOL의 영향력이 변했음에도 불구하고 나는 그 자리 또한 단호하게 거절했다. 상황이 그렇다보니, 1999년 말 『월스트리트 저널』 칼럼에서 나는 (지금은 케이스가 예상했던 것처럼 지배적인) AOL이 '다양한 배포 방식 및 콘텐츠 분야를 제공할 전통적인 미디어 대기업'과 합병할 거라는 점을 시사했다. 추측으로 타임워너를 거론했지만, 에디터는 너무 억지스럽다며 이름을 삭제했다. 현실로 다가오기 전이었지만 내게는 그런 큰돈을 쓴다는 게 뻔한 움직임처럼 보였다. 터지기 전까지 거품의 규칙은 다른 법이다. 한 달도 안 되어 AOL은 타임워너와의 합병을 발표했는데, 이건 사실상 완전한 인수였다. 그리고 그것은 대부분의 사업이 모두 파산하기 전 인터넷의 첫 번째 혁명을 위한 정점이 될 터였다.

그러나 그것이 발표됐을 때, 테키들은 AOL과 타임워너의 거래에 기뻐했고 이를 창립 멤버들의 완패로 봤다. "당신이 이겼어요, 카라." 마찬가지로 급진적인 변화를 앞두고 있음에도 오만한 올드 미디어를 참을 수 없었던 동료 테크 리포터가 말했다. 인터넷이 확실히 CB 라디오는 아니었지만(거기에 대해서는 내가 옳았다), 그 거래 전체가 나를 시작부터 불안하게 만들었다. 모든 것이 돌이킬 수 없을 만큼 변했지만 조만간 지진이 닥쳐올 것 같은 예감을 떨칠 수가 없었다.

4장
미래를 검색하라

구하라 그리하면 너희에게 주실 것이요
찾아라 그리하면 찾아낼 것이요
문을 두드리라 그리하면 너희에게 열릴 것이니

_「마태복음」 7:7~8

나는 항상 '권력에 맞서 진실을 말하라'라는 표현이 싫었다. 그것은 모든 권력이 나쁘다고 가정하기 때문이다. '권력이 거짓이거나 해로울 때 혹은 분명히 이상할 때 권력에 맞서 진실을 말하라'가 되어야 한다.

이상한 캠프에 온 나는 가슴에서 화이트 러시안(칼루아와 아이스크림이 들어간 혼합 음료)이 흘러나오는 여자 얼음 조각상을 바라보고 있었다. 구글 창업자 세르게이 브린과 그의 아내 앤 워치츠키의 베이비 샤워 파티*의 손님으로 참석한 터였다. 그녀는 2008년에 첫아이를 출산할 예정이었다. 그들은 자연스럽게 샌프란시스코의 공장 구역에서 성대한 파티를 열어 축하하기로 했다. 얼음 젖꼭지에 대고 잔을 채우기에 앞서 손님들은 문 앞에 정글처럼 매달려 있는 세르게이와 앤의 아기 사진들을 용감하게 대면해야 했다. 클럽 입구에는 기이하리만큼 활기 넘치며 지나치게 조직적인 여성들이 배치되어 있었다. 그들은 늘 실리콘밸리의 부자들

---

* 산모와 곧 태어날 아기에게 축복의 의미로 선물을 주는 파티.

을 둘러싸고 있는 것처럼 보였다.

"기저귀 드릴까요? 아니면 우주복 잠옷?" 엄청나게 찰랑대는 금발에 아주 진지한 미소를 띤 젊은 여성이 마치 그 질문이 조금도 엉망이 아니라는 듯이 물었다. 그러나 우리는 샌프란시스코에 있었고, 보아하니 이곳에서는 그런 해프닝이 시민들 사이에서 인기 있는 듯했다. 나는 비판하지 않으려 한다. 심지어 내가 절대적으로 비판하고 있을 때조차 말이다.

솔직히 말해, 나는 심하게 비판하고 있었다.

하지만 이것은 단순히 성적 취향을 묻는 것보다 더 나빴다. 이 젊은 여성은 나에게 아기 옷 취향에 대해 묻고 있었다. 왜냐하면 그게 오늘 밤의 '재미있는' 부분이니까. 손님들은 엄청 크고 웃긴 옷핀이 달린 기저귀에 주름 장식이 있는 아기 모자와 딸랑이 또는 테디 베어와 막대사탕이 장식된 성인 사이즈의 우주복 잠옷 가운데 하나를 입고 있었다. 내가 전부 거절하자 찰랑대던 머리카락이 찰랑거림을 멈추고 미소는 찌푸림으로 변했다. "누구나 하나씩은 입어야 해요." 그녀가 고집을 부렸다. "다들 입고 있어요!"

난 빼고! 나는 그녀가 베이비파우더 바른 손을 나에게 얹기 전에 재빨리 파티장에 들어갔고, 테크와 미디어 업계에서 가장 힘 있는 사람 몇 명을 발견했다. 모두들 신생아로 분장하고 있었다. 롤러스케이트를 타고 파티장을 돌아다니는 브린은 우주복 잠옷을 입고 있었다. 당시 뉴스 코프의 거물 루퍼트 머독(나는 '사탄 아저씨Uncle Satan'라고 불렀다)의 아내였던 웬디 덩은 기저귀와 막대사탕 조합을 골랐다. 덩은 나에게 자신이 어때 보이는지 물었는데, 그녀가 거대한 기저귀 아래 가죽 바지 같은 것을 입고 스틸레토 부츠를 신고 있었기 때문에 충격이었다. 절대 경험하고 싶지 않은 별난 부조화였다. '사탄 아저씨'가 참석하지 않은 게 다행이었다. 그리고 다행히, 저쪽 구석에는 당시 시장이자 구글 창업자들과 친분을 쌓아온 개빈 뉴섬이 평범한 옷을 입고 있었다.

"어떻게 코스튬을 안 입었어요?" 2004년 샌프란시스코에서 동성 결혼을 합법화하고 2019년에는 캘리포니아의 주지사로 취임할 키 크고 잘생긴 정치인에게 물었다.

"당신이 와서 인터넷 억만장자의 요청에 따라 기저귀를 입고 있는 내 사진을 찍어 인터넷에 올리면, 정치 경력이 망가지리라는 걸 알았으니까요." 뉴섬이 말했다. 그는 언제나 이 사람들의 우스꽝스러움을 이해했기 때문에 나는 그가 좋았다. "당신은 어떻게 안 입었어요?"

"품위죠." 내가 대답했다. "품위에 건배할까요?"

그 말과 함께 우리는 각자 잔을 들어 얼음 젖꼭지에서 나오는 리큐어 맛 우유를 받았다.

이 초현실적인 순간으로의 여정은 1999년 유명 벤처 투자자 존 도어가 내게 그 스타트업을 언급하면서 시작되었다. 도어는 세쿼이어캐피털의 마이크 모리츠로부터 나온 1250만 달러를 초창기 구글 투자 라운드에 투자했다. 주요 벤처 캐피털 경쟁자인 이 두 사람의 협력은 이례적이었고, 둘은 모두 구글 이사회에 합류했다. 종종 그의 여러 투자 건 중 하나와 관련된 특종 마감일이 가까워지면 도어가 내게 전화를 걸어 "당신이 옳은 게 확실해요?"라고

되묻곤 했지만, 그럼에도 나는 머리 회전이 빠른 그와 이야기하는 것을 좋아하게 되었다.

아니면 어쩌나 겁이 나긴 했지만, 나는 옳았다. 정확성에 대한 저널리스트의 천부적인 불안감을 꼬집는 그의 말은 나를 웃게 만들었다. 많은 이 가운데 그는 정말로 성실하고 자기를 내세우지 않는 사람 중 한 명이었기 때문이다. 아마존, 인튜잇, 넷스케이프를 포함해 전설적인 투자 기록을 가졌다는 점을 고려하면 그는 확실히 더 거만한 사람일 수도 있었다. 그래서 그의 추측이 언제나 잘 맞는 건 아니었음에도 나는 그의 추천을 들었다. 도어는 1998년 스탠퍼드의 박사과정생들이자 대학에서 회사를 세운 세르게이 브린과 래리 페이지를 내가 만나봐야 한다고 고집했다. "지금까지 당신이 만나본 사람들보다 조금 더 이상할 거예요. 그치만 그들은 정말 특별해요."

나는 빠르게 사라져버린 검색 엔진들을 취재해왔기 때문에 처음에는 미심쩍어했다. 구글의 핵심 아이디어인 '페이지랭크Page-Rank'는 웹페이지의 중요도를 측정하는데, 그게 특히 괴상해 보였다. '관련성'이 핵심적인 결정 요인이었고, 구글은 발표에서 그들의 제품이 "5억 개의 변수와 20억 개의 용어로 이루어진 방정식을 풀어서 계산한다"고 밝혔다.

"이들은 달라요." 도어가 주장했다. "이번 건은 날 믿어요." 그는 그 젊은 기업가들을 소개해주었고, 그들이 서로 닮지 않았음에도 불구하고 나는 곧장 그들에게 '쌍둥이'란 별명을 붙였다. 페이지는 입이 무거운 반면 브린은 입을 쉬지 않는 사람이었다. 페이지는 진지한 반면 브린은 재치 있고 긴장감 없는 사람이었다. 그리고 페이지는 신랄한 편이라면 브린은 상냥하려 애썼다. 도어의 말대로 두 사람 다 정말 특이했다. 완전히 특이했다. 한때 페이지는 대기 중에 자신을 죽일 수 있는 물질을 흡입하지 않으려고 항상 목에 오염 탐지기를 착용했다. 이와 대조적으로 브린은 마치 언제라도 서핑이나 요가 수업을 갈 사람처럼 옷을 입고 다녔다. 실제로 그는 이야기를 나누는 도중에 가끔 '다운 독' 요가 자세를 취했다.

두 창업자는 공통적으로 습관과 언어에 기벽을 지녔고, 전형적인 기업 내러티브*를 받아들이며 인텔의 마케팅 실무 담당자가 인근에 소유한 집 차고로 자신들의 스타트업을 옮겼다. 그 인텔 마케팅 담당자의 이름은 수전 워치츠키였다. 그녀는 처음에 스톡옵션을 요구하다가 결국 월세 1700달러를 청구했다. '쌍둥이'가 월세 방식을 거절하기는 했지만, 그녀는 나중에 정규직 직원이 되었을 때 많은 스톡옵션을 받았다. 극성 엄마처럼 생기기도 한 워치츠키는 곧 인텔을 그만두고 마케팅 매니저로 구글에 입사했다. 이건 나에게 다행스러운 일이었다. 그녀는 회사가 빠르게 카니발 축제가 되었을 때 그 안에서 무슨 일이 일어나고 있는지 설명할 '정상적인' 사람이 돼주었기 때문이다. 그리고 같은 여자끼리여서 더 반갑기도 했다. 실제로 구글에는 비교적 높은 직급의 여성 직원이 다른 어느 곳보다 많았다.

*　기업의 비전, 가치관 등을 담고 있는 전략적 스토리.

구글의 규모는 몇 달 만에 그녀의 차고보다 커졌다. 30명의 직원을 두고 빠르게 성장하는 이 회사는 팰로앨토 시내의 작은 사무실에서 잠시 머문 후 마운틴뷰의 베이쇼어 파크웨이 2400으로 이전했다. 워치츠키는 4000제곱미터 규모의 사무실 임대 계약을 협상했다. 이곳은 결국 확장되어 유명한 구글플렉스의 본사가 되고 더 나아가 전 세계에 걸쳐 수백만 평방피트로까지 확장된다. 내가 '쌍둥이'를 처음 만난 곳도 베이쇼어였는데, 나의 혼다 미니밴을 끌고 그 회사의 작은 카페테리아로 점심을 먹으러 갔다. 규모가 작기는 했지만 그래도 구글은 그레이트풀 데드*의 셰프였던 찰리 에이어스를 고용하는 데 성공했다(에이어스 또한 스톡옵션을 받고 일하면서 수천만 달러를 벌었다). 찰리가 만든 음식은 정말로 맛있었고, 창업자들은 매우 어색해했다. 특히 페이지는 CEO로서 미래지향적인 경영자가 되겠다는 생각을 즐기는 것처럼 보이지 않았다. 브린이 침묵을 깨고 실없는 농담들을 시도했으나 웃긴 확률은 46퍼센트 정도였다. 워치츠키가 인사하러 들렀고, 그때가 기능적인 대화를 기분 좋게 나눌 편안한 순간이었던 것 같다.

모든 리포터가 그러하듯, 나는 첫 페이지의 대형 특집 기사에 싣기 위해 어떤 소재든 찾으려 노력했다. 사무실 여기저기에 흩어져 있는 형형색색의 짐볼과 스쿠터로는 불충분할 터였다. '쌍둥이' 기사에 그만한 가치가 있다고 에디터들을 설득하기 위해 특별한 무언가를 찾고 있었지만, 그들이 가장 기본적인 PR 활동조차

---

*   1960년대에 캘리포니아 팰로앨토에서 결성된 미국의 록밴드.

못 한다는 것은 명백했다. 비록 어떤 아이디어는 엉뚱하기 짝이 없었지만 두 사람은 번뜩였으며 모든 아이디어가 가능했다. 수년 동안 그들은 시민들을 돕기 위해 샌프란시스코 언덕에 스키 리프트를 설치하는 것부터 하늘을 나는 자동차에 필요한 에너지를 생산하기 위해 하와이에 거대한 풍차를 건설하는 것까지 많은 것을 상상했다. 그들은 '사람들이 신기술에 대해 배울 수 있는 인터랙티브 공간' 역할을 하는 샌프란시스코만의 바지선*을 상상했고, 2010년에서 2012년 사이 이를 현실로 만들었다.

어쨌든 그들의 첫 번째이자 가장 중요한 제품인 유명 검색 엔진 이후 무엇을 만들었는지는 별로 중요하지 않다. 구글 건물 로비에서 기다리는 동안, 바로 그 순간에 검색되고 있는 단어가 뜨는 전광판(포르노 관련 용어들은 제외되었다)을 쳐다보면서 구글 검색 엔진이 인간 심리의 데이터베이스 같다고 생각했다. 나는 각각의 입력자가 무엇을 원하는지 파악해보려 했다. 한번은 '말' '수영' '소풍'이라는 단어가 획 지나갔고, 나는 어딘가에서 멋진 여름날을 계획하려는 사람을 떠올렸다. 구글의 스크린에는 회전하는 디지털 지구와 다채로운 색의 빛줄기도 있었다. 각각의 빛줄기는 지구상의 누군가가 가진 질문을 나타냈고, 얼마나 많이 질문되었는지에 따라 클리그 라이트**처럼 터져나왔다. 그리고 지구가 회전함에 따라 곧 명백해진 사실은 어떤 곳은 빛에 둘러싸인 반면 세

---

*   밑바닥이 납작한 화물 운반선.
**   영화 촬영에 사용되는 강한 조명.

상의 아주 많은 곳은 인터넷 연결이 잘 되지 않아 검색할 수 없다는 사실이었다. "아프리카에는 인터넷이 더 많이 필요하죠." 고동치는 지구를 바라보는데 브린이 말했다. "우리가 그 일을 해야 해요."

브린과 페이지 둘 다 기술에 대한 신앙심 같은 게 있었는데 당시에는 그들에게 돈이 원동력이 되는 것처럼 보이지 않았다. 비록 곧 그렇게 되지만 말이다. 일단 그야말로 최고의 검색 엔진을 구축한 후 그들은 폭발적으로 수익성 높은 사업을 창출했다. 혁신적인 경매 플랫폼에서 검색 엔진에 온라인 광고를 결합시킨 것이다. 그 막대한 수익은 맹렬한 속도로 창업되고 있는 다른 많은 인터넷 회사 사이에서 곧 구글을 차별화하게 될 것이었다.

당시에 소수의 회사만이 취했던 또 다른 현명한 조치는 전문 경영인 영입이었다. 2001년 잘 알려진 테크업계 리더 에릭 슈밋은 기본적으로 구글의 '어른'으로 영입되었다. 선마이크로시스템스의 전 임원이었던 슈밋은 그곳에서 스타가 되었다가 유타에 본사를 둔 노벨에서 무너졌다. 노벨은 자사 프로토콜이 개방형 프로토콜로 대체되며 업계의 눈 밖에 났고, 눈에서 멀어지자 마음에서도 확실히 멀어져가는 모습을 지켜봤다. 슈밋의 충실한 PR 담당자는 유타주 프로보에 와서 노벨 이야기를 하자며 종종 나를 설득하려 했는데, 나와 『월스트리트저널』은 무조건 사절했다. 그러나 도어와 모리츠가 슈밋을 '쌍둥이'와 연결해주었을 때는 불꽃이 일었다. 슈밋은 페이지, 브린과 삼두체제를 형성하는 것이 일생일대의 기회라는 것을 알아차렸다. 2001년 3월, 그는 이사회 의장으로 처음 구글에 합류했다가 여름쯤 CEO에 임명되었다.

비록 프로보는 어림없었지만, 약삭빠른 슈밋을 인터뷰하기 위해 나는 기꺼이 마운틴뷰로 날아갔다. 그는 실리콘밸리의 조용한 내부자이자 큰 화젯거리에 대해 어느 정도는 허풍선이가 될 수 있는 인물이었다. 슈밋은 자신을 섬세한 꽃 같은 인재들을 돌보고 혼돈에 질서를 가져올 수 있는 사람으로 묘사하며 역량과 확신을 내비쳤다. 페이지와 브린은 각각 제품 부문 사장과 기술 부문 사장이라는 좋은 직함을 얻었다. 똑똑한 조치였다. 구글은 단순 명쾌한 브랜드, 직관적인 사용성, 총체적인 효율성을 채택하며 처음부터 옳은 길을 갔다. 가장 중요한 건 그들이 시작부터 끝내주는 제품을 가지고 있었다는 점이다. 내가 사무실 벽에 붙어 있는 성장 차트를 올려다볼 때 페이지가 농담으로 "야후에는 말하지 마라"라고 속삭인 이유도 바로 이 때문이다.

그가 언급하고 있는 것은 검색 알고리즘 기능이 없는 떠오르는 웹 포털의 검색 엔진을 강화하기 위해 야후와 체결한 2년짜리 계약이었다. AOL과 마찬가지로 야후 또한 구글을 인수하려 시도한 적이 있다. 그 거래는 결코 성사되지 않았고, 대신 구글은 현명하게도 자신의 기술을 빌려주는 쪽을 택했다. 공급 계약의 일환으로 원색 글자로 된 구글이라는 이름이 방문자가 많은 야후 웹사이트에 눈에 띄게 등장했다. 테크 브랜드가 다른 브랜드의 사이트 위에 구축되는 이 바보 같은 현상은 이전에도 있었다. AOL은 컴퓨서브의 서비스에 광고를 내면서 컴퓨서브의 성장에 올라탔고, 야후도 넷스케이프 홈페이지의 인기에 바짝 붙어 있었다. 마치 코카

콜라가 펩시의 이름을 자기 캔에 새길 수 있도록 해주는 것과 같았고, 새로운 경제는 이 일이 별일 아니라는 듯 행동했다.

그러나 2000년대 중반에 야후가 구글을 자신들의 기본 검색 공급자로 선택해 구글의 디렉터리와 탐색 가이드를 추가한 것은 대단한 일이었다. "구글의 검색 서비스는 유례없는 수준의 용이성, 속도, 관련성으로 개인이 웹상에서 원하는 정보를 찾도록 도와줍니다." 페이지는 보도자료에서 이렇게 말했다. "이 관계를 통해 막대한 수의 야후! 사용자들은 이제 향상된 정확도와 품질 높고 관련도 높은 신속한 검색 결과를 누릴 수 있습니다."

그렇고말고. 왜냐하면 그 결과로 '구글에서 제공하는 야후 검색'이 가파르게 성장하는 동안 그래프상에서는 구글 사이트와 구글의 상징적이고 전염성 있는 '아이 필 러키I Feel Lucky' 버튼을 누른 사람의 수가 훨씬 더 증가했기 때문이다. 구글은 페이지랭크 알고리즘을 통해 사람들이 찾고 있던 것을 정확히 보여주었다. 서비스는 빠르고 정확하며 매우 유용했다. 사무실 벽에 붙어 있는 구글 브랜드의 성장 차트를 보니, 야후 사용자들이 구글로 빠르게 이동하고 있는 것이 즉각 명백해졌다.

"그들은 알고 있나요?" 내가 페이지에게 물었다. 무슨 일이 일어날지 뻔했기 때문에 야후가 그것을 모른다고는 상상할 수 없었다. 나한테는 아주 좋은 기삿거리이기도 했다.

"그렇지는 않을걸요." 그가 교활한 미소를 지으며 말했는데, 그는 때때로 이렇게 평소의 포커페이스를 흩뜨리곤 했다. 페이지는 어눌한 말투와 부자연스러운 태도에도 불구하고 노련한 수완가

이자 정말 무서운 사람이었다. 그는 나를 뚫어지게 보며 "하지만 그들에게는 말하지 마세요"라고 덧붙였다. 물론 나는 곧장 그들에게 말했다. 구글 주차장에 세워둔 내 차에 올라타자마자 야후 공동 창업자이자 '치프 야후' 제리 양에게 전화를 걸었다. 그와는 투덕거리는 형제자매처럼 날카로우면서도 친밀한 관계를 발전시켜왔다. 내가 기업에 경고해주는 일은 많지 않은데, 전에도 이런 일을 너무 많이 봐왔기 때문에 비밀을 지킬 수 없었다. "당신네 플랫폼에서 구글을 떼어내야 돼요." 나는 그들의 위험한 라이선스 계약을 언급하며 "구글한테 악의는 없어 보이지만 당신네 회사를 죽일 거예요"라고 말했다.

양은 종종 그러듯이 나를 비웃었다. 그리고 야후가 구글의 서비스에 소액의 수수료를 지불하고 넣은 추가 검색 기능 덕분에 엄청난 돈을 벌고 있다고 말했다. 이 회사는 그 검색 회사가 위협이 되면 언제라도 그들과의 관계를 끊거나 혹은 인수할 것이 분명했다. 또한 야후가 검색 계약의 일환으로 많은 구글 주식(신생 회사의 5퍼센트)을 확보해 우세한 위치에 있다고 느낀다는 점도 한몫했다. 어쨌든 야후는 가장 중요한 소비 회사였고, 구글은 소비자와 더 강한 관계를 맺고 있는 회사들을 위해 기술적으로 지원만 할 수 있는 웹페이지상의 단순한 검색 상자였다. 당시에 양이 자신감에 차 내 피해망상을 무시하는 것은 당연했다. 이제 그는 억만장자였다. 그리고 경기 침체로 인해 야후 주식이 다른 모든 주식과 함께 하락하는 동안 CEO인 세멜은 미디어에 대한 열망에 박차를 가하고 있었다. 이에 비해 구글은 마치 소심한 괴짜처럼 느껴졌을 것이다.

그럼에도 페이지의 야망은 끝이 없는 것처럼 느껴졌다. 내가 가장 뛰어난 실리콘밸리 기업가들에 대해 자주 이야기했듯이, 다른 많은 사람이 체커 게임을 하는 동안 그는 3D 체스를 두는 것처럼 보였다. 2002년 무렵 구글 홈페이지는 전 세계 모든 외부 검색 유입의 3분의 1을 차지했는데, 1퍼센트에 불과했던 것이 불과 2년 만에 이렇게 된 것이다. 그때 야후는 46퍼센트에서 36퍼센트로 떨어졌다. 야후의 경영진은 자신들의 기술의 운명을 통제해야겠다고 느꼈다. 2002년 후반, 마땅한 기술적 역량이 없었던 세멜은 이 난관을 헤쳐나가기 위해 2억3500만 달러에 구글 검색의 경쟁사 잉크토미를 인수했다. 잉크토미는 브랜드가 없는 자신들의 검색 기술을 아마존, 마이크로소프트의 MSN, 이베이에 판매하는 일을 업으로 삼았지만, 여전히 구글의 맹공격에 고군분투하고 있었다. 또한 잉크토미는 사용자 검색과의 관련성을 기준으로 광고의 순위를 정하는 유료 등록 광고 기술도 가지고 있었다. 야후는 오버추어라는 회사와 손을 잡고 있었는데, 오버추어는 누가 가장 많은 돈을 지불하느냐에 따라 검색 결과의 순위를 정하는 입찰형 광고 접근 방식을 취했다. 이 방식은 투자자에게 더 많은 수익을 주지만, 소비자들에게는 덜 매력적이었다. 야후는 유리한 위치를 점하기 위해 오버추어를 사는 데 16억3000만 달러를 지불했다. 온라인 광고 지출(기본적으로 배너 광고들)이 온라인 검색 광고 지출에 가려진다는 것이 주된 이유였다.

하지만 구글은 이미 2000년에 그 시장에서 빠져나와 애드워즈를 론칭했고, 수익이 큰 클릭당 비용 경매 모델(광고회사가 해당 클릭에 입찰하는 방식)을 완성했다. 애드센스가 그 뒤를 이어 사이트 상에서 타깃 광고를 가능하게 했다. 그 와중에 구글이 자동 뉴스 페이지를 론칭하면서 거부할 수 없는 소비자 제품도 빠르게 구축하고 있었고, 이것은 금세 인기를 얻었다. 이메일, 지도, 사진, 동영상, 블로그 등 훨씬 더 많은 기능도 진행 중이었다. 그리고 폭발적으로 증가하는 구글 데이터베이스에 책과 기타 미디어 다운로드까지 대대적으로 추가하는 콘텐츠 개발도 진행했다. 디지털화될 수 있는 것은 뭐든 디지털화될 거라는 생각이 계속 들었다. 페이지가 나에게 TV가 가득한 구글 본사의 한 공간을 보여주며 구글이 방송 자막의 텍스트를 이용해 동영상을 검색 가능한 형태로 변환하는 실험을 하고 있다고 설명했을 때도 그런 생각이 들었다. "이 TV 프로그램들에 대한 권리를 가지고 있어요? 그렇게 하려면 지식재산권, 즉 IP를 가지고 있어야 하잖아요." 내가 페이지에게 말했다. 그는 나를 멍하게 보더니 가던 길을 계속 걸어갔다.

사실 구글은 세상의 모든 정보를 흡수했다가 이익을 위해 뱉어내는 '보그Borg'*가 되어가고 있었다. 결국 모든 미디어에서 저항은 소용없을 것이다. 예를 들어 2003년 늦여름에 절판된 책부터 시작해 전 세계 모든 책을 스캔하려는 구글의 계획에 대한 의견을 듣고자 주요 출판사들을 만나러 페이지, 워치츠키, 당시 내 아

---

* 「스타트렉」에 등장하는 외계 종족으로 타종족의 지식과 기술을 흡수한다.

내였던 매건 스미스가 뉴욕으로 날아갔다. 구글은 협력을 기대했지만 돌아온 건 거의 완전한 경멸과 거절이었다. 그날 공교롭게도 뉴욕에서는 대규모 정전이 발생해 페이지와 워치츠키는 고층 건물의 높은 층에 있는 자신들의 호텔 방까지 가지 못했다. 그들은 미드타운 아파트 9층에서 나와 합류했고, 바닥에서 지냈다.

페이지는 콘텐츠를 디지털화하는 걸 도와주겠다는 구글의 제안을 출판사들이 받아들이지 않는다는 것에 실망하는 한편 혼란스러워했다. 나는 IP가 미디어 회사들에게 몹시 중요한 이유와 그것을 그냥 가져다 쓰면 문제가 생긴다는 사실을 설명하려 했다. 그리고 일단 구글이 콘텐츠를 모두 디지털화하면, 다른 어떤 기업도 자료들을 디지털화할 수 없게 되므로 콘텐츠 제작사와 그 콘텐츠들이 결국 기술 및 접근성에 있어 제약을 받을 터였다. 구글이 아무것도 생성하지 않고 그저 전송 시스템만으로 모든 콘텐츠를 장악하게 될 것이었다. 하지만 페이지와 그의 직원들은 구글러들이 모든 정보를 빨아들여 분류함으로써 인류에게 빛을 비추고 모든 이에게 분배해야 한다는 생각을 고집했다(나중에 구글은 출판사와 많은 미디어 회사로부터 고소당했고, 공정 이용 조항* 아래 결국 거대 검색 기업이 승소하는 사례가 되었다).

페이지는 내게 많은 걱정을 털어놓았다. 그에게는 분명 결점이 있었고, 말투는 금세 오만해지곤 했지만 그럼에도 나는 그를 더

---

* 저작권 소유자의 허락 없이 제한적으로 저작물을 이용할 배타적 권리를 부여하는 조항.

존경하게 되었다. 그리고 그 감정은 시간이 지나면서 더 짙어졌다. 테크업계의 여느 사람과 달리 그는 명성에 거의 관심이 없었고, 언제나 더 유명해지기보다는 모습을 감추고 싶어한다는 인상을 주었다. 또한 모든 것을 변화시키고 그들을 즉석부자 엘리트로 만들게 될 구글의 IPO(2004년에 보류 중이었다)의 영향에 대해 걱정했다. 우리는 제품 출시 5개월 전인 2002년 초 캘리포니아주 몬터레이에서 열린 TED 콘퍼런스 때 늦은 밤 콘퍼런스 센터의 테이블에 앉아 구글의 미래에 대해 이야기를 나눴다. 페이지는 똑똑한 만큼이나 그 시기에 훨씬 더 개방적이고 사색적이었는데, 앞으로 벌어질 일이 그가 잘 이해하지 못하는 것임을 알고 있었다. 슈밋이 이 순간 가장 뜨고 있는 테크 기업에 있다는 사실로 주목받길 좋아했다면(잘난 사람들 틈에서 그는 자신을 지나치는 거의 모든 사람에게 인사를 건네며 끊임없이 추파를 던졌다), 페이지는 그런 모임을 피하고 꼭 필요한 자리에만 모습을 드러냈다. 그에게는 필터라는 게 거의 없었다.

그때는 이처럼 그가 모든 기업적 행보를 이해하지 못하곤 했기에(이후에는 잘 배웠다) 우리는 이야기를 많이 나누었다. 그리고 나는 구글을 만드는 데 정말 중요한 역할을 한 사람으로부터 그가 만들려는 게 무엇인지, 그가 어떤 문제를 해결하고 있는지 들어야만 했다. 당시 그는 다소 진실되게 상장하는 방법을 살펴보던 중이었고, 투자 은행과 IPO를 실행하며 상장한 모든 속 빈 깡통 같은 기업들을 혐오하는 듯 보였다. 이후 구글은 특이하게도 관심 있는 투자자들로부터 입찰을 모집해 주식을 팔 수 있는 최고가를 결정하는 '더치 옥션Dutch action'을 통해 상장했다. 2010년 『하버드비즈니스리뷰』에 실린 「나는 어떻게 했는가: 별난 IPO로 보는 구글 CEO의 오래 지속되는 교훈」이라는 기사에서 슈밋이 이론을 설명했다. "이것이 터무니없게 들릴 수 있다는 건 알지만, 우리는 하찮은 노부인(적어도 자신이 하찮은 노부인이라 주장하는 누군가)으로부터 한 통의 편지를 받은 후 더치 옥션으로 확실하게 합의했다. 그녀의 편지에는 '왜 나는 당신 회사의 IPO로 주식 브로커들처럼 돈을 벌 수 없는지 이해되지 않는다'는 말이 있었다."

페이지는 이 모든 일을 경계했지만, 충성스러운 직원들이 주식을 현금화할 수 있으려면 이 일을 해야만 한다는 걸 알고 있다고 내게 말했다. 그러나 그는 상장이 모든 것을 망칠 수 있다고 생각했고, 심지어 회사를 계속 비공개로 유지하고 싶다는 의사도 밝혔다. 그때도 실리콘밸리는 이미 '나 좀 봐줘' 하는 나르시시스트로 가득 차 있었고, 그들은 자기 아이디어가 아니면 결코 인정하려 하지 않았다. 페이지는 아니었다. 그와 구글의 다른 직원들이 회사가 더 성장하는 동안 고수할 수 있는 일련의 기업 가치들을 확립하자고 주장한 사실 또한 놀랍지 않다. 창업자들은 이전에 내부적으로 엔지니어들이 도입했던 개념이자 구글러들이 사용자에게 투명하지 않다고 비난했던 마이크로소프트 같은 경쟁사들을 꼬집는 비유인 "악이 되지 마라"라는 모토를 사용하기로 결정했다.

마이크로소프트는 심각한 반독점 소송 재판 과정에 있었고, 실리콘밸리의 도깨비가 되어 종종 통제로 시장을 장악한 회사로 매도되곤 했다. 아이러니한 점은 머잖아 구글도 모든 활동에 있어서 사실상 필수 불가결한 중심지가 되어 시장을 장악하리란 것이었다. 그러나 당시 구글은 빌 게이츠의 다스베이더에 비하면 자신들이 한낱 '한 솔로Han Solo'*일 뿐이라고 생각했다.

그래도 페이지가 전화를 걸어와 '악이 되지 마라' 아이디어를 포함한, 이러한 정서를 담아 구글이 마이크로소프트와 어떻게 다른지 월가에 설명하는 글을 내게 써줄 것을 요청했을 때는 무척 놀랐다. 내가 구글을 잘 알기 때문에 그런 요청을 했을 것이다. 당시 내 아내 메건이 그 회사에서 일하고 있었고, 전에는 '쌍둥이', 그리고 매우 젊었던 일론 머스크와 당시 그의 아내였던 저스틴과 함께 앨라배마주 헌츠빌의 스페이스 캠프에 간 적도 있었다. 우리는 심지어 페이지와 당시 그의 여자친구이자 구글의 임원이었던 머리사 마이어와 함께 시간을 보내기도 했다. 구글은 개인적으로나 직업적으로나 많이 엮인 곳이었다. 초창기에 한때 그곳의 모든 사람이 사내 연애를 하는 듯한 느낌이 들었는데 이런 상황은 나중에 문제가 될 만했다. 내 추측에 페이지는 나를 친절한 사람 혹은 친구라고 생각했던 것이 분명하다. 둘 다 아니었지만. 나는 기업을 다루는 심층 취재 기자였고, 그가 청한 글을 쓰는 것은 부절적할 거라 생각했다. 나는 서둘러 거절했다. 나중에 내 배우자가 구글에서 더 높은 자리에 올랐을 때는 내 기사에 긴 폭로 내용 링크를 삽입해야 했다. 결국 나는 구글에 대한 보도를 완전히 중단했다.

---

*   「스타워즈」에 등장하는 인물로 밀수꾼이었으나 나중에 반란군 연합의 영웅이 된다.

그리고 나는 '악이 되지 마라'라는 아이디어 자체가 오만하면서도 순진하다는 생각이 들었다. '우리 좀 봐! 우리는 별나!' 게다가 '악'은 지나치게 극적인 프레임이었다. 기술로 인한 문제 행동은 상냥함과 악랄함 사이 어딘가에 속하는 것 아니었나? 페이지는 구글 IPO 투자 설명서 '쌍둥이' 편지에 들어갈 글을 마무리하도록 도와줄 다른 더 친근한 저널리스트를 찾았고, 그 글의 일부는 이랬다. "'악이 되지 마라.' 비록 단기적인 이익을 다소 포기하더라도, 장기적으로 우리는 세상을 위해 좋은 일을 하는 회사를 통해 주주로서 그리고 다른 모든 면에서 더 나은 서비스를 제공받게 되리라 굳게 믿습니다." 그렇다, 나도 안다. 빅 테크와 데이터 프라이버시 사이에 무엇이 올지, 그리고 모든 것을 알게 될 구글의 힘이 얼마나 더 위협적으로 보이기 시작했는지에 대한 아이러니 말이다. 앞으로 수년 동안 구글은 검색에 대한 독점적인 권력, 신흥 경쟁사를 압도하는 능력에 대해 점점 더 철저한 조사를 받게 될 것이었다. 인공지능 같은 미래 기술을 둘러싼 패권에 대한 우려도 존재했다.

아마 악은 아니었겠지만 확실히 꺼림칙했다. 그리고 빨랐다. 몇 년 후 구글은 야후 검색을 인수하려 했는데, 이는 마이크로소프트가 빙Bing 검색 서비스를 부양하기 위해 2008년 초 야후에 450억 달러를 제안하며 인수를 시도한 이후의 일이었다. 야후는 논란의 여지가 있지만 특별할 것은 없는 전투에서 마이크로소프트 CEO 스티브 발머를 간신히 밀어냈다. 나는 그 전투를 자세히 다루었다. 2007년 말, 구글이 전 세계 검색의 63퍼센트를 기록했고 야후는 20퍼센트 바로 아래서 절뚝거렸다. 야후는 점유율을 회복하기 위해 구글에 검색 광고 파트너십을 맺자며 달려들었다. 이 아웃소싱은 본질적으로 구글이 검색 광고 사업은 물론이고 검색 자체를 통제하도록 해주었을 것이다. 나는 이런 독점에 가까운 일은 일어나지 않는다고 단호하게 말했다.

"구글이 야후 검색 사업을 통해 처음 크게 성장했기 때문에 야후가 뒤늦게 정신 차리기 전에 야후 검색을 장악하고 범죄 현장으로 돌아갈 기회를 얻는 것이 구글의 오랜 꿈인지는 몰라도, 규제 당국이 이를 간단히 허용할 리 없고 허용해서도 안 된다." 나는 나의 '올싱스디지털All Things Digital' 사이트에 이렇게 썼다. "그 순수하고 완전한 오만함이 방해하지만 않았다면, 이러한 조치를 취하려는 검색 대기업의 대담함을 나는 존경할 수밖에 없었을 것이다." 그때 나는 마이크로소프트가 테크업계를 완전히 장악할 때 명백하게 보였던 특징인 위협적 공격성이 구글에는 거의 없다는 점을 언급했다. 하지만 어쨌거나 구글 또한 불과 5년 전 성명에서 자신들이 비난했던 그 독점을 향해 똑같이 나아가고 있었다.

"구글이 얼마나 좋은 의도를 가지고 있든 그것은 광고주에게 나쁘고, 소비자에게 나쁘고, 혁신에도 좋지 않다." 나는 이렇게 쓰면서 마이크로소프트 경영진은 최소한 자신들이 '폭력배'라는 사실을 알고 있었다는 언급도 했다. 어쩌면 조금 지나친 발언이었을 수도 있다. 그래서 슈밋, 브린, 페이지 삼인조 중 한 명이(셋 중 누구였는지 정말로 기억나지 않는다) 기분이 상해 내게 전화한 것이다. 그가 세상 모든 정보에 대해 갖는 자신들의 파워가 급성장하는 일을 걱정하지 말라고 했던 것은 기억난다.

"우리는 좋은 사람들이에요." 그가 말했다. 그들이 착한 사람들이라는 건 사실이고, 그들이 지구상에서 가장 부유하고 강한 권력을 가진 사람일 뿐만 아니라 정보의 신이 되기 위해 소박한 차고에서 시작했던 게 아니라는 것도 사실이다.

"나는 지금 책임자 자리에 있는 좋은 사람들에 대해 걱정하는 게 아니에요." 내가 받은 역사 교육이 여전히 예리하게 남아 있어 그에게 말했다. "나는 나중에 나쁜 사람들이 될 것을 걱정하는 거예요." 구글이 이야기하던 '악' 말이다. 내가 취재하던 사람들과 달리 나는 역사를 공부했기 때문에 머지않아 악이 나타나리라는 데 일말의 의심도 하지 않았다.

5장
몽구스

책을 가지고 다녀본 적 없는 사람은 절대 신뢰하지 마라.

_레모니 스니켓

래리와 세르게이가 유일한 '정보 도둑'(월트 모스버그가 만든 용어로, 다른 사람들의 데이터를 조금씩 모아 자신의 제국을 건설하는 데이터 약탈 대기업을 뜻하는 표현)은 아니었다. 시애틀에서는 키 작고 에너지 넘치는 한 남자가 진심으로 전염성 있는 광적인 웃음, 볼살 통통한 얼굴, 주름진 카키 바지와 실용적인 신발, 파란 옥스퍼드 셔츠의 단조로운 차림새 뒤에 거창한 야망을 허술하게 숨기고 있었다. 그럼에도 나는 처음부터 제프 베이조스가 출세에 필요하다면 얼마든지 나를 물어뜯을 사람이란 걸 의심하지 않았다.

실제로 1990년대 중반에 시애틀 지역에서 베이조스를 만났을 때 내 머릿속에 처음 떠오른 단어는 '야생'이었다. 그는 나를 공항 근처 산업 지역으로 데려갔고, 나는 그가 몽구스처럼 미친 듯이 창고를 이리저리 뛰어다니는 모습을 지켜봤다. 베이조스는 어떻게, 그리고 왜 자신이 본사 위치로 이 지역을 골랐는지 설명했다. 시애틀은 실리콘밸리보다 저렴했고, 마이크로소프트와 록히드 덕분에 기술 인재가 풍부했으며, 전 세계로 배송하는 데 이상적이었다. 베이조스는 월가 디이쇼D. E. Shaw 그룹의 멋진 일자리를 그만둔 후 아내와 함께 전국을 돌았다고 모든 사람에게 말했다. 그는 인터넷의 잠재력을 파악했고, 여기에 뛰어들지 않은 것을 후회하기 전에 기적을 만들어보고 싶었다.

물론 그것은 금융 전문가의 똑똑함, 대단히 에너지 넘치는 청년의 열정이 결합된 개척자 신화의 냄새를 풍기는 완벽한 서사였다. 비교적 덜 세련된 스타트업 청년들과 다르게 베이조스는 '업 위드 피플Up with People'*을 위한 경영 컨설팅 회의를 방금 마치고 나온 듯한 인상이었다. 과학을 좋아하는 학생이었던 그는 고등학교 졸업생 대표였고, 졸업 연설에서는 우주생활의 이점을 극찬했다. 물론 베이조스는 프린스턴대학 수석 졸업 및 '파이 베타 카파Phi Beta Kappa'** 출신으로 전기공학과 컴퓨터과학을 전공했다. 그의 첫 직장은 통신사였지만, 1980년대 말과 1990년대 초 많은 똑똑한 청년과 마찬가지로 금세 금융계로 진출했다. 그는 뉴욕 헤지펀드에서 일하며 자신의 수학 능력을 바탕으로 서른 살의 나이에 SVP***로 승진했다. 뉴욕 햄프턴스의 여름과 파크 애비뉴의 아파트가 있는 미래는 틀림없이 편안했겠지만, 그건 베이조스가 원하는 길이 아니었다. 그래서 베이조스와 당시의 아내 매켄지 스콧은 태평양 서북부로 떠났다.

1994년 처음 회사를 설립했을 때, 그는 그 회사를 카다브라

---

*   비영리 단체로 주로 다문화, 인종 평등 같은 주제로 공연을 한다.

**   성적이 우수한 대학 재학생 및 졸업생으로 조직된 사교 모임.

*** senior vice president, 금융계에서는 대략 과·차장급에 해당되고, 일반 기업에서는 임원급에 해당된다.

Cadabra라고 했다. 그렇다, 마법의 주문인 '아브라카다브라'에서 따온 것이다. 그러다가 거대하다는 뜻을 내포하고 있는 '아마존'에 정착했다. 알파벳 A로 시작하는 이름이라 인터넷 회사 목록 최상단에 위치하는 것은 보너스였다! 적어도 이 이야기는 베이조스가 돈을 절약하기 위해 사무실에서 문짝을 책상으로 사용했다는 팩토이드factoid*와 함께 나와 많은 리포터에게 강제로 들려준 사랑스러운 창업 스토리다. 테크업계 리더들은 이런 짤막한 탄생 비화를 들려주며 기업에 색깔을 더하는 걸 좋아하고, 가끔 굶주린 미디어가 이런 이야기를 맛있게 먹어치웠다. 확인해보니 나는 문짝 일화를 보도한 적이 없는 것 같다. 저렴한 책상은 많다. 문짝을 책상 삼는 일은 가식적인 사람들에게조차 고통스러울 만큼 가식적인 일인 것 같다는 게 주된 이유였다. 당시에 베이조스보다 더 가식적인 사람은 없었다. 나는 그의 예의 바른 경쾌함 속에서 짜증과 심지어 분노의 신호들을 포착할 수 있었지만, 그는 그런 것을 잘 감추었다. 한편 나는 『월스트리트저널』 인터넷 분야에서 유명한 리포터였는데, 그의 회사는 당시 급증하고 있던 다른 스타트업에 비해 위상이 높지 않았다. 그래서 베이조스는 늘 잡담할 시간적 여유가 있었고, 콘퍼런스와 행사에서도 인사하며 돌아다니는데 많은 시간을 보냈다.

1970년대에 태어난 구글의 창업자들과는 달리 베이조스는 1960년대생이었다. 엔지니어 출신이 아닌 그는 웹 상거래 문제에

---

* 적절한 사실관계와 맥락의 뒷받침 없이 사실로 받아들여지는 일.

대해 분석적인 관점으로 접근했다. 그는 온라인에서 쉽게 팔릴 만한 아이템 목록을 만든 뒤 그중에서 책을 골랐다. 그가 특별히 책을 좋아해서는 아니고 세계적으로 팔리는 제품이기 때문이었다. 책은 저렴하고, 종류도 다양했으며, 쉽게 추적할 수 있었다. 그는 상냥한 이미지에도 불구하고 그때도 꽤나 냉혹한 사람이었다. 베이조스는 아마존을 발전시킨다는 숭고한 목적에 모든 것을 다 바쳤다. 이는 실리콘밸리의 어화둥둥 어린이 놀이터보다 더 엄격한 직장 문화에서 드러나곤 했다. 아마존은 빌 게이츠가 레드먼드의 마이크로소프트 인근에 세운 비밀스러운 회사와는 다르게 시작부터 잘 굴러가는 추진력 있는 기풍을 가지고 있었다. 그러나 게이츠가 겉보기에도 어려운 사람인 반면 베이조스는 대중의 시선 앞에서 전투적인 성격을 감추고 있었다.

나 또한 일반 리포터들보다 좀더 냉철한 비즈니스 마인드로 무장하고 있었기 때문에 베이조스와 이야기를 나누는 게 기분전환이 되었다. 그에게는 어색한 사회성 결핍이 없었다. 명백히 돈으로 움직이는 사람인 데다 테크업계에서 관습화돼버린 "나는 세상을 바꾸고 있다"는 헛소리를 그가 한 번도 내뱉지 않은 것은 고마운 일이었다. 베이조스에게는 자기 사업에 대한 열정이 한 트럭 있었지만 사업과 관련된 그 어떤 일에도 결코 감정을 담지 않았다. 보기보다 더 냉철한 그의 페르소나는 배우자 매켄지 스콧과 극명한 대조를 이루었다. 그녀는 진지하지만 한결같이 따뜻했고, 종종 남편과 함께 업계 행사에 참석했다. 나는 그녀가 베이조스에게 지성과 창의력 가득한 핵심적인 조언자 역할을 한다는 인상을 받았다.

매켄지는 그녀 자체로 매력적이었다. 프린스턴대학의 토니 모리슨 밑에서 공부할 때 모리슨이 가장 아끼던 전도유망한 소설가였다. 자신의 글에 대해 이야기할 때마다 그녀는 출판에 대한 베이조스의 영향력이 더 커지고 논쟁거리가 됨에 따라 자신의 커리어로 인해 결혼생활이 더 방해받을지 모른다고 내비쳤다. 하지만 베이조스가 이상하리만큼 예민하게 굴며 내게 짜증내기 시작할 때마다 나는 그녀의 공명정대한 성격에 의지했다. 나는 그녀 때문에 그를 더 좋게 봤다.

공교롭게도 빌 게이츠와 멀린다 게이츠도 마찬가지였다. 한번은 빌과 내가 행사 무대 뒤에서 월트 모스버그와 인터뷰 중인 멀린다를 지켜보고 있었다. 우리는 그녀의 설득력 있는 답변에 감탄했고, 늘 뭔가에 짜증을 내는 빌에게 나는 이렇게 말했다. "멀린다와 결혼했기 때문에 당신이 10퍼센트 더 좋아졌어요." 빌 또한 나를 그렇게 생각했을 것이다.

결과적으로 베이조스와 게이츠, 둘의 결혼생활은 오래 지속되지 못했다. 그리고 내 결혼생활도……. 하지만 이 가차 없는 남자들의 물렁한 일면을 보는 것은 확실히 좋았다. 그 냉혈한 성격이 아주 사라진 것은 아니었지만. 이 기업가들과의 거의 모든 만남은 씨름 경기였다. 베이조스와 나는 아마존 사이트 상품 유료 등록의 위선에 대해 서로 언쟁을 벌였던 TED 콘퍼런스를 포함해 수도 없이 입씨름을 했다. 나는 상품 제조사들로부터 돈을 받아 소비자에게 그 상품이 최선의 선택이라는 생각을 교묘하게 주입하는 방식으로 상품을 등록해주는 것은 잘못됐다고 생각했다. 베이조스는 여기에 동의하지 않고 소매상들이 늘 하는 방식과 비교했다. 그리고 회사가 어려움을 겪는 동안 『배런스Barron's』가 그의 노력에 "아마존닷밤Amazon Dot Bomb"이라는 별명을 붙였을 때도 그는 불쾌감을 숨기지 않았다. 당시 나도 그런 별명이 부당하다고 생각하긴 했지만, 그의 분은 계속 풀리지 않았다.

지금 우리는 그 기사에 나오는 대부분의 비판(월마트나 소형 서점들, 급증하는 아마존의 자체 지출이 회사를 침몰시킬 거라는 내용)이 완전히 틀렸다는 걸 알고 있다. 그럼에도 베이조스는 자신이 구상한 사업의 규모를 이해하지 못하거나 그 사업을 가능하게 해준 공격성과 직업정신을 존중하지 않는 언론을 성가시다고 생각했다. 페이지와 브린이 엉뚱한 천재들이었다면 베이조스는 당찬 야망의 화신이었다. 1995년 중반, 부모에게서 받은 약간의 돈으로 투박해 보이는 아마존 웹사이트를 선보이며 "세계에서 가장 큰 서점"이라는 거창한 슬로건을 내걸었다. 이 슬로건은 아마존이 실제보다 더 커 보이는 데 도움이 되기도 했지만, 1997년 '반스앤노블'이 허위 광고로 소송을 제기하는 계기도 되었다. 이 소송은 아마존에 아무런 영향도 미치지 못하고 빠르게 해결되었다.

초창기에 시애틀의 더 허름한 지역에 있던 아마존 사무실을 방문하는 것은 결코 거창한 느낌이 아니었다. 그래도 베이조스와 재능 있는 CFO 조이 커비(2013년에 비극적인 자전거 사고로 사망)는 거창한 이야기를 나누었다. 아마존의 빠른 성장(사실)과 실현될 수익(오랫동안 사실이 아니었음), 대부분의 아날로그 소매상점이 현재 일어나고 있는 일에 대해 이해하지 못했고 그들의 비즈니스 모델에 필요한 변화를 주지 못할 거라는 점(사실)에 대해 아주 오랫동안 이야기했다. 아마존은 작았지만 베이조스의 생각은 원대했다. 그는 시스템과 유통에 가장 많은 관심이 있었고, 자신이 구축하려는 것에 그 두 가지가 핵심임을 이해하고 있었다. 소매업 분야 리포터로서 나는 그가 팔고 있는 것이 기술 능력보다는 아마존이 얼마나 자동화되고 데이터 중심화될 수 있는지에 달려 있다는 것을 알 수 있었다. "당신네는 테크 회사가 아니에요. 업그레이드된 물류 회사죠." 내가 언젠가 그런 말을 하자 그는 광적인 웃음으로 응수했다.

아마존 본사를 방문할 때마다 내 평가는 더 명확해졌다. 베이조스가 사이트에 점점 더 많은 상품을 추가하면서 매출은 증가했고, 아마존은 모든 것을 파는 시장으로 성장했다. 1996년 매출은 1600만 달러에 육박했는데, 이듬해에 1억4800만 달러, 그 이듬해에는 6억1000만 달러를 벌어들였다. 수익성 부족에 대한 우려와 판매세를 부과하라는 아날로그 소매점의 압박 증가(아마존은 2017년에 마침내 전국적으로 부과를 시작했다)에도 불구하고, 베이조스가 이커머스 분야를 지배하는 데 필요한 성장 동력을 갖고 있음은 분명했다. 그는 온라인 쇼핑을 대세로 만든 선구자였다. 온갖 종류의 소매업 파트너들과 쇼핑 상품을 제공하는 AOL의 서비스를 포함해 온라인 쇼핑 사업을 하려는 많은 시도가 있었지만 다들 실패했다. 그러나 베이조스는 첫 번째 기능을 제대로 만들고 이후에 하나씩 신중하게 기능을 추가함으로써 성공했다. 배송 시스템을 계층화한 프로세스는 그가 헤지펀드에서 사용했던 수학적 모델링을 채택하는 것과 마찬가지로 성공의 가장 중요한 부분이었다.

월마트처럼 아마존이 하는 일의 중심에는 언제나 수학이 있었고, 베이조스가 데이터에 초점을 맞췄다는 사실은 아날로그와 디지털의 결합에서 중요한 요소였다. 구글의 창업자들과 달리 베이조스는 실재하는 물건을 다루고 있었기에 그의 도전이 훨씬 더 어려웠다. 기발한 마케팅과 낮은 가격, 편리성이 소비자의 마음을 사로잡았고, 아마존의 주가는 베이조스가 아직 다 충족시키지 못했다는 기대로 높은 상승률을 보이며 그 인기를 반영했다. 이런 현상은 1998년 말 CIBC 오펜하이머의 애널리스트 헨리 블로짓이 아마존닷컴의 목표가를 150달러에서 400달러로 올렸을 때 더 심화되었다.

내가 전화해서 아마존의 불확실한 지표들을 감안하면 어떻게 그런 결정을 뒷받침할 수 있느냐고 물었을 때 어깨를 으쓱하며 '그럴 수도 있지'라는 태도를 보였던 블로짓은 "주식 투자에는 분명 강한 담력과 큰 믿음이 필요하다"라고 썼다. 이때까지 나는 실제 펀더멘털* 반영 보류에는 익숙했지만, 그렇더라도 주가가 그날 20퍼센트 가까이 급등하고 몇 주 후 400달러까지 올랐을 때는 깜짝 놀랐다. 나중에 블로짓은 이와 무관한 다른 사기 행위로 벌

---

*   기업의 재무 상태, 산업 동향 등 여러 기본 정보를 토대로 하는 주식 종목의 가치.

금형을 받고 증권업계에서 영구 퇴출되었다. 그러나 아마존이 향하는 방향에 대해서는 그가 옳았다. 마치 내가 디지털 시대의 이요르*가 된 것 같았지만, AOL에서 그랬던 것처럼 내게 숫자놀음은 중요하지 않았다. 확실히 주식을 가지고 노는 유일한 방식인 '진짜 성공할 때까지 성공한 척하라'와 같은 사고방식이 내게는 없었다.

아마존의 주가는 베이조스의 확고하고 전략적인 리더십 아래 상승세에 올라탔다. 그는 오랜 경쟁자들과 새로운 경쟁자들을 막기 위해 해자를 만들고 또 만들었다. 다이내믹 프라이싱Dynamic pricing** 방식은 언제나 다른 공급사들을 제쳤고, 그러다보니 결국 아마존의 데이터는 사람들이 원하는 것을 예측할 수 있었다. 고객들이 '지금 구매' 버튼을 누름에 따라 물류 창고는 전 세계로 퍼지고, 그 물류 창고 내부 기술이 효율성을 높여 상품을 가져다 포장하고 처리했다. 이 해자는 아마존을 난공불락의 성으로 만들었다. 실제로 아마존의 여러 본사 중 하나는 시애틀의 한 언덕 꼭대기에 있는 오래된 병원으로, 불길하고 위압적으로 보였다. 예전에는 언제나 만날 수 있던 CEO와 연락하기 더 어려워진 게 바로 그 건물에서였다. 베이조스는 나르시시스트이기는 했지만 다른 테크업계 리더들처럼 심하게 불안정하지는 않았기 때문에, 일단

---

* 「곰돌이 푸」에 등장하는 당나귀 캐릭터로 우울하고 부정적인 성격을 가지고 있다.

** 시장 상황에 따라 제품 또는 서비스의 가격을 변화시키는 전략.

성장 동력을 얻고 난 후에는 불필요한 다른 사람들과의 관계를 끊는 데 아무런 문제가 없었다.

그가 이미지 메이킹을 위해 노력하지 않았다는 말은 아니다. 베이조스는 금융 및 시스템 분야의 괴짜 이미지에서 미래의 맥을 짚고 있는 남자라는 더 다양한 이미지를 만들면서 정말로 변화하고 있었다. 그는 TED 콘퍼런스에서 세그웨이를 타고 돌아다녔고, 모든 주제에 대해 거들먹거리며 이야기했다. 주당 4센트로 25만 달러를 구글에 투자하는 등 똑똑한 사람들을 만나 초기 투자 라운드에 있는 기업들에 교묘하게 투자했다. 무엇보다 그는 인류를 우주에 보내고자 하는 자신의 꿈을 실현하기 위한 사업을 시작했다. 전하는 바에 따르면 이건 베이조스가 고등학교 때 지구 궤도를 도는 우주 식민지를 상상하던 때부터 시작된 집착이었다. 2000년 무렵 재정적으로 더 성공하자 그는 조용히 우주 비행 회사인 블루오리진을 설립해 온갖 종류의 로켓과 착륙 시스템을 개발했다. 그리고 짐작건대 지구 궤도를 도는 우주 식민지도 개발했을 것이다.

경쟁사는 금세 많아졌다. 나는 여전히 모든 포털, 통신, 소프트웨어 중심 회사들을 지켜보는 동안 내가 아마존의 성공에 뒤이어 폭발적으로 증가하는 이커머스 사이트들을 추적하는 데 많은 시간을 보내고 있다는 걸 깨달았다. 레드엔벨로프, 이토이스, 부Boo 같은 스타트업에 돈이 쏟아졌다. 이런 벤처 대부분은 이렇게 해도 되나 싶을 만큼 기꺼이 자신들에게 투자된 현금을 허무하게 불사르며 불운을 증명하곤 했다. 아마존과 베이조스가 살얼음판에서 스케이트를 탔다는 점은 확실하지만, 다른 대부분의 회사는 스케이트를 타고 얼음 골짜기 아래로 직행해 영원히 길을 잃었다. 영국의 온라인 소매업체인 '부'의 쇠퇴는 특히 눈에 띄었다. '부'는 불과 18개월 동안 벤처 캐피털 자금 1억3500만 달러를 먹어치웠다. 1999년에 마침내 론칭했지만 1년 만에 파산했다. 압도적인 어리석음이 결합된 엄청난 탐욕의 광경은 정말 볼 만했다.

하지만 일부는 골짜기 밖으로 살아 나왔다. 나는 온라인으로 카드를 보내는 수많은 사용자를 거느리며 폭발적인 인기를 끌었던 블루마운틴아츠라는 '온라인 인사카드' 서비스가 살아남은 게 특히 기뻤다. 블루마운틴아츠닷컴은 외부 자금이나 광고, 주요 유통 계약이 거의 없었고, 1971년에 수전 폴리스 슈츠와 스티븐 슈츠가 시작한 종이 인사카드 사업의 연장이었다. 곧 블루마운틴아츠는 인수를 희망하는 수많은 기업(아마존 포함)의 관심을 끌며 인수 가격이 10억 달러에 육박했다. 나는 1998년 이 회사의 프로필을 보도할 때 창업자들을 만났다. 두 사람은 웹 쪽 사람들과는 달리 히피 같았고 굉장히 느긋했다. 그들은 콜로라도의 폴크스바겐 밴 뒷좌석에서 사업을 시작했고, 빠르게 변화하는 이 분야에 크게 관심을 두지 않았다. 특히 수전은 현재 열광적인 온라인 시장에 흥미가 없었고 그걸 무척 바보 같다고 여겼다.

"모든 게 저를 혼란스럽게 해요." 그녀는 종종 이렇게 말했지만, 그녀의 아들 재러드는 더 요령 있고 에너지가 넘쳤다. 이 가족을 보면 1980년대에 히트했던 「패밀리 타이스」 속 키튼 가족이 떠올랐다. 수전이 익사이트앳홈으로부터 블루마운틴아츠에 대한 확정 오퍼를 받았을 때 내게 전화해 조언을 구한 것은 놀라운 일이 아니었다. 익사이트앳홈은 벤처 캐피털이 계획한 인터넷 액세스 전략으로, B급 포털 익사이트에서 진행된 위험한 합병의 결과물이었다. 오퍼는 주식 4억3000만 달러, 현금 3억5000만 달러로 상당한 금액이었다. 나는 내가 취재하는 누구에게도 거의 조언을 하지 않았고, 그녀에게는 이 사업 거래를 보도하게 될 것임을 상기시켰다. 그래도 나는 간신히 인터넷이라는 맹렬한 호랑이의 꼬리를 붙잡아 즐겁게 타고 놀게 된 이 다정한 기업가에게 애착을 갖고 있었다. 수전은 그저 감성적인 카드를 그려서 그걸 통해 세상을 더 행복하게 만들고 싶었을 뿐이다. 따라서 치솟는 가치 평가에 비해 취약한 블루마운틴의 재무 상태를 감안해 나는 한 가지 충고를 해줬다.

"현금을 최대한 많이 챙기세요. 그런 다음 얼른 도망가요." 그녀는 그렇게 했다. 온라인 카드 사업의 부대 사업으로 꽃, 사탕, 쿠키 사업을 만든 재러드를 포함해 가족들과 함께 자산을 현금화했다. 수십 년 후, 재러드는 거의 1억2500만 달러에 달하는 순자산과 지식을 활용해 성공적으로 의회에 출마했고 나중에는 콜로라도 주지사가 되었다. 짧게나마 투자 은행가로 일해준 내 몫은? 수전은 오랫동안 내게 어김없이 카드, 레몬 케이크, 영감을 주는 작은 장식품들이 담긴 커다란 상자를 보내주었다. 나는 이 선물을 괴롭히고 싶은 인터넷 기업 임원의 문 앞에 놓아두곤 했다.

또 나는 앞으로 몇 년 안에 번창할 다른 상업 관련 회사들과 이야기를 나누는 데도 많은 시간을 보냈다. 예를 들어 온라인 신발 소매업체인 자포스의 창업자이자 CEO는 토니 셰이라는 특이한 기업가였다(훗날 약물 사용 등 비극적인 상황에서 발생한 화재로 세상을 떠났다). 재화 구매가 온라인으로 옮겨가자 고객들에게는 더 나은 결제 방법이 필요해졌고, 그러한 요구에 부응하는 몇몇 테크 기업이 등장했다. 그중에는 1998년에 설립된 페이팔과 경쟁사이자 온라인 은행인 엑스닷컴이 있었다. 엑스닷컴의 창업자 중 한 명은 온라인 전화번호부 유형의 사업이자 종국에는 통제권을 잃어버린 자신의 첫 회사를 팔아 2200만 달러를 벌어들인 별난 청년이었다. 그의 이름이 일론 머스크였다.

그때는 머스크에 대해 들어본 사람이 아무도 없었고, 베이조스에 비하면 테크업계 계층에서 한참 아래에 있었다. 나중에는 우주 경쟁에 있어 치열한 라이벌이 됐지만. 나는 처음에 머스크를 주목하지 않았고, 엑스가 맥스 레브친과 피터 틸 같은 더 전도유망한 기업가로 가득한 페이팔과 합병되었을 때도 머스크에 대한 글을 거의 쓰지 않았다. 당시 머스크는 인터넷 황금을 찾아 실리콘밸리로 달려온 수많은 채굴꾼 중 한 명에 불과했다. 내가 그에 대해 분명하게 기억하는 유일한 것은 자동차를 좋아했다는 점이다. 그것도 아주 많이. 그는 현금이 들어오면 비싼 차를 사고 싶어했다.

1999년의 9가 0을 향해 굴러가면서 'Y2K' 재난에 대한 애매한 우려들이 헤드라인을 장식했다. 『월스트리트저널』은 심지어 모든 게 무너질 때를 대비해 야후와 이트레이드에서 세기의 전환기를 보내라며 나를 내보냈다. 과묵한 야후 공동 창업자 데이브 파일로와 함께 미지근한 맥주를 마시며 내 인생에서 가장 재미없는 12월 31일을 보내야 했던 것만 제외하면 물론 아무 일도 일어나지 않았다. 그는 어떤 다채로운 발언도 하지 않는 전형적인 컴퓨터 엔지니어였다. 우리 둘 다 그 자리에서 벗어나고 싶어했기 때문에 나는 그를 완전히 이해했다.

스티브 케이스, 제리 양 같은 스타들, 그리고 누구보다 베이조스에게 자극적인 시기였다. 그리고 나에게도. 이제 나는 새 시대의 이목을 끄는 이 인물들에 대한 주요 기록자 중 한 명이 되었다. 1999년 『인더스트리 스탠더드』지는 "인터넷 경제 여론에 가장 큰 영향을 미친 작가"로 나를 선정했다. 나는 언론사와 인터넷 기업들로부터 엄청난 제안을 받기 시작했는데, 웹 회사들이 나를 큰 부자로 만들어주겠다고 했음에도 모든 제안을 거절했다. 돌이켜보면 내가 왜 그 기회를 이용하지 않았는지는 쉽게 설명할 수 없다. 나는 돈을 좋아하고 기업 활동도 좋아했으니 말이다. 하지만 굳이 생각해본다면, 내가 신세 지게 될 누군가를 위해 일하고 싶지 않았기 때문이다. 나는 내 생각을 말하지 않는 것이 불가능해서 좋은 직원이 되지는 못했을 것이다.

더 중요한 것은, 내가 더러운 돈을 한 푼이라도 더 버는 것보다 더 가치 있게 생각하는 일이 있었는데 그건 바로 아이를 갖는 것이었다. 30대가 가기 전에 아기를 가질 생각을 하면서 내 직업적, 개인적인 삶은 변화를 앞두게 되었다. 미국에 사는 동성애자로서 결혼해 아이를 갖는 것은 거의 상상조차 할 수 없었지만 그래도 나는 늘 아이를 원했다. 불과 얼마 전까지만 해도 많은 어려움과 차별이 있었고, 내가 미래의 가족을 만드는 데 친구들과 가족의 지지는 전무했다.

아직도 나는 조지타운대학 2학년 때 크리스마스 선물을 사기 위해 하늘색 폴크스바겐 비틀 컨버터블을 타고 버지니아 깊숙이 있는 아웃렛 몰에 갔던 날을 잊을 수 없다. 카터스 할인 매장을 둘러보던 중 진열대 위에 놓인 빨간색과 흰색 줄무늬 아기 우주복 잠옷을 봤다. 언젠가 내 아이가 그걸 입으리란 생각이 갑자기 머릿속에 떠올라 그곳을 떠날 수 없었다. 그래서 나는 8.99달러를 주고 그 우주복 잠옷을 사와서는 가격표가 달린 채로 작은 상자에 넣어 보관했다. 20년 후 루이 스위셔가 태어날 때까지 말이다. 그 옷은 아이에게 완벽하게 잘 맞았다.

이상하게도 1999년 당시 내 아내 메건이 운영하던 동성애 포털 플래닛아웃PlanetOut의 한 파티에서 나는 베이조스와 아기에 관해 긴 대화를 나누게 되었다. 그는 처음으로 아버지가 된다는 데 신이 나 있었고, 부모가 되는 누군가와 이야기를 나눈다는 건 좋은 일이었다. 그가 기억할지는 모르겠지만, 그는 이 주제에 대해 대단히 사려 깊었고, 어떻게 레즈비언 커플이 아이를 갖게 되었는지에 대한 질문을 퍼부었다. 오늘날에는 그런 순진함이 진기해 보이지만, 당시에는 유니콘 수준으로 보기 드문 노력이었다. 그래서 결국 모든 과정을 설명해주었는데, 그 과정은 대부분의 이성애자가 생각하는 것 만큼 난해하진 않았다. 나는 그에게 정자 기증과 수정 과정을 자세히 설명했다. 고맙게도, 베이조스는 많은 남성과 달리 조금도 당황하지 않았고 그 전체 과정을 흥미롭게 생각하는 듯했다. 추측건대 물류 과정과 비슷해서 그런 게 아니었을까.

어느 시점에서 그는 왜 이미 알고 있는 사람, 이를테면 자기 같은 사람이 아닌 익명의 기증자의 정자를 사용하느냐고 물었다. 그 것이 결코 제안은 아니었지만, 나는 그가 부자인 건 확실히 매력 적인 특징이나 내 기준에서는 키가 너무 작고 대머리라며 농담으 로 받아쳤다. 물론 그는 특유의 웃음을 터뜨렸고, 그의 깔깔대는 소리는 파티 전체의 이목을 끌었다. 사람들이 돌아서서 무슨 이야 기를 하고 있었는지 물었다. 나는 분명 제프가 내 아이의 정자 기 증자가 되기로 자원했다고 농담처럼 대답했다. 우리 모두 크게 웃 었다. 2001년 말 『뉴욕포스트』에서 운영하는 가십 칼럼인 '페이지 식스'의 가십 페이지에 "칼럼니스트 퀴즈: 아빠는 누구?"라는 제 목으로 내 임신에 대한 소식이 실렸다. 아마 파티에 있었던 누군 가가 내 아이의 아버지가 어떤 인터넷 거물일 거라 추측하며 흘렸 음이 분명했고, 기사는 구체적으로 베이조스를 언급하고 있었다. 그것은 루퍼트 머독의 미디어 제국이 항상 '레즈비언'과 '터키 베 이스터'* 단어를 한 문장에 열심히 집어넣어 대량생산하는 천박 한 쓰레기 기사의 전형이었다.

그 떠버리가 내 임신 여부를 확인하기 위해 전화해서는 아버지 가 누구냐고 물은 적이 있다. 나는 저널리스트로서 25달러 이상의 기부는 절대 받을 수 없기 때문에 내가 취재하는 사람의 아기를 갖는 것은 불가능하다고 대답했고, 그 기증자가 루퍼트 머독의 아 들 중 한 명일 가능성이 더 높다고 말했다. 내 말은, 정자 기증자는 익명이니 가능성이 있을 수도 있다는 말이었다. 물론 우스꽝스럽

---

* 스포이트처럼 생긴 조리 도구로 자궁경관 내 인공 수정을 의미하기도 한다.

고 기괴한 순간이었지만, 개인적으로는 머독 같은 전통적인 미디어 거물들이 새로운 유력자들을 공격할 이유를 자꾸만 더 찾는다는 사실이 처음으로 실감되었다.

그에 대한 징후는 도처에 있었고, 베이조스의 끈질긴 마케팅, 특히 다른 아마존 임원 누구도 아닌 자기 자신에 대한 마케팅이 그러한 상황을 거들었다. 불과 5년 전 소박하게 시작한 베이조스는 1999년 『타임』이 선정한 '올해의 인물'에 올랐다. 포장 완충재가 가득 담긴 상자에 들어 있는 그의 웃는 얼굴을 찍은 너무나 소름 끼치는 사진이 표지를 장식했다. 거기에는 "이커머스가 세상의 쇼핑 방식을 변화시키고 있다"고 선포하는 문구가 있었다.

아마존이든 구글이든(혹은 나중에 등장한 페이스북과 넷플릭스든), 전통적인 기업들은 비즈니스 측면에서 다가오는 그 위협을 충분히 인식하고 있었지만, 그 혼란이 자신들을 직접 향하고 있다는 사실에는 별로 공감하지 못했다. 그것은 21세기와 함께 핵폭발처럼 다가왔다. 스티브 케이스가 불과 몇 년 전 내게 말했던 꿈이 실현된 그 21세기와 함께. 2000년 1월 10일, AOL은 타임워너를 인수하기 위해 엄청나게 폭등한 타임워너 주식과 부채에 1820억 달러를 지불했다. 이 거대 미디어 회사는 워너브러더스, HBO, CNN, TBS, 타임워너 케이블뿐만 아니라 『타임』 『피플』 『스포츠 일러스트레이티드』까지 소유한 반면, AOL은 그저 전화 접속 인터넷 서비스 가입자 3000만 명이 있을 뿐이었다. 훗날 나는 이 인수를 '세기의 강탈'이라 불렀다.

상관없다. 그 에너지는 낡은 것에서 케이스와 베이조스 같은 비즈니스 리더들이 구현한 새로운 것으로 급격히 옮겨갔다. 내가 쓴 다른 모든 칼럼에 '거품'이라는 단어가 포함되어 있었던 것 같지만, 그럼에도 내가 예측하지 못한 것은 언제나 어둠이 오기 전이 가장 밝다는 점이었다. 소위 '닷컴 버블'이 터지면서 세기 전환과 2002년 사이 2년 동안 거의 800개에 달하는 인터넷 회사가 도산했다. 아마존이 1997년 상장한 이후 주주들에게 보낸 첫 서한에서 베이조스는 회사의 "아메리카 온라인, 야후!, 익사이트, 넷스케이프, 지오시티스, 알타비스타, 앳홈, 프로디지 등 다수의 중요한 전략적 파트너와 구축한 장기적 관계"에 초점을 맞추었다.

다가오는 대격변에서 살아남을 만큼 야성적인 베이조스를 제외하고 그들은 모두 조만간 죽을 운명이었다.

6장

시작의 끝

방향을 바꾸지 않으면,
당신이 걷는 대로 갈 수밖에 없다.

_노자

2000년 1월 11일, 『월스트리트저널』은 신생 회사 AOL이 어떻게 거대 미디어 타임워너를 삼켰는지에 대해 자세하게 다뤘다. 이런 유의 기사는 마치 포르노처럼 하나가 되는 두 기관에 대해 흥미진진한 디테일과 극단적인 상세 관찰을 제공하기 때문에 나는 이런 기사를 '합병 포르노'라 부르곤 한다.

이번 합병과 섹스의 연관성은 타임워너의 대주주이자 흥미로운 기업가 테드 터너가 "40여 년 전 처음 섹스를 해봤을 때 이상의 흥분과 열정으로" 거래에 응했다고 발언했을 때 더 노골적으로 드러났다.

듣기 불편하지 않은가! 가장 중요한 건 그 기사가 의도를 품고 있었다는 점이다. 기사는 "이번 거래는 옛것을 버리는 느낌이 강하고 업계의 과거와 미래를 나누는 간헐적인 구분선 하나를 드물게 명확히 드러내는 것처럼 보인다"라고 썼다. 옛것을 버리고, 새것을 받아들이고, 과거와 미래를 나누는 구분선! 그로부터 여러 해가 지난 이제야 뒤늦게 깨달은 바가 있으니 바로 본론으로 들어가겠다. 합병은 시작부터 총체적 난국이었다.

사실 나는 이 모든 사태를 다룬『분명 여기 어딘가에 무언가가 있다There Must Be a Pony in Here Somewhere』라는 책도 썼다. 두툼한 책이지만 짧게 요약하면 이렇다. 인터넷은 여러 해 동안 디지털 전략을 짜내는 데 실패한 타임워너의 정신을 쏙 빼놓았고, 그에 따라 타임워너는 빈털터리가 될 회사를 사는 데 모든 걸 털어넣기로 결심했다.

책의 첫 장에서는 다음과 같이 언급했다.

> 문제는 그 붐이 불황으로 바뀌면서 AOL의 사업이 무너지기 직전이었다는 점이다. 그러면 한때 우뚝 솟았던 주가는 거의 휴지조각이 될 터였다. 이 단순한 시나리오에서 세기의 거래는 금세 역사상 최악의 거래로 알려졌다. 디지털 혁명의 뜨거운 소용돌이 속에서 피할 수 없는 죽음(더 나쁘게는 동떨어지는 것)을 두려워하고 숨을 쌕쌕거리며 점점 발악하는 전통 미디어 회사와 뉴미디어계의 어리고, 섹시하고, 난잡해 보이는 신인 여배우의 결혼, 여기에는 재앙이 뒤따를 수밖에 없다.

당연하다. 이 낡아가는 미디어 대기업은 처음엔 사이버 공간으로 확장하려고 스스로 시도했다. 합병 전 실패작들에는 소비자가 너무 복잡하다며 거부한 셋톱 박스, 1994년에 출시했으나 광고와 조작이 심했던 패스파인더 웹사이트 등이 있었다. 패스파인더는 타임사가 거느린『피플』『스포츠』같은 잡지들이 시장을 장악해온 방식으로 웹을 장악할 것으로 전망됐으나 잦은 전략 변경으로 인해 절박감이 극에 달한 경영진은 아주 나쁜 선택들을 하고 말았다.

하지만 우선 타임워너는 좋은 선택을 했다. 이 회사는 수천만 달러의 손실을 입고 1999년 4월에 패스파인더를 폐쇄한다는 놀랍지 않은 소식을 발표했다. 그래도 여전히 타임워너는 패배 혹은 실패조차 인정하길 거부하고, 『뉴욕타임스』가 "사이버스페이스의 개척 거점"이라 불러준 데 의지해 "이것은 진화이며 소비자가 우리 사이트를 이용하는 방식에 따른 것이다"라고 주장했다. 개척 거점보다는 죽은 행성이 더 어울리는 말일 듯싶었다. 실제보다 더 침울한 수성을 떠올려보라. 그리고 그 행성을 통치한 건 실질적인 무언가를 실현할 DNA가 부족할 수도 있는 올드 미디어 경영진이었다. 루퍼트 머독은 뉴스 코프에서 여러 차례 발등을 찍혔다. 한 예로 1996년 이미지 전환을 꾀했던 통신사 MCI와의 파트너십을 통해 만들어진 아이가이드라는 특히 처참했던 사이트가 있고, 콘데 나스트의 콘데넷에 대해서는 차라리 말을 안 하는 편이 낫겠다.

그래서 나는 속으로 생각했다. '밀레니엄이 밝았고 자신의 왕국이 테크 신생 기업들에 포위당한 지금, 초경쟁적인 타임워너 CEO 제리 레빈의 머릿속에는 어떤 끔찍한 아이디어가 들어 있을까?' 분명히 해두자면, 나는 좋은 전환점을 좋아한다. 내가 실리콘밸리를 취재하면서 좋아하는 것 중 하나는 태평하게 실패를 딛고 나아가는 테크 기업가들의 능력이다.

그렇게 할 수 있는 건 모든 실패 속에 성공이 숨어 있기 때문이다. 이에 대해 내가 가장 좋아하는 사례가 1994년에 '매직 캡Magic Cap'(통신 애플리케이션 플랫폼Communicating Applications Platform의 머리글자를 따서 '캡Cap'이 되었다)를 출시한 '제너럴 매직'이다. 매직 캡은 나중에 애플의 아이폰과 구글의 안드로이드에 탑재되는 운영 체제 개념을 제공했다. 나는 한때 매직 캡의 눈부신 실패를 1880년대의 텔레비전 발명에 비유했다. 당시 텔레비전 프로그램은 아직 나오지 않았다.

검색 엔진의 죽음이 빈발하자 구글이 번창했다. 언뜻 보면 AOL은 만나고, 함께하고, 소식을 전하는 역할을 하는 초창기 페이스북이었다. 그리고 그런 것들이 계속되었다. 대부분의 실패는 너무 일렀고, 타이밍 때문에 혹은 때로 충분히 창의적이지 않았기 때문에 다른 것으로 대체되었다. 나는 항상 궁극적으로 성공하는 이들은 창의적인 사람들이라고 주장해왔다. 전반전에서 마이크로소프트가 애플을 이기고 있었음에도 불구하고 애플이 게임에 계속 참여할 수 있었던 건 창의성 덕분이었다.

불행히도 AOL과 타임워너의 거래는 창의성이 아닌 통합의 문제였다. 경영진은 미디어든 통신이든 배포든 커머스든 모든 디지털 및 아날로그 수요를 처리할 수 있는 회사를 구상했다. 연말 시즌이 다가옴에 따라 AOL의 케이스와 타임워너의 레빈은 (거래 관점에서) 서로 부둥켜안고 열흘 안에 있을 블록버스터급 발표를 기대하며 따뜻한 핫초코를 즐기고 있었을 것이다.

1월 9일 일요일,『월스트리트저널』의 에디터 폴 스타이거가 내게 전화해 합병이 진행 중이며 스티브 리핀을 포함한 기업 거래 전문 에이스 리포터들이 비난하고 있다고 말해주었다. 나는 놀랐지만 충격받지는 않았다. 그는 AOL에 있는 내 정보원에게 뉴스를 확인해달라고 요청했고, 나는 AOL 소프트웨어를 실행해 그 인스턴트 메신저 서비스인 AIM으로 곧장 메시지를 보냈다. 최고위직 임원들이 나를 친구로 등록하고 나도 그들을 등록했기 때문에, 이미 샌프란시스코는 늦은 시간이고 동부는 한밤중이었음에도 나는 그들이 접속해 있다는 걸 확인할 수 있었다. "우리 알고 있어요." 나는 메시지 창에 타이핑했고, 우물쭈물하기보다는 자백하라고 엄포를 놓는 편이 더 효과적이겠다고 판단했다. 곧바로 일련의 디지털 문소리가 요란하게 들렸다. 누군가 인스턴트 메시지를 종료할 때 나는 AOL의 효과음이었다.

운 좋게도 한 임원이 이렇게 답장을 보냈다. "어떻게 알았어요?" 이 사람은 더 이상의 자세한 내용은 알려주지 않았고, 그 답장은 신문이 사용할 만한 확답은 결코 아니었다. 어쨌거나 새로운 문이 열리기 직전이었기 때문에 그날 밤에는 문이 닫혀 있는 듯한 기분이 들었다. 고맙게도 다른 (더 나은) 『월스트리트저널』 리포터들이 더 자세한 내용을 확인해주었다.

그런데 타이밍치고는 최악이었다. 타임워너가 하이파이브를 하고 있는 바로 그때, 합병은 월가와 투자자들로 하여금 이 모든 걸 뒷받침하고 있는 숫자들이 어쩌면 (소프트웨어 용어로) 베이퍼웨어일지 모른다고 생각하게 만들었다. 머지않아 인터넷 사업이 유지되기에는 평가 가치와 재무 성과 간의 차이가 너무 크고 정말로 터무니없다는 게 명백해짐에 따라 이 거래는 테크 산업의 대대적인 쇠퇴로 이어졌다. AOL 타임워너의 주가는 거래 완료 후 2년 만에 75퍼센트 하락했다. 양측 경영진이 다투고 때로 AOL의 위험한 회계 문제가 기자들과 규제 당국의 더 많은 감시를 받게 되는 것은 도움이 되지 않았다.

터너는 합병 후 크게 후회했다. 2002년 말경 이 CNN 창립자는 70억 달러의 주식 가치를 손해 본 뒤 레빈을 향해 "거짓말쟁이이자 도둑"이라고 불렀다. 터너는 타임워너 사무실에 나타날 때마다 자신의 바지 주머니를 뒤집으며 "강도를 당했다"고 말하기도 했다. 유엔에 10억 달러를 기부하겠다는 그의 약속이 5주년을 맞이했을 때는 이렇게 말하기도 했다. "나는 무일푼에서 시작해 세계무역센터만큼 돈더미를 쌓아올렸습니다…… 그랬는데 그 돈은 꼭 세계무역센터처럼 펑! 하고 사라졌죠."

이 무신경한 비유에는 할 말이 없지만, 내 책에는 "한마디로 이것은 큰 희생양을 찾는 나쁜 거래였다"라고 썼다. 스타트업이 하나둘 문을 닫고, 테크 기업들의 주가가 하락하고, 업계의 스타들이 빛을 잃어가면서 곧 그 파급 효과는 테크 생태계 전체로 확산되었다. 벤처 캐피털들이 몸을 사리고 한때 애지중지하던 애어른들로부터 황급히 달아나면서 허세 가득한 태도도 무너졌다. 당연히 끝내주던 파티들도 졸지에 끝나버렸다. 지금은 없어진 지 오래인 어느 스타트업은 회사 사교 파티에 1980년대 록밴드 디보를 부르느라 돈을 펑펑 쓴 걸 후회하지 않았을까, 그런 생각을 한 게 기억난다. 그러니까 거품 꺼지기 전에 잘하자.

'인터넷 경제의 뉴스 매거진'으로 알려진 『인더스트리 스탠더드』는 업계의 위축된 현실을 적나라하게 보여주었다. 내 책장에 있던 그 잡지는 웹 1.0 붐이 한창일 때 2인치 두께였던 것이 이제는 아주 얇은 뉴스레터 수준이 되었다. 2000년에 미국에서 다른 어떤 잡지보다 광고 페이지를 많이 팔았던 잡지로서는 일대 충격이었다. 그 전해에 『인더스트리 스탠더드』의 에디터들은 믿지 못할 과분한 연봉(100만 달러였던 것 같다)으로 나를 고용하려 했다. 그 아찔한 금액에도 불구하고 나는 그 제안이 나쁜 결말의 조짐이라 여겼다.

나 역시 이 갑작스러운 추락에 이상하리만치 당황했다. 내가 테크 분야에 대해 쓴 칼럼은 '붐 타운'이었는데, 농담 삼아 붙였던 이 이름을 보고 있노라면 이제는 고통이 느껴졌다. "나스닥 보는 중이야. 이름을 '파산 타운'으로 바꿔야 할까?" 『월스트리트저널』 편집장 대니얼 허츠버그가 2000년 11월 30일 내게 메일을 보냈다. '적절하네요, 보스!'

이러한 망조 든 분위기는 곧 내 연말 예측 칼럼을 통해 전해졌다. 내가 한 인터넷 회사가 미디어 회사를 사들일 거라고 추측했을 때로부터 정확히 1년이 지난 시점이었다.

2001년 인터넷에 대한 확실한 예측은 이렇다. 제프 베이조스는 『타임』 올해의 인물에 선정되지 않을 것이다. 세계를 휩쓴 신경제의 아이콘인 아마존의 그 창업자가 『타임』 표지에서 환하게 웃고 있었던 게 불과 1년 전이었던가? 베이조스를 표지 모델로 선택한 것은 당시에 전적으로 타당한 일이었다. 베이조스와 웹에서 변혁을 꿈꾸는 다른 청년들은 낡은 질서를 뒤엎고 전자 혁명을 일으켜 불가능한 수준으로 부자가 되었다.

알고 보니 '불가능'이 가장 중요한 단어였다. 그때 이후로 업계의 행복(과 시가 총액)은 산산조각 났고, 가장 두각을 나타내던 회사들 일부는 극심한 곤경에 처해 있다. 실리콘밸리에서 가장 밝게 빛나던 많은 기업이 그렇게 갑자기 그 빛을 다 잃으리라고 상상한 사람은 거의 한 명도 없었다.

타임워너 내부의 많은 올드 미디어 계열은 웹의 비틀거림에 기뻐했고, 사람들이 디지털 사랑을 끝내고 예전과 같은 정상적인 방식으로 돌아올 거라며 설레발을 쳤다. 그러나 더 이상 정상적인 방식이란 없었다. 심지어 이 반反디지털적인 시기에도 나는 지난 세기말에 폭발적으로 등장한 기술 혁신의 본질적인 아이디어와 약속을 여전히 믿고 있었다. 나는 처칠의 명언을 온전히 신뢰했고, 이 폭락을 '시작의 끝'이라 불렀다. 무엇보다 중요한 건 이 실패의 잿더미 속에서 정말로 중요한 다음 시대의 기업들이 등장하리라는 사실이었다. AOL과 타임워너의 거래는 실로 인터넷 산업이 루비콘강을 건넌 것과 같았다. 제지할 필요가 있었던 어리석은 붐을 멈춤과 동시에 인터넷 산업의 초기 형태를 거칠게 밀어붙여 다음 단계인 성숙기로 이끈 사건이 되었던 것이다.

나는 사람들과 달리 테크업계의 죽음을 선고할 생각이 없었다. 믿음을 지키고 싶었다. 코즈모라는 즉시 배송 서비스가 형편없었다 해도 뭐 어떤가? 누군가는 결국 방법을 생각해낼 것이다. 음악, 영화, 책, 기타 콘텐츠는 여전히 집요하게 디지털화될 것이다. 그리고 언젠가 소비자들로 하여금 언제 어디서나 정보를 수집하게 해줄 기술과 미디어의 결합은 비록 타임워너의 무능한 리더들에 의해 지연됐다 하더라도 여전히 불가피한 것이었다. 다 끝났다고? 어림없다. 내가 이 기업들의 세계에 뛰어들어 여기서 살아남길 바란 것은 옳은 결정이었다.

살아오면서 내가 겪은 변화는 모두 약간의 투덜거림과 함께 시작되었다. 나는 이미 월트에게, 칼럼이라는 게 쓸데없는 짓 같다는 식의 불평을 늘어놓고 있었다. 유력지에 칼럼을 쓰는 건 많은 저널리스트의 목표지만 내게는 별로 기대할 게 없음에도 써야만 하는 의무가 감옥 같았다. 반성문 같은 내 주간 칼럼이 기이하게 느껴졌다. 고쳐달라고 잔소리해대고 그 결과가 의미 있는 변화라고도 볼 수 없는 에디터들에 대한 부담도 덜고 싶었다. 나는 소소하게 폭발하며 쏟아낼 수 있는 일일 연재 지면을 원했다.

나는 신중한 취재, 그동안 구축한 정보원 네트워크와 습득해온 전문 지식을 바탕으로 내가 아는 내용을 쓰고 싶었다. 나는 그것을 '기사화된 분석'이라고 부르기 시작했다. 미디어 환경을 어지럽히는 멋모르는 전문가들의 의견과 내 의견을 구분하기 위해서였다. '기사화된 분석'을 쓰기 위해 『월스트리트저널』이 나를 괴롭혀온 '확실하게 하기' 관행으로부터 벗어나야 했다. 에디터들은 기록을 바탕으로 쓸 수 있는 내용도 다른 사람의 말을 인용해 보도하도록 요구했다. 게다가 늘 '확실하게'로 시작하는 문장을 추가해주길 원했다. 조사와 수치 분석에 따라 일부 스타트업 덕분에 폰지 사기*가 유명해졌다고 설명할 때도 "확실하게 하자면, 모든 사람이 그렇게 부정적이지는 않기 때문에 명백하게 불타는 쓰레기라고 할 수는 없다"라고 얼버무려야 했다. 나는 그것이 불타는 쓰레기 더미라고 확신하고 있었는데도 말이다.

나는 수익 보고서 작성과 같은 모든 기계적인 보고서 작업도 무서워지기 시작했다. 왜 그 일을 컴퓨터가 할 수 없는지(고맙게도 AI 덕분에 나중에는 그렇게 되었다), 왜 인간은 독자들이 어제까지 모르고 있던 이야기를 작성하는 데 집중하면 안 되는 건지 궁금했다. 나는 신문을 펼치고 아침까지 아직 널리 알려지지 않은 뉴스들에 동그라미를 치기 시작했다. 『월스트리트저널』이 일반적으로 잘하는 긴 특집 기사들과 탐사 보도를 제외하고, 동그라미 수는 점점 줄어들었다.

『월스트리트저널』은 토요판 인쇄 등 지속적으로 디지털을 경시하는 태도를 보여왔다. 선의의 에디터들도 어떻게 하면 '젊은' 독자들이 신문을 읽게 할 수 있을지에 대해 자주 논의했다. 나는 그런 회의에서 계속 짜증을 부렸다. 할 수만 있다면 인쇄기를 버리고 완전히 디지털화하고 싶다고 생각했다. 그러나 우리 독자들은 연령대가 높고 백인이 많았으며 일반적인 크기의 신문을 좋아하는 경향이 있었다. 나는 그런 크기의 신문이 싫었고 펼치지도 않은 채 거실에 수북이 쌓아두고는 가능한 한 온라인으로 정보를 소

---

*　신규 투자를 받아 기존 투자자들에게 수익이 난 것처럼 배당해주는 사기 수법.

비했다. 요컨대 나는 내가 훌륭한 리포터이자 썩 훌륭하지 않은 직원이며 앞으로도 쭉 그러리라는 걸 깨달았고, 내 일과 운명을 직접 통제하고 싶다는 분명한 결론에 다다랐다. 나는 무엇에 초점을 맞출지 직접 결정하고, 구세계에 이해관계가 있는 이들로부터 흘러넘치는 나쁜 아이디어를 울며 겨자 먹기로 따라가거나 그것을 막아내는 데 시간을 보내지 않기를 원했다. 내가 가장 열망하는 것은 단 하나로 요약됐다. 바로 '거절하는 능력'이었다.

또 나는 당시 구글의 고위 임원이었던 아내 메건 스미스를 어떻게 공개할 것인지 하는 문제를 해결해야 했다. 이 문제 때문에 "가정 경제"라는 제목으로 진공청소기와 디지털 변기 같은 온갖 종류의 가전제품에 대한 글을 쓰기 시작했다. 내가 직접 수리하는 걸 좋아하고 철물점이 익숙한 장소라는 건 맞지만 그렇긴 해도 그 칼럼들은 다음 행로를 떠올리기 위해 거쳐가는 정거장일 뿐이었다. 메건과 나는 서로의 일에 대해서는 정교한 벽을 쳐두었기 때문에 더 이상 찝찝하게 두지 않고 명쾌하게 공개하고 싶었다. 독자들의 질문이나 우려가 있다면 말할 기회를 주고 싶기도 했다. 『월스트리트저널』은 여전히 독자들과의 일방적인 소통에 사로잡혀 있었는데, 나는 그런 소통이 오래전에 끝났다고 생각했다. 소비자는 여러 측면에서 콘텐츠에 대한 통제권이 있었고 그것을 돌려줄 의향은 없었다.

그래서 나는 월트에게 전화해 뭔가 신선하고 새로운 일을 시작해야 한다고 말했다. "언제 시작하겠나?" 그가 물었다. 이런 점들 때문에 나는 월트가 좋다. 다만 이런 그의 열정이 내게 어떤 의미가 있는지에 대해서는 좀더 설명이 필요하다. 그는 가족력인 혈관 문제로 심장 절개 수술을 받은 지 얼마 안 된 상태였다. 그의 아버지는 50세에 심장마비를 일으켰고 월트는 51세 때 심장마비가 왔다. 그가 '언제라도 쓰러질 수 있다'는 사실은 우리 두 사람이 한 가지만큼은 분명하게 알고 있다는 걸 보여주었다. 우리에게는 기다릴 시간이 없다는 것. 사실 누구에게도 그런 시간은 없다.

그래서 틀을 깨고 나가야만 했다(나중에 보니 새로운 틀로 들어간 것이었지만). 당시의 디지털 콘텐츠 제작 환경은 기껏해야 블로그 수준이었고, 구글과 야후의 링크 외에 다른 실질적인 배포 방법도 없었다. 광고 매출과 손쉬운 구독 비즈니스 구축은 더 나중의 문제다. 게다가 디지털 전용 콘텐츠 회사를 위한 자금을 조달하자는 아이디어는 상당한 경기 침체가 지속되는 동안에는 어려워 보였다. 우리는 취재했던 벤처 캐피털에 자금을 부탁해야 하는 처지가 달갑지 않았다. 상황이 어려워지면 대부분의 벤처 캐피털이 저널리즘의 신성함 따위는 존중하지 않을 거라는 우려도 있었다. 그리고 상황은 늘 어려워진다.

월트는 당시 가장 유명한 테크 저널리스트로 부상해 있었다. 그와 그의 플랫폼은 여전히 강력하게 결합되어 있었다. 우리가 이것저것 시도해보는 동안, 최우선이자 최선의 방법은 월트의 큰 영향력을 이용해 새 벤처 사업을 내부 '스컹크워크스Skunkworks'로 시작할 수 있도록 『월스트리트저널』 리더들에게 압력을 넣는 일이라는 걸 깨달았다.

스컹크워크스라는 용어는 테크업계에서 유래한 것으로, 모선母船

에서 몰래 떨어져 나와 더 작고 빠르게 움직이는 해적선을 만드는 혁신가들의 긴밀한 조직을 뜻한다. 우리 희망은 뉴스 전달을 혁신하고 라이브 이벤트를 주최할 의향이 있는 자기주장 강한 불평분자들을 모아 정예 팀을 만드는 것이었다. 우리는 언론사에 간섭하길 좋아하는 사람들의 관여는 없고 고집과 개성은 있는 디지털 전용 언론을 만들고 싶었다. 우리의 주된 우려는, 인터넷 투자자들이라면 약간의 돈을 잃는 데 더 관대하겠지만 『월스트리트저널』처럼 확실히 수익이 나는 회사는 그렇지 않다는 점이었다.

월트와 나는 계속해서 계획을 세웠지만 곧 그 계획을 뒤집어 행사부터 시작하기로 결정했다. 행사는 호텔 이벤트 홀 보증금과 롤로덱스 명함 정리기만 있으면 되므로 이벤트 사업에서 돈을 버는 게 더 쉬워 보였다. 게다가 행사는 우리가 믿고 있는 불굴의 사실, 말하자면 '테크 전문가들은 모여서 거드름 피우기를 좋아한다'는 사실로부터 이익을 얻을 수 있었다. 그리고 우리는 『월스트리트저널』이 주최하는 것을 포함해 경쟁사들이 하고 있는 행사가 싫었다. 그런 행사들은 테크 팬들의 모임(공모) 아니면 스폰서 중심 홍보(갈등이 있다)처럼 느껴졌다. 그중에서도 최악은 이런 콘퍼런스들이 지루하다는 점이었다. 이 무대들은 파괴될 필요가 있었다. 월트와 나는 우리가 무엇을 하는지 실시간으로 지켜볼 수 있고 저널리스트들이 스스로 인정하는 것 이상으로 좋아하는 경향이 있는 미스터리를 벗겨낼 수 있는 '라이브 저널리즘' 개념으로 접근했다. 라이브로 하면 얻을 수 있는 또 다른 장점은 디지털에 의해 쉽사리 방해받지 않으리라는 점이었다.

우리는 다우존스 제국을 둘러보고 그곳의 실세들과 상의한 후, 팔 수 있는 신제품을 갖고 싶어하는 광고 직원을 빼고는 대부분 열외시켰다. 도급업자로는 우리의 귀중한 프로듀서 리아 로렌자노-케네트를 고용했다. 그녀는 '어젠다'라는 당시 가장 중요한 테크 행사를 운영하고 있었다. 그런 다음에는 질 펜더개스트와 멕 번스를 포함해 그녀와 함께 일했던 사람들을 데려왔는데, 이 둘은 우리와 20년간 함께했다. 운 좋게도 스타이거가 이 아이디어를 맘에 들어해 편집 면에서 우리를 보호해줬다. 우리 계획은 2002년 론칭이었는데, 경제 상황이 여전히 좋지 않아서 『월스트리트저널』이 신중을 기해 5월 말로 론칭을 연기했다.

이의를 제기할 수도 있었지만, 내가 임신 중이었고 5월 15일이 출산 예정일이었기 때문에 그 타이밍은 내게도 좋았다. 루이는 정확히 예정일에 나왔고, 핑크의 「파티를 시작해」라는 노래가 루이의 주제가가 되었다. 예상치 못한 제왕절개로 몇 주간 꼼짝할 수 없었기 때문에, 나는 그 경쾌한 노래를 계속 틀어놓고 침대 위에서 모유 수유를 하는 동시에 저널리즘 테크 세상을 완전히 장악할 계획을 세웠다. 나중에 월트와 내가 TED(기술Technology, 엔터테인먼트Entertainment, 디자인Design의 머리글자) 콘퍼런스 크리에이터 리처드 솔 워먼을 만나 조언을 구하려고 로드아일랜드로 운전해갈 때는 카시트에 루이를 앉혔다. TED는 우리가 참석해본 행사 중에서 가장 창의적이고, 재미있고, 계시적이어서 우리의 시금석이었다. 리처드는 우리 계획을 듣고는 이 벤처 사업에 이름이 있는지 물었다. 월트와 나는 몇 개 툭툭 내뱉었지만 마음에 드는 이름을 건지지는 못했다. 다행히 리처드가 이 문제를 해결해줬다. "그냥 'D'라고 하죠." 루이가 근처에서 노는 동안 그가 딱 잘라 말했다. "D는 당신들이 원하는 건 뭐든 의미해요. 유쾌하다Delightful, 도전적이다Demanding, 파괴적이다Disruptive."

우리는 마지막이 굉장히 마음에 들어서 'D: 올싱스디지털D: All Things Digital'로 정했고, 콘퍼런스도 같은 이름으로 부르기로 했다. 지금은 명백하게 보이지만, 당시에 그 아이디어는 그렇지 않았다. 『뉴욕타임스』(나중에 우리 것을 모방한 행사를 만든다) 같은 매체들은 행사에 연사를 초청한 다음 그 비용을 청중에게 청구하는 것은 잘못되었다는 기사를 통해 우리 행사를 비판했다. 내 생각에는 그게 정확히 신문이 해온 일이다. '우리 신문을 위해 인터뷰 좀 해주세요. 그런 다음 비용은 독자들에게 청구할게요.'

또한 우리는 저널리즘의 진정성을 보호하기 위해 엄격한 규칙을 설정했다. 어느 연사에게도 대가를 지불하거나 출장비를 지불하지 않기로 했고, 사전에 질문을 공유하거나 사정을 봐주지 않기로 했으며, 스폰서를 화나게 한 것에 대해 사과하거나 그들의 이익을 위해 무대에서 그 무엇도 구매하지 않기로 했다. 우리 무대에서는 우리 자신을 포함해 누구도 숨을 수 없었다. 그 결과 ATD 콘퍼런스(나중에 코드Code로 이름을 바꾸었다)는 금세 테크업계 리더로서의 패기를 증명하는 자리가 되었다.

우리 자신에 대한 보상을 포함해 비즈니스적 노력에 대한 보상이 본질적으로 변화하고 있다는 것도 많이 생각했다. 하지만 『월스트리트저널』 관리자들의 마음을 움직일 수는 없었다. 그들은 내심 모든 리포터가 대체 가능하다고 여겼기 때문이다. 우리의 첫 번째 콘퍼런스는 100만 달러의 수익을 손쉽게 거두었다. 우리 머리에서 직접 튀어나온 것이고 우리 계획이었지만 『월스트리트저널』 경영진은 그 성과를 거의 인정하지 않았다. 발행인은 내게 그것이 내 일의 일부라고 말했다. 그리고 당시 회사의 미미한 이익을 고려하면 예산에 제약이 있으므로 우리의 막대한 기여에 근거해 연봉을 올리는 것은 불가능할 거라고 말했다.

당연히 행사 주최는 내 일의 일부가 아니었다. 나는 월트에게 전화해 물었다. "최소한 꽃다발 정도는 받으셨나요?" 꽃은 없었다. 따라서 우리는 『월스트리트저널』이 이익을 나눠주기 전까지 다시는 행사를 기획하거나 주최하지 않기로 했다. 마침내 다시 행사를 하게 된 것은 ATD 3년차 때였다. 『월스트리트저널』은 월트와 나, 다우존스에게 수익의 3분의 1을 배분하는 데 동의했다. 돌이켜보면 내 연봉을 인상해주는 편이 국내 최고의 비즈니스 저널에게는 훨씬 더 저렴한 조치였을 것이다.

놀랍게도 회사는 더 많은 혁신을 장려하기보다는 다른 직원들의 질투에 더 신경을 썼다. 그들은 우리가 스스로 벌어들인 돈을 가져가는 것에 계속 불평을 해댔다. 행사 후 설문조사에서 연사들과 청중은 브랜드가 아닌 우리를 보고 왔다고 일관되게 답변했고, 브랜드는 모든 설문 조사에서 거의 최하위를 기록했다. 월트와 나는 이미 직관적으로 이것을 알고 있었고, 이로 인해 누가 화났는지는 신경 쓰지 않았다. 처음엔 저항하다가 나중에는 성공의 공로를 가로챈 일부 경영진을 우리는 '족제비'라고 불렀다. 심지어 어떤 사람은 자신을 'D의 아버지'라고 부르기도 했는데, 이것은 우리에게 끝없는 조롱거리가 되었다. 그는 사업에서 제외된 후 아버지는커녕 먼 사촌뻘도 되지 않았기 때문이다.

테크 산업과 함께 이것 또한 우리에게 시작의 끝이었다. 고등학생 시절 나는 딱히 과학을 좋아하지 않았지만, 생물 선생님은 한때 내게 단순한 규칙 하나를 이해시키려고 했다. '모든 것은 언제나 다른 무언가가 되어가는 과정에 있다!' 우리도 그랬다. 규칙적으로 저널리즘을 뒤흔들겠다는 목표를 꾸준히 유지했다. 우리 두 사람은 색다른 사고를 요구하는 혁신의 벌레에게 물린 상태였다.

이런 이유로 2003년 창립 콘퍼런스 무대에 오른 첫 번째 게스트 중 한 명이 애플 창업자 스티브 잡스였던 게 이해가 된다. 늘 똑같은 질문을 받는 데 싫증난 잡스는 곧 유명해질 우리의 빨간 의자에서 사람들과 어울릴 기회를 기꺼이 받아들였다. 그 빨간 의자는 2004년 두 번째 D 행사에 처음 등장했다. 그는 언제나 받은 만큼 되돌려주는 사람이었다. 가끔 일부러 혼란스럽게 만들고 심지어 거짓말을 하기도 했다(예를 들어 휴대전화를 개발하고 있을 때 그 사실을 부인했다). 그러나 잡스는 매력적인 사람이었고, 열기와 도전을 즐기며 해마다 돌아왔다. 2007년 그는 자신의 오랜 숙적 빌 게이츠와의 역사적인 합동 인터뷰를 위해 우리 무대에 올랐다. 테크업계의 두 위대한 선구자의 이 특별한 만남은 그들의 깊은 경쟁심과 지속적인 존경심을 보여주었다. 몇 세기에 한 번 있을까 말까 한 광경이었다.

그리고 그런 일은 거의 일어나지 않았다.

7장
신의 경지

지난 33년 동안 나는
매일 아침 거울을 보며 이렇게 자문했습니다.
"오늘이 내 인생의 마지막 날이라면, 오늘 하려는 일을
하고 싶었을까?" 그리고 그 대답이 오랫동안 연속으로
'아니다'로 유지되면 뭔가 변화시킬 필요가
있음을 알았습니다.

_스타브 잡스, 2005년 스탠퍼드대학 졸업식 연설

스티브 잡스에 대해 알아야 할 게 두 가지 있다. 첫째, 그는 인생이 유한하다는 사실을 항상 절실하게 느꼈다. 둘째, 그는 빌 게이츠를 열 받게 할 기회를 절대 거부할 수 없었다.

나는 그의 이 두 가지 면을 모두 좋아했다. 말하자면 그건 2007년 ATD 콘퍼런스에서 내가 무대 뒤에 설 때까지였다. 잡스는 무대 위에서 월트 모스버그와 단독 인터뷰를 하고 있었는데, 갑자기 그가 자신의 전매특허인 능글맞은 미소를 띠었다. '이런! 무슨 일이 일어나겠구나' 싶었다.

월트는 어떻게 잡스가 10년 전 파산 위기에서 (마이크로소프트의 빌 게이츠로부터 중대한 재정적 도움을 받아) 애플을 구했는지 파고들었다. 위기를 극복한 후 애플은 시애틀의 소프트웨어 대기업들 가운데 가장 중요한 창작자 중 하나가 되었고, 이로 인해 다음과 같은 대화가 촉발되었다.

월트: 그렇게 보면 당신 회사가 거대한 윈도우 소프트웨어 개발 업체가 되는군요.

스티브: 그렇죠.

월트: 기분이 어떤가요?

스티브: 많은 사람으로부터 윈도우에서 가장 좋아하는 앱은 아이튠스라는 카드와 편지를 받았습니다. 그건 마치 지옥에 있는 누군가에게 얼음물 한 잔을 주는 것과 같죠.

지옥에 있는, 얼음, 물. 이 단어들이 그의 입에서 나오는 순간 한 가지 생각이 들었다. '스티브 잡스가 방금 우리를 엿 먹였구나.'

"그, 그, 스티브 잡스식의 겸손이군요." 월트가 약간 괴로운 표정으로 말했다. 나는 월트의 머릿속에서 무슨 일이 일어나고 있는지 정확히 알았다. 몇 달 전부터 우리는 테크업계에서 가장 상징적인 두 인물, 잡스와 게이츠에게 같은 무대에 오르도록 설득해 일생일대의 인터뷰를 준비해왔다. 그리고 오늘이 그날이다. 이제 그 역사적인 행사를 불과 몇 시간 앞두고 있는데, 잡스의 태도는 영 좋아 보이지 않는다. 놀랍게도 마케팅 행사를 제외하고 잡스와 게이츠는 한자리에 앉아 현대 디지털 환경을 정의한 대단히 복잡하고 경쟁적인 그들의 관계에 대해 차근차근 이야기해본 적이 없다. 두 사람이 소비자들에게 디지털 세상을 소개하는 데 서로 다른 길을 택한 만큼, 그들과 세상의 싸움, 그들 상호 간의 싸움은 보나 마나 테크 이야기였다.

월트는 그 선구자들을 공동 인터뷰 자리에 앉히기 위해 세심하게 사전 준비를 했는데 결코 만만찮은 일이었다. 잡스와 게이츠는 서로에 대해 오랜 반감을 품고 있었다. 게이츠는 잡스가 접근 방식에 있어 비싸게 군다고 생각했고, 잡스는 게이츠가 제품의 우수성을 거의 존중하지 않는다고 생각했다. 하지만 두 사람은 서로를 존경하고 있기도 했다. 게이츠는 마이크로소프트를 거대 기업으로 성장시켰고, 잡스는 이것을 진심으로 부러워했다. 그리고 게이츠는 예술과 과학, 창의성과 실용성, 아름다움과 디자인을 융합해 신의 경지에 오른 잡스의 지위에 결코 도달하지 못했다. 잡스는 실리콘밸리에서 쿨 가이로 통하는 반면, 게이츠는 괴짜 중의 괴짜로 통했다. 한 목격자가 말하길, 만약 두 사람이 같은 날 죽는다면 게이츠의 부고 기사는 '세계에서 가장 부유한 남자'로 시작되겠지만, 잡스의 부고 기사는 '테크업계의 가장 위대한 선지자'로 시작될 거라 했다. 한마디로 게이츠는 세상에서 가장 부유한 나쁜 아이가 되는 데 일생을 바친 데 비해 잡스는 품격 있는 착한 아이라는 소리다.

그렇기에 게이츠는 기회를 잡으려 할 것인 반면, 잡스는 비싸게 굴 것이었다. 이를 아는 월트는 잡스에게 먼저 접근했다. 월트는 평소 다른 어떤 저널리스트보다 두 사람과의 관계를 깊게 발전시켰고, 특히 월트가 본질적으로 그들이 출시하는 제품의 질이나 신뢰도 면에서 중요한 결정권자가 된 후 관계는 더 깊어졌다. 일단 잡스가 먼저 인터뷰에 응하자 게이츠도 재빨리 뒤따랐다. ATD는 보통 보도자료를 배포하지 않았는데, 그 두 사람이 확정되자 보도자료를 배포했다. 일단 행사 소식이 공개되면 어느 쪽이든 출연 결정을 철회하기 더 어려워질 거라고 판단했기 때문이다.

공동 출연 직전에 우리는 그들에게 개별 단독 인터뷰 시간도 제공했다. 2000년에 마이크로소프트의 CEO가 된 스티브 발머가 마이크로소프트의 자리를 차지했다. 잡스는 신제품과 사업 세부 사항에 대해 이야기할 수 있는 유일한 사람이었기 때문에 그가 애플 인터뷰 세션을 이끌었다. 이런 기본 인터뷰들이 있기 때문에 공동 인터뷰에서는 더 원대하고 미래 지향적인 질문들에 집중할 수 있을 것이었다. 우리 소망은 잘 알려져 있던 두 사람의 피 튀기는 말다툼을 피하는 것이었다. 우리는 마이크로소프트의 프랭크 쇼와 애플의 케이티 코튼에게 거창한 생각과 아이디어는 환영하지만 도발만은 하지 말아달라고 했다. 두 사람은 이 거대 기업들을 통제하는 골치 아픈 일을 맡은 커뮤니케이션 전문가들이었다.

그러나 지금 단독 인터뷰 세션에서 마이크로소프트를 '지옥'이라 칭한 잡스는 기본적으로 공동 인터뷰를 진행하는 게이츠를 사탄이라고 부른 셈이었다. 이 빈정거림은 즉시 게이츠의 귀에 들어갔고, 그는 동요된 상태에서 슬그머니 대기실로 들어갔다. 잡스는 다시 한번 공개적으로 그를 헐뜯었고, 게이츠는 이를 조금도 탐탁하게 여기지 않았다.

월트가 일대일 인터뷰를 마무리한 후 잡스는 '안녕, 어쩐 일이야?' 하는 태도로 능구렁이 같은 미소를 지으며 대기실에 들어갔다. 월트와 나는 다가오는 공동 인터뷰 세션을 어떻게 진행할지 점검하고자 우리 여섯 명을 위한 짧은 회의를 계획해두었다. 인터뷰 중에 나올 가능성이 있는 질문들은 표시해두지 않았는데, 그 두 사람을 포함해 어느 연사를 위해서도 그렇게는 하지 않았다. 진행 형식에 대해 논의하는 동안 잡스는 밉살스러울 정도로 쾌활

했던 반면 게이츠는 '예'와 '아니오'로만 무뚝뚝하게 대답했다. 월트, 케이티, 프랭크, 나는 이게 처참한 인터뷰가 될까봐 걱정스러운 눈빛을 주고받았다. 우리는 인내심을 가지고 게이츠에게 몇 가지 사소한 세부 사항에 대해 질문했다. 갑자기 그가 불쑥 말했다. "내가 그걸 어떻게 압니까? 내가 운영하는 건 지옥인데."

결로가 생긴 아주 차가운 물병을 들고 있던 잡스를 제외한 우리 모두는 모두 얼어붙었다. 잡스는 물병을 든 손을 게이츠에게 뻗었다. "내가 도와줄게요." 잡스가 장난스레 말했다. 그리고 그것이 고맙게도 잡스 자신이 만들어놓은 아주 냉랭한 분위기를 깨뜨려주었다.

내가 두 사람에게 합동 사진을 찍자고 요청하면서 무대 뒤 회의는 끝났다. 그해 콘퍼런스는 코닥의 후원을 일부 받았는데 새로운 기술을 이용해 고해상도로 각 연사를 포착했다. 약간 빼는가 싶더니 게이츠는 결국 잡스와 함께 포즈를 취하는 데 동의했다. "이건 역사를 위한 거예요." 내가 두 사람에게 말했다. 명치 위쪽만 나오게 찍은 두 사람의 사진은 정말로 상징적이다. 헝클어진 머리의 게이츠는 금속 테 안경을 쓰고 버튼다운 셔츠를 입은 채 왼쪽에 서 있다. 몇 인치 더 큰 잡스는 다듬어진 머리에 금속 테 안경을 쓰고 검정 터틀넥 상의를 입은 채 오른쪽에 서 있다. 게이츠는 치아를 드러내고 미소 지은 반면 잡스의 입술은 다물어진 채 예의 그 능글맞은 미소를 띠고 있다.

몇 분 뒤 두 사람이 콘퍼런스 무대에 올랐고 청중은 기립 박수를 치기 시작했다. 잡스와 게이츠 모두 놀라는 반응을 했고 심지어 감정적으로 되었다. 두 사람 다 자신들이 앞으로 얼마나 긴밀한 사이가 될지 깊이 생각해보지 않았을 것이다. 하지만 잡스가 비꼬는 언행을 멈추지 못했기 때문에 아직은 그런 사이가 아니다. 인터뷰 초반에 나는 가벼운 질문을 던졌다. "두 사람의 관계에 대한 가장 큰 오해는 뭔가요?" 무표정한 잡스의 입가에 능글거리는 미소가 다시 떠올랐다. "우리는 지난 10년간 우리의 결혼을 비밀로 해왔습니다." 그 말을 듣는 순간 게이츠는 불편해 보였다. '우리 게이예요' 같은 성적인 의미가 두드러지게 함의된 이 농담을 유연하게 받아치며 쿨하게 보일 것인가, 아니면 쿨하지 않게 가만히 있을 것인가 사이에서 고민하는 듯했다. 하지만 청중은 즐거워하며 좋아했다. 그들과 잡스는 함께 웃었고 게이츠는 웃지 않았다.

게이츠는 나중에 약간의 상냥함을 보였다. 늘 진솔하게 서로 마음을 열지 못하고 있었음에도 불구하고 게이츠는 잡스에게 손짓하며 이렇게 말했다. "함께 일해서 즐거웠습니다. 더 이상 함께하지 않는 사람들이 조금은 그립네요. 이 업계에서는 사람들이 쉽게 왔다 가죠. 누군가가 함께 머물면서 성공한 것과 실패한 것들, 이 모든 것에 대한 전후 맥락을 알고 있다는 건 좋은 일이에요." 게이츠는 사업에 있어 언제나 과도하게 공격적이었고 마이크로소프트를 밀어붙이는 방식은 마땅히 규제 당국의 조사를 받아야 했지만, 그가 가장 오랫동안 지녀온 특징 중 하나는 배움에 대한 깊은 애정이었다. 이 존경스러운 특성은 게이츠 인생의 새로운 장을 정의하게 되었고, 게이츠 재단을 통해 보건 및 기후변화와 관련된 자연 활동에 헌신하도록 했다. 내가 마이크로소프트의 지루한 인터넷 중심 사업을 취재하는 내내 게이츠와 나는 껄끄러운 관계였지만, 그는 2008년 회사에서 물러난 후 자기 말을 많이 하기보다는 남의 말을 들어주는 사람이 되었다. 자신이 참여하고 영향을 미칠 수 있는 훨씬 더 장기적인 게임을 이해하게 된 것이다.

잡스는 인생이 매우 짧고 영원은 아주 길다는 생각을 늘 갖고 있었다. 그리고 이제는 과거 암으로 인한 공포로부터 놀랄 만큼 회복되었음에도 불구하고 죽음에 대해 어느 때보다 더 많은 생각을 하고 있었다. 그는 게이츠를 똑바로 보며 그들의 오랜 과거를 찬찬히 되짚었다. "초창기에 빌과 내가 처음 만나 함께 일했을 때는 대체로 어디서나 우리가 가장 어린 사람이었어요." 잡스가 말했다. "내가 6개월 정도 일찍 태어났지만 거의 같은 나이죠. 각자자기 회사에서 일하고 있는 지금은, 당신은 어떤지 모르겠지만, 나는 대체로 거기서 나이가 가장 많은 사람이에요. 그래서 난 지금 여기 있는 게 좋습니다."

그때 잡스는 자신보다 여덟 살 많고 이미 백발인 월트를 바라봤다. 청중이 웃었고 잡스도 따라 웃었다. 언제나 쾌활한 월트가 대답했다. "도움이 되어 기쁘군요." 잡스는 게이츠와의 관계에 대해 이야기를 계속했다.

그러더니 그는 유명한 '한 가지 더'를 시전했다. "나는 인생에서 일어나는 대부분의 일을 밥 딜런이나 비틀스의 노래처럼 생각합니다." 그렇게 말하는 잡스의 모습은 아마 내가 지금까지 본 것 중 가장 서글픈 모습이었던 것 같다. "비틀스의 노래에 이런 가사가 있죠. '당신과 나에게는 앞에 펼쳐진 길보다 더 긴 추억이 있어요.'" 탁월한 연출가인 그는 딱 적절한 만큼 말을 멈추었다가 이렇게 덧붙였다. "그 가사는 이 자리에서 딱 맞는 말이죠." 그는 게이츠에게 살짝 손을 흔들었다. 청중은 "아아아" 하는 소리를 내더니 박수를 치기 시작했다. 게이츠는 우리 모두를 똑바로 보지 못하고 이리저리 눈을 피했다. 월트와 나는 인터뷰가 (완벽하게) 끝났다는 신호를 주기 위해 일어섰다. 게이츠와 잡스는 악수를 한 뒤 함께 자리에서 일어섰다.

ATD 청중이 다시 일어섰을 때, 그곳에 있던 우리 중 누구도 5년도 채 안 되어 잡스가 세상을 떠날 거라는 사실을 알지 못했다. 그의 죽음은 우리의 가슴을 울렸고, 여전히 그 울림이 느껴지며, 나는 그의 죽음을 가볍게 말하지 않는다. 잡스는 천사가 아니었고 그의 개인적인 삶과 사업가로서의 삶은 결점 많은 인간의 예시로 가득 차 있었다. 이전에 그를 취재했던 이들과 나보다 더 자세하게 취재했던 이들은 잡스가 회사와 자기 자신에게 쳐놓은 이것을 '현실왜곡장'이라 불렀다. 그래도 여전히 그는 제품을 만드는 데 있어서 한결같은 우수함, 그의 회사가 만드는 제품이 가져올 수 있는 부정적인 결과에 대한 선견지명, 디자인을 기술과 동등하게 여기는 태도, 약속과 문제 측면에서 미래를 구상하는 중요한 능력을 보여주었다. 특히 인터넷 거물들이 시간이 지나면서 옹졸하고 부패한 행보로 자신들이 늘 미흡하다는 것을 보여준 만큼, 잡스는 많은 찬사를 받을 자격이 있었다.

많은 저널리스트와 다르게 나는 잡스의 팬이 아니었다. 우리는 종종 여러 일로 언쟁했고 격렬한 의견 충돌을 겪었다. 한번은 그가 2010년 샌프란시스코의 한 행사에서 애플의 소셜 네트워크 '핑'을 선보인 후 내게 왔다. 그는 무대에서 그 네트워크를 "페이스북과 트위터가 아이튠스를 만난 격"이라고 설명했다. 이 혼란스러운 론칭은 콜드플레이의 크리스 마틴이 몰락한 왕의 애석함을 담은 「비바 라 비다」를 포함한 세 곡의 노래로 마무리되었다. 이후 데모 공간에서 잡스가 핑에 대해 어떻게 생각하느냐고 물었다. "형편없어요. 실패할 거예요. 그리고 무엇보다 크리스 마틴 때문에 귀가 아파요." 내가 대답했고 그는 얼굴을 찡그렸다. 마틴은 그의 친구였다. 하지만 몇 마디 주고받은 후 잡스는 "당신 말이 맞을지도요" 하고 말했다. 그는 애플이 소셜 영역을 선도하는 게 아니라 쫓아가고 있음을 인정했다. 그가 페이스북과 마이스페이스를 싫어하는 만큼이나 싫어하는 사실이었다.

권력의 자리에 있는 이들 중 잡스처럼 사소한 실수라도 그렇게 선뜻 인정하는 인물은 거의 없다고 말할 수 있다. 어쩌면 그가 인정해야 할 만한 실수를 그렇게 많이 하지 않았다는 점이 도움이 되었을지도 모른다. 그의 경력에는 실패작이 드물고, 거의 결점 없는 정확한 제품 선택 기록을 가지고 있었다. 2003년부터 그가 세상을 떠난 2011년까지 월트와 내가 진행한 여섯 번의 공개 인터뷰에서 그는 이러한 발명품 다수를 홍보했고, 종종 소비자들의 손에 들어가기 훨씬 전부터 홍보하곤 했다. 핑은 범주에서 벗어나는 것이었다. 대부분의 애플 제품은 잘 만들어지고, 세심하게 디자인되었으며, 훌륭하게 작동했다. 어떤 테크 혁신가들은 제품에 초점을 맞추고, 또 다른 혁신가들은 소비자에게 초점을 맞춘

다. 예를 들어 제프 베이조스는 놀라운 소비자 감수성으로 아마존에 접근했다. 그는 소비자를 위해 뭐든 하려 했고, 이는 지나칠 정도였다. 반면 잡스는 제품 중심 문화에 더 가깝게 애플을 밀고 나갔다.

다른 회사들은 소비자든 제품이든 어느 쪽도 신경 쓰지 않는 듯했다. 사람들이 시시한 제품에 안주하는 건 짜증나는 일이다. 페이스북이 머릿속에 떠오른다. 이들 회사는 스스로를 공익 사업으로 보는 경향이 있다. 우리는 모두 전기가 필요하고, 전기는 아름답거나 재미있을 필요가 없다. 그렇기 때문에 전력 회사는 아름다운 도시 전체에 흉측한 전선을 늘어뜨리고 경관을 망칠 수 있는 것이다. 거의 언제나 기술과 아이디어를 모두 담고 있는 애플 제품을 나는 진심으로 인정하고 좋아한다. 잡스가 내세운 모든 아이디어 중에서 휴대성과 무선은 가장 중요한 가치를 지녔다.

1998년 나는 기술 혁명의 다음 움직임에 대한 계시를 받았다. "얼마 전 화창한 어느 평일에 나는 구리로 된 탯줄을 잘라냈다." 『월스트리트저널』에 나는 이렇게 썼다. "유선 전화 계정을 해지하고, 집 전화 서비스를 영영 중단했으며, 오랫동안 각 방 테이블 위에 놓여 있던 전화기를 꼭꼭 처박아둔 제빵기만큼 쓸모없는 것으로 만들었다. 나는 나를 묶고 있던 전선으로부터 자유로워지려는 일생의 시도에서 마지막 단계를 밟았다. 말 그대로 내 운명을 하늘에 맡기고 무선의 삶을 살기로 결심한 것이다. 완전한 무선 말이다. 모든 것을 언제 어디서든 무선으로." 연결해야 할 프로그램과 서비스 생태계를 탐색할 준비가 덜 된 일련의 모바일 기기를 조작해야 했으므로 물론 말처럼 쉽지는 않았다. 또한 애플은 1993년에 출시되어 그 즉시 망해버린 불운의 개인 디지털 보조 기기 '뉴턴'으로 배를 놓쳤다. 잡스는 그를 믿지 않는 이사회에 의해 애플에서 처음 축출된 지 11년 만인 1997년에 문제 많은 이 회사로 돌아와 뉴턴을 폐기했다.

그러나 2001년 무렵, 잡스는 아이팟으로 큰 성공을 거두었고 곧 아이폰에 대해 심사숙고하기 시작했다. 원래 콘셉트는 스타일러스가 있는 태블릿으로 시작되었는데, 이는 당시 많은 회사가 개발 중인 제품이었다. 2010년 ATD 콘퍼런스에서 잡스는 월트와 나에게 "키보드를 없애려는 생각이 있었고, 팀원들에게 가능할지 물어봤어요"라고 털어놓았다. 잡스는 이렇게 말했다. "우리는 스타일러스가 필요하다면 이미 실패한 거라고 말했어요." 그 팀은 재구상된 태블릿(기본적으로 초창기 아이패드)을 가지고 돌아왔고, 잡스는 즉시 그것을 보류했다. "'세상에, 이걸로 휴대전화를 만들 수 있겠구나' 하고 생각했죠." 그가 말했다.

정말 '세상에'였다. 게이츠와 잡스의 공동 인터뷰 한 달 만에 첫 번째 아이폰이 AT&T 2년 약정 기준 499달러로 시장에 출시되었다. 잡스는 2007년 1월 9일 샌프란시스코에서 열린 맥월드 기조연설에서 출시를 발표했다. "오늘 우리는 함께 역사를 만들 겁니다." 그가 말했다. 프레젠테이션을 시작해 그 뭉툭하고 작은 기기를 공개하기까지 24분이나 걸렸지만, 그것은 과장이 아니었다. "오늘 이후로 누구도 이 휴대전화를 같은 방식으로 보지 않게 될 거라고 생각합니다." 그가 말했다. 그 발표가 있기 전까지 잡스는 애플이 휴대전화를 개발하고 있다는 사실조차 반복해서 부인하긴 했지만, 그의 말은 옳았다. 2005년 ATD 콘퍼런스(D3)에서 나는 그에게 '아이팟 폰'을 만들어달라고 농담처럼 말했고, 그가 "글쎄요, 그건 어려운 문제인데요."라고 대답했다. 내가 "당신은 똑똑하잖아요"라고 말했더니 그가 "위에서부터 물이 새는 배는 웃기지 않나요?"라고 말했다.

분명 애플은 이미 휴대전화를 개발 중이었지만 잡스는 쥐를 노리는 고양이 같은 약삭빠른 행동을 계속 취했다. 2006년 D6 무대에서 월트에게 휴대전화를 만들 계획이 절대 없다고 말하는 그는 그야말로 재미있는 거짓말쟁이였다. 잡스는 한 가지 장애물이 통신사와 협력하는 일인데, 통신사가 시키는 대로 해야 한다고 설명했다. "이 좁은 구멍을 통과해야 한다는 게 맘에 들지 않아요." 그가 거대 통신사를 괄약근에 비유하며 농담했다. 1년 뒤, 그는 AT&T와의 중요한 거래에서 그 좁은 구멍을 통과했다. 우리가 그의 거짓말을 지적했을 때 잡스는 어깨를 으쓱했다. 그래서 우리도 으쓱했다. 왜냐하면 그가 손에 쥐고 있는 휴대전화 외에는 아무것도 중요하지 않았기 때문이다. 그것은 그 자체로 거의 완벽했다. 많은 사람이 삼성부터 마이크로소프트, 노키아에 이르는 많은 회사도 이 중요한 모바일 도약을 이루어 멀티 터치스크린과 실질적인 웹 브라우저를 가진 앱 중심의 스마트폰에 도달할 수 있었다고 주장했다. 하지만 애플을 지배적인 글로벌 허브 기술 기업으로 만들어준 개성, 디자인 감각, 순수한 터치 방식의 결합력을 가진 회사는 없었다.

2010년 무렵 애플의 시가 총액은 주요한 이정표인 마이크로소프트를 능가했다. 일주일 뒤 잡스는 ATD 무대로 돌아왔고, 나는 그것과 관련해 생각해본 게 있는지 물었다. "이 업계에 오래 몸담아온 사람들에게 그건 초현실적인 일이에요." 그가 대답했다. "하지만 그게 고객들이 우리 제품을 사는 이유는 아닙니다. 우리가 무엇을 하며, 그리고 왜 하고 있는지 기억하세요. 때로는 앞으로 나아가는 적절한 말이 될 거라 생각되는 것을 골라야 합니다. 우리는 훌륭한 제품을 만들기 위해 노력하고 있어요. 소신껏 말이죠…… (고객들은) 그런 선택을 하려고 우리에게 돈을 내는 거예요. 우리가 성공하면 고객들은 그걸 사겠지만, 우리가 성공하지 못하면 사지 않겠죠."

이건 대부분의 회사와는 완전히 다른 태도였다. 다른 회사들은 끊임없이 방향을 전환하는 능력을 중요시했고, 품질이 아닌 계급에 의해 결정되는 아이디어가 너무 많았다. 잡스는 "최고의 아이디어가 이겨야 한다"고 계속해서 주장했고, 속도(빠르게 움직임)와 파괴(부숨)의 개념을 완전히 거부했다. 그는 디자인과 기술을 제대로 갖추기 위해 필요한 만큼 오래 작업해야 한다고 믿었는데, 이는 애플의 지속적인 특징 중 하나였다.

애플의 전 최고 디자인 책임자 조니 아이브는 2022년 내 마지막 코드 콘퍼런스에서 잡스의 운영 방식을 회상했다. "특히 대규모 조직에서 큰 도전 중 하나는, 아이디어에 대해 말할 때 종종 가장 쉽게 이야기하는 것, 즉 측정 가능한 것, 실체적인 것이 문제가 된다는 점입니다." 아이브가 말했다. "잡스는 사람들이 아이디어의 실제 비전에 집중하도록 하는 데 능숙했어요. 그는 창작 과정에 대한 경외심이 대단했죠."

또한 잡스는 1986년 조지 루카스로부터 픽사를 인수하며 미디어 분야에서도 앞장섰고, 신문, 음악, 책 등에 깊은 관심을 갖기도 했다. 2005년 ATD에서 잡스는 청중을 향해 "팟캐스트에 대해 들어보신 분 있나요?"라고 물었다. 몇 명이 손을 들었는지 아는가? 한 명도 들지 않았다. 잡스가 계속해서 말했다. "좋습니다. 그럼 처음부터 시작해서 이에 대해 말씀드리겠습니다. 팟캐스팅은 아이팟과 브로드캐스팅을 합친 단어입니다. 합쳐서 팟캐스팅이 된 거죠." 당시에 그가 할 수 있는 최선은 팟캐스팅을 "라디오판 '웨인스 월드Wayne's World'*"라고 설명하는 것이었다. 그는 컴퓨터에서 아이팟으로 쇼를 다운로드할 팬들을 위해 누구나 쇼를 녹화하고 인터넷에 방송할 수 있다고 설명했다. 잡스는 "점점 더 흥미진진해지고 있다"며 말을 마무리했다.

그리고 실리콘밸리 대부분의 CEO와는 다르게 기술과 뉴미디어가 사회에 미치는 영향을 고민했다. 그는 최소한 이론상으로는 저널리즘을 좋아했다. 실제로는 언론 조작의 대가였지만. 어쨌든 잡스의 이 말을 들어보라. "제가 아주 강하게 믿고 있는 것 중 하나는 모든 민주주의는 자유롭고 건강한 언론에 달려 있다는 것입니다. 우리 모두 경제 비즈니스에 무슨 일이 일어났는지 알고 있죠. 뉴스 취재와 사설은 중요합니다. 나는 블로거 국가로의 전락

---

* 영화 「웨인스 월드」에서 주인공들이 지하실에서 제작한 개인 방송의 이름.

을 원하지 않아요.”

잡스의 지위를 자연스럽게 이어받은 듯한 일론 머스크가 자신이 인수한 마이크로블로깅 사이트 트위터에 모든 언론 문의에 대한 응답으로 2023년 3월 23일 똥 이모티콘을 트윗한 것과 비교해 보라(머스크에 대해서는 나중에 더 이야기할 것이다). 이는 잡스라면 결코 하지 않았을 일이고, 사실 혐오했을 거라고만 말해두겠다. 나는 잡스가 현재의 머스크를 경멸했을 거라고도 확신한다.

아마 가장 중요한 건 잡스가 개인 정보 보호에 대해 많이 생각했다는 점일 것이다. 다음 인용은 2010년 ATD 콘퍼런스에서 가져온 것이다. 내용을 줄여보려 했지만 전문을 읽을 만한 가치가 있어서 그대로 싣는다.

실리콘밸리는 단일체가 아닙니다. 우리는 개인 정보 보호에 대해서 실리콘밸리의 일부 동료와 아주 다른 관점을 가지고 있습니다. 예를 들어 우리는 휴대전화의 위치에 대해 많이 걱정합니다. 그래서 어떤 앱이든 위치 데이터를 얻으려면 먼저 요청해야 한다는 규칙을 만들죠. 우리는 “이 앱이 사용자의 위치 정보를 사용하도록 허용하시겠습니까?”라고 물어봅니다. 그 정보를 사용하려 할 때마다 물어보죠. 이 앱들이 무엇을 하는지 사람들이 이해하도록 하기 위해 우리는 이런 장치를 많이 둡니다. (…) 실리콘밸리의 많은 사람이 이런 문제에 대해 우리가 구식이라고 생각하고, 어쩌면 그 생각이 맞을지도 몰라요. 하지만 우리는 이 문제에 대해 걱정하고 있습니다. 프라이버시란 사람들이 자신이 무엇에 서명하고 있는지 일상적인 언어로, 그리고 반복적으로 알고 있다는 것을 뜻합니다. 바로 그런 의미예요. 나는 낙관주의자입니다. 사람들은 똑똑하고, 어떤 사람들은 더 많은 데이터를 공유하고 싶어한다고 나는 믿습니다. 물어보세요. 그들의 데이터로 무엇을 하려는 건지 정확하게 알려주세요. 그게 제 생각입니다.

내가 보기에 이런 생각 덕분에 잡스는 데스크톱 컴퓨터부터 노트북, 아이팟, 아이폰, 아이패드까지 데이지 체인daisy-chained 방식으로 연결하는 동안 현대 기술 시대의 가장 중요한 인물이 된 것이다. 잡스는 단순히 테크 디바이스들만 변화시킨 게 아니라 음악, 영화, 커뮤니케이션, 사진까지 변화시켰다. 피할 수 없는 혁신을 향해 나아가는 동안 직관적인 일련의 기술 창출을 구상하고 관리 감독했다.

그렇지만 어쩌면 그의 인생에서 가장 생산적이었던 그 중요한 시기에 잡스는 죽어가고 있었다. 2010년 인터뷰에서 나는 모든 청중에게 뻔히 보이는 사실을 무시하지 않기로 했다. 주가는 회복세를 보이고 있었지만 이제 잡스는 육체적으로 훨씬 더 심각하게 쇠하고 있었다. 그러나 그는 과하게 마르고 혈색이 나쁜 만큼이나 자신이 절대 버리지 않을 불변의 가치를 강조하는 그 순간에는 여전히 앞으로 다가올 미래에 대한 흥분을 토해냈다. 쇠약해지는 와중에도 그렇게 생기 넘친다는 사실에 놀라 나는 묻지 않을 수 없었다. "앞으로 10년 동안 당신의 인생이 어떨 거라고 생각해요?"

그는 처음에 조용했고, 나는 죽어가는 사람에게 그런 질문을 했다는 게 믿기지 않아 숨죽이고 있는 청중을 느낄 수 있었다. "음, 저기……" 잡스가 말을 잠시 멈췄다. 그러더니 놀랍게도 우리가 전에 언쟁을 벌인 문제에 대해 언급했다. 아이폰 프로토타입을 손에 넣은 미디어 조직을 어떻게 처리했는지에 대해 말이다. 나는 애플의 조치가 다소 폭력적이라 생각했고 그에게 그렇게 말했지만, 잡스는 그 저널리스트를 도둑으로 여겼다.

"이건 아마 나쁜 예시일지 모르겠습니다만 이 예시를 들겠습니다. 기즈모도와 관련된 이 모든 일이 일어났을 때, 나는 사람들에게 이런 조언을 많이 받았습니다. '그냥 놔둬라. 도난당한 재산을 사들여 너를 갈취하려 했다는 이유로 저널리스트를 추적하지 마라. 애플은 이제 대기업이다. 사람들의 관심을 끌고 싶지 않을 거다. 그냥 넘어가라.'" 그가 말했다. "나는 이 문제를 깊이 생각해봤고, 우리 규모가 커지고 세상에 미치는 영향력이 조금 더 커짐으로써 일어날 수 있는 최악의 일은 우리의 핵심 가치를 바꾸고 그것을 그냥 놔두는 일이라고 결론 내렸죠. 그럴 수는 없어요. 차라리 그만두는 편이 낫지요."

잡스는 이 주제에 점점 열을 올리고 있었는데, 그건 도난당한 휴대전화보다는 오히려 인간으로서, 기업가로서의 자신에 대한 것이었다. "우리는 지금도 그때도 같은 가치를 가지고 있습니다. 어쩌면 조금 더 경험이 많아졌고, 확실히 더 닳고 닳았죠. 하지만 핵심 가치는 그대로예요. 5년 전, 10년 전과 같이 사람들을 위해 최고의 제품을 만들기를 바라며 오늘도 일을 시작합니다." 잡스는 이렇게 말하면서 만족한 고객들로부터 이메일을 받는 게 매일 그에게 활력을 불어넣어주었다고 언급했다. "그게 5년 전 제가 계속 해나갈 수 있었던 이유고, 문이 거의 닫혀 있었던 10년 전에도 해 나갈 수 있었던 이유예요. 그리고 앞으로 무슨 일이 일어나든 지 금으로부터 5년 후에도 나를 계속 움직이게 할 겁니다. 그러니까 규모가 커졌다고 해서 바꿔어야 할 이유가 있는지 모르겠어요." 달리 말하면, 나는 당신을 기쁘게 하기 위해 바뀌지는 않을 것이 다. 이것은 내가 앞으로 나 자신과 내 경력을 위해 여러 번 생각해 볼 조언이다. 물론 바뀌기야 하겠지만, 어떤 가치와 줏대는 결코 변하지 않을 것이다.

잡스가 소개한 주요 제품 중에서 아이폰 이상으로 모든 사람, 모든 사물에 영향을 끼친 중대한 제품은 없었다. 다른 휴대전화도 있긴 했지만, 애플 버전은 에어비앤비(2008), 우버(2009), 인스타 그램(2010) 등 모바일 중심 디지털 기업의 대거 도입을 가능케 한 선구자였다. 또한 아이폰은 페이스북 같은 대기업이 그들의 비즈 니스 모델을 대폭 전환하거나 다른 방식으로 전환하도록 만들었 다. 2008년에 구글이 안드로이드 플랫폼을 출시하면서 그랬던 것 처럼 말이다.

나는 늘 잡스가 어떻게 계속해서 제품을 재창조하는지 알아내 려고 노력했다. 그 제품들은 다른 발명품들처럼 파생 상품이 아니 었고, 시장을 축소하기보다는 확장시켰기 때문이다. 아이폰 덕분 에 애플은 팀 쿡 CEO 밑에서 시장 가치를 10배나 불렸다(그와 동 시에 앱 생태계에 대한 지나친 권력을 얻었다). 특히나 애플이 삼성, 노키아 등이 지배하고 있는 이미 확립된 시장에 직면해 있었기 때문에, 당시에 그런 엄청난 아이디어를 구상하는 것이 얼마나 어려운 일이었는지는 아무리 강조해도 지나치지 않는다.

잡스는 우리와 나눈 한 인터뷰에서 감상적이고 진부한 소리를 내뱉었다. 결코 그들 자신을 위해 약속을 이행하는 것만큼 약속을 이행하지 않는 듯한 그 테크업계에서 너무 자주 들어온 말을. "뒤돌아보지 맙시다." 잡스가 말했다. "내일 무슨 일이 일어나느냐가 가장 중요한 거죠. 내일을 창조합시다." 물론 내 안의 시니컬한 저널리스트는 그런 말에 크게 의미는 없다고 생각했다. 하지만 잡스가 그 말을 했을 때는 정말로 그걸 믿었다. 어쩌면 나 역시 잡스의 현실왜곡장에 빠져들었는지도 모른다. 그와 더 많은 시간을 보낼수록 그의 말이 일리 있다고 느껴지고, 강렬함이 그의 핵심이라는 생각이 들었다. 비평가들이 갖고 있는 잡스에 대한 많은 오해 중 하나는 그가 열정은 없고 냉정하다는 것이다. 내 의견을 말하자면, 기업가로서의 잡스는 너무 열정적이라 자신이 믿는 바를 때로 너무 강하게 밀어붙인다. 시간이 지나면서 그와 그가 대표하고 있는 것은 희귀한 것으로 판명되었다.

삶의 끝이 가까워졌을 때, 잡스는 사람들이 어떻게 미디어를 소비하는지에 대해 이야기했다. "최고의 기술자들이 당신 같은 사람들이 아닌 나 같은 사람들을 위해 일하고 있기 때문에 미디어 산업은 망한 거라고 봐야죠." 그는 루퍼트 머독의 경영진들과 함께하는 회의에서 나와 다른 사람들을 향해 말했다. 한 마리의 낡은 용 같은 이 올드 미디어를 자유화하기로 결심한 잡스와 애플의 마법을 알아내기로 결심한 머독이 일종의 기업가 친구가 되었기 때문에, 잡스는 머독의 요청에 따라 회의에 참석했다. 그 회의뿐만 아니라 다양한 곳에서 잡스는 테크가 디지털 시대에 미디어의 새로운 문지기가 될 거라고 말했다. 그는 이미 실리콘밸리의 어느 누구보다 먼저 그러한 방향으로 나아가고 있었고 멈추지 않을 터였다. 잡스는 2001년 구애플 본사의 타운홀 강당에서 아이팟을 소개했던 잊을 수 없는 그 행사에서 훨씬 더 일찍 경고를 보냈었다. 그가 청바지 주머니에서 그 작고 우아한 디바이스를 꺼내면서 기억에 남을 만한 마케팅 슬로건 "여러분의 주머니 속 1000곡의 노래"를 말했다.

늘 그렇듯이 잡스는 적중했다. 미디어는 망했다.

8장

실리우드

이곳에서는 수백만 달러도 거머쥘 수 있고,
당신의 유일한 경쟁자는 바보들뿐이오.
이 기회를 흘려보내지 마시오.

_허먼 맹키위츠

할리우드와 실리콘밸리를 합치면?

답은 실리우드Sillywood.

사람들이 디지털 업계의 간부들과 엔터테인먼트 산업 거물들 간의 더할 나위 없는 결합이 있을 거라 생각하던 시절에 이런 바보 같은 농담이 존재했다.

캘리포니아의 척추인 I-5 고속도로를 따라 불과 350마일 떨어져 있는 현시대의 이 두 권력의 중심지는 시너지를 발휘할 준비가 된 듯 보였다. 올드 미디어의 비즈니스 모델이 연이어 타격을 받았기 때문에 그들은 처음부터 공통점을 찾는 데 어려움을 겪으리라는 건 나중에야 알았다. 한편 테크업계의 영향은 계속해서 밖으로 뻗어나갔다. 음악, 신문, 책, 라디오 산업부터 버뱅크의 영화 및 텔레비전 스튜디오까지 어떤 미디어도 디지털화의 행진에서 벗어날 수 없었다. 각각의 미디어는 혼란을 겪고 때로는 파괴되었다.

실리콘밸리와 마찬가지로 할리우드는 기술(19세기 후반과 20세기 초반의 기술)을 기반으로 세워진 산업이었다. 대부분의 역사가는 윌리엄 케네디-로리 딕슨이 최초의 모션 픽처 카메라를 설계했다고 인정한다. 슬프게도 딕슨이 키네토그래프에 대한 1891년 특허 신청서를 작성할 때 그의 상사였던 토머스 에디슨은 발명가로 자기 이름을 적기로 마음먹었다. 전형적인 테크남의 행동이랄까. 다음 세기 동안 영화 기술은 발전했다. 음향이 추가되더니 색도 추가되었다. 영상은 TV에 혁명을 일으켰다. 카메라는 작아졌고, 특수 효과는 거창해졌다. 디지털화는 카메라와 편집 시스템, 배급을 포함하는 과정의 거의 모든 측면을 변화시켰다. 대부분의 작가는 예술 형식에 생긴 이런 변화를 경멸했지만, 똑똑한 사람들은 저항해봤자 소용없다는 것을 알고 있었다.

루카스필름에서 「스타워즈」 세계관을 창조하며 역사상 가장 성공적인 영화 제작자가 된 조지 루카스와의 인터뷰가 완벽한 예다. 루카스는 기술에 대한 지식이 매우 풍부했고, 국가예술훈장과 국가과학기술훈장을 모두 받은 유일한 미국인이었다. 두 훈장을 받을 만한 인물이었다. 그는 자신의 회사에 그래픽 그룹을 만들었는데, 이 그룹은 1986년 픽사라는 컴퓨터 애니메이션 스튜디오로 분할되어 독립했다. 주요 자금 제공자이자 대주주는 물론 스티브 잡스였다. 샌프란시스코 베이 에어리어에서 사업을 운영하는 루카스가 이 두 세계를 연결해주는 완벽한 홍보대사라고 말하는 것은 당연해 보였다.

그를 숭배하는 테크 괴짜의 수는 엄청났고, 여기에는 유튜브의 공동 창업자이자 마니아인 채드 헐리도 포함되어 있었다. 2007년 서던캘리포니아에서 열린 내 연례 콘퍼런스장 입구에서 늦은 저녁 나와 함께 영화 제작자 루카스가 도착하길 기다린 건 다름 아닌 채드와 유튜브 임원들이었다. 루카스가 도착했을 때 나는 그에게 채드를 '유튜브 청년'이라고 소개했다. 헐리의 얼굴이 환히 빛나는 만큼 루카스의 반응은 무미건조했다. "당신은 당신의 그 서비스로 스토리텔링을 망치고 있어요." 그가 채드에게 단호히 말했다. "당신이 하는 일은 고속도로에 강아지를 던지는 거나 마찬가지예요."

'아, 저 말 나왔네.'

루카스는 이튿날 월트와 내가 진행하는 인터뷰에서 기술과 스토리텔링의 결합에 대해 이야기를 이어나갔다. "그림, 음악, 모든 종류의 예술 형식은 본질상 기술적이에요. 가장 중요한 부분은 감정을 전달할 수 있다는 거죠. 그게 우리가 하는 일의 핵심이고요." 루카스가 말했다. "디지털 기술은 도구예요. 당신이 무엇을 하든 그건 남용될 겁니다. 음향이 남용되었고, 색이 남용되었고, 모든 게 남용되고 있어요. 하지만 그건 그저 인간 본성일 뿐이죠. 인간은 새 장난감이 생기면 망가질 때까지 가지고 놀려 하다가 진정되기 시작하거든요."

그는 인터넷 영상과 그 선두에 있는 서비스 유튜브에 대해서는 전혀 진정하지 못했다. 죽은 강아지 이야기를 들어보자. "오락에는 두 가지 형태가 있어요. 서커스는 무작위적이에요. 그리고 관음증적이죠. 기본적으로 지금 당신이 유튜브에서 보는 게 그겁니다. 나는 이걸 보고 사자에게 기독교인을 먹이로 주는 거라 말해요. 영화계 용어로는 고속도로에 강아지 던지기라 하고요. 아주 쉬워요. 그냥 앉아서 쳐다보고 무슨 일이 일어나는지 구경하면 되거든요. 뭔가를 쓸 필요도 없고, 할 필요도 없어요. 그냥 벌어지는 일을 보는 것만으로도 흥미롭죠. 그다음은 예술이에요. 예술은 사람이 어떻게든 상황을 만들어 이야기를 해야 합니다. 그리고 그 이야기가 사실 뒤에 숨어 있는 진실을 밝혀주길 바라는 거죠. 스토리텔링은 상황이 어떻게 진행되는지 또는 재미있는지에 대한 새로운 통찰을 제공한다는 점에서 통찰력 있는 아이디어를 떠올리려는 노력이에요."

루카스는 엔터테인먼트계에서 더 통찰력 있고 선견지명이 있는 사람 중 한 명이었다. 지금 일어나고 있는 일의 대부분을 싫어했지만, 앞으로 일어날 일을 이해하며 새로운 도구를 자신에게 유리하게 활용했다. 성공하는 사람들은 기술이 스토리텔링을 돕기 위해 할 수 있는 것과 없는 것을 이해했다. 가장 중요한 건 실리콘밸리가 스스로를 무적의 마법사로, 자신이 하고 있는 일을 마법과 유사한 것으로 묘사하는 그 방식에 겁먹지 않는 것이었다. 이는 2011년 실리콘밸리에서 가장 교활한 마법사로, "소프트웨어가 세상을 먹고 있다"며 위협적이면서도 확실하게 주장한 마크 앤드리슨이 완벽하게 보여주었다. 특히나 그와 다른 테크인들이 디지털 콘텐츠를 제작하는 도구를 만들어 어마어마한 부자가 되었고 미디어의 유통 수단까지 통제하기 시작한 만큼, 그런 시도는 이해할 수 있는 속임수였다.

내가 디지털화될 수 있는 것은 뭐든 디지털화될 거라고 예측했던 걸 기억하는가? 정말 그랬다. 그리고 지난 25년 동안 기술의 영향을 받은 비즈니스와 사회 생태계의 그 어떤 부분보다 미디어에 있어서는 계속해서 진실일 것이다. 타임워너와 AOL 합병의 어설픈 실패로 캐미시어 옷을 입은 미디어 왕자들에 대한 플리스 옷을 입은 괴짜들의 침략은 잠시 멈춘 듯했지만, 그건 단지 순간적인 휘청거림, 즉 조금도 수그러들지 않고 곧 재개될 변화의 해일이 잠시 멈춘 것에 불과했다. 미디어 왕자들이 그걸 이해한 것은 아니었다. 2003년 말, 회사가 맨해튼 콜럼버스 서클에 있는 화려한 80층짜리 타워로 이전하면서 AOL 타임워너 이사회는 사명에서 AOL을 빼기로 결정했다. 신임 CEO 리처드 파슨스는 다음과 같은 성명을 발표했다. "우리는 새 사명이 가치 있는 우리의 사업 포트폴리오를 더 잘 반영하고, 우리 투자자·파트너·대중을 위한 사명과 아메리카온라인 브랜드명 사이의 혼란을 종식시키리라 믿습니다."

나는 파슨스를 제법 좋아한다. 그는 확실히 유능한 미디어 임원이었다. 그래도 합병을 지지했다가 반대하고, 2002년에 타격받은 제럴드 레빈으로부터 순조롭게 자리를 이어받아 그 즉시 기술 혁명을 거의 무시해버린 그에게 나는 "무탄산 음료"라는 별명을 붙였다. 달리 말하면, 파슨스는 목 넘김이 쉽고, 자신이 지휘하는 무리에게 소화불량을 일으키지도 않았다. 앞으로 일어날 일을 고려해볼 때, 그 회사는 미래를 더 잘 예측하는 더 광적인 리더와 함께하는 편이 나았을 것이다. 그러나 그러기는커녕 업계 경영진들은 특히 기술주 폭락과 AOL의 대실패 이후 인터넷 혁명의 종식을 간절히 바랐다. 그들의 그런 생각은 미국음반산업협회와 메탈리카가 저작권 음반을 다운로드할 수 있는 P2P 파일 공유 서비스 냅스터(공동 창업자인 숀 파커는 나중에 페이스북의 주요 투자자가 된다)를 상대로 앞서 제기한 소송 때문에 더 강화되었다. 냅스터는 2001년 음반업계와 아티스트들의 환호 속에 "다 끝나서 정말 기쁩니다!"라고 외치며 폐업했다.

불가피한 일에 반발하는 데 법원을 이용하는 것은 한때 효과가 있었다. 그래서 2007년 바이어컴은 유튜브의 저작권 침해로 구글을 고소하고, 10억 달러의 손해배상을 요구했다. 그러나 구글은 미디어 회사가 연락해올 때마다 게시물을 내림으로써 문제를 완화하려 했다. 다른 회사들은 하지 않는 시도였다. 구글을 보호하기에 충분한 조치였지만, 이와 상관없이 나는 바이어컴이 승소하게 될 이유에 대한 테크 무지렁이 CEO 필립 도먼의 설득력 없는 설명을 종종 들었다. 바이어컴은 패소했고, 결국 만족할 만한 결과를 얻지 못했다. 그것은 우습고, 비싸고, 정말로 바보 같은 일이었다.

나는 종종 도먼 같은 경영진은 물러나는 편이 낫다고 느꼈다. 테크업계에서 굴러 들어온 돌이 박힌 돌을 빼게 되는 이유는 대개 박힌 돌들이 그 상황을 피할 수 있을 만큼 창의적이거나 재빠르지 않기 때문이다. 여기에 딱 맞는 사례가 전통적인 미디어계에서 가장 무섭고 불같은 왕, 루퍼트 머독이었다. 내가 오죽하면 '사탄 아저씨'라고 부르는 그는 『뉴욕포스트』부터 폭스뉴스, 20세기 폭스까지 인기 콘텐츠를 제작하는 데 능숙하다는 것을 증명해 보였다. 그러나 인터넷에 관한 한 그는 냉혹한 패배자였다. 머독이 실패한 사업에는 1993년 델파이 인터넷 서비스(1996년 매각), 1996년 아이가이드 포털(파트너인 MCI가 떠나고 몇 달 후 폐쇄), 1990년대 말 폭스 인터랙티브(2001년경 폐업), 포토버킷(2008년 3억 달러에 인수되었다가 1년 뒤 헐값에 매각), 2011년 데일리(비싸기만 하고 제대로 실행되지 않는 아이패드 전용 뉴스 앱)를 비롯해 다른 많은 디지털 실패작이 포함된다.

물론 가장 유명한 건 머독이 2005년 5억8000만 달러에 인수한 마이스페이스다. 분명하게 하자면, 머독이 그걸 샀을 당시에는 마이스페이스가 기하급수적으로 성장 중이었고, 뉴스코프는 확실히 이 분야에 뛰어들 필요가 있었기 때문에 적절한 거래처럼 보였다. 2006년 8월경 마이스페이스는 야후를 앞지르고 가입자 1억 명을 달성했다. 그 회사가 야후, 마이크로소프트와 경쟁 중이던 구글과 광고 계약을 체결한 일은 아마 가장 영악한 처신이었을 것이다. 이 파트너십을 통해 마이스페이스는 3년 동안 9억 달러의 광고 수익을 보장받았다. 그건 좋은 대비책이었지만 허술한 관리도 문제였고, 요란하며 단조로운 서비스로부터 파티 이상으로 사용이 쉽고 유용한 서비스로 혁신하지 못한 것도 문제가 되어 곧 침몰했다. 마이스페이스에게 죽음의 키스가 된 것은 페이스북과 달리 그것이 유용하다기보다는 트렌디했다는 점이다. 그리고 페이스북은 일상의 중독으로서 그 지위를 트위터에 빼앗겼고, 머잖아 스냅챗이 소셜미디어에서 소통의 왕관을 거머쥐었다. 뉴스코프는 2011년 마이스페이스를 3500만 달러에 매각했고, 머독은 "가능한 모든 방법으로 망쳐버렸다"고 언급했다. 참으로 옳으신 말씀이다.

머독의 사고방식도 문제였는데, 종종 1950년대 중반에 갇혀 있는 것처럼 보였다. 그는 원래 펜대를 굴리는 '지독한 인간'이었다. 조심스레 말하자면 여자와 관련해서도 구닥다리였다. 예를 들어 월트와 내가 『월스트리트저널』에서 올싱스D를 시작했을 때 머독은 주로 월트에게 관심을 집중했다. 우리가 그를 직접 만났을 때도 머독은 나를 그저 월트 옆에 늘 붙어다니는 말 많은 여자애 정도로만 여기는 듯했다. 나는 꽤 오랫동안 그가 내 이름을 아는지 의아했던 터라 그를 만날 때마다 내 이름을 아느냐고 물어보고 싶었다. 마침내 머독은 내가 뉴스 특종에 능하다는 걸 알게 되었고, 자신에게 유용할 수도 있다는 이유만으로 내게 조금 더 관심을 가졌다. 심지어 이따금 내게 연락해 자신이 유리하게 이용할 만한 정보를 달라고 부탁하기 시작했다. 테크 분야와 관련해서 휘청거리기는 했더라도 머독의 '도마뱀의 뇌*'는 테크 분야가 자신의 제국에 주요 위험 요소라는 것을 이해하고 있었다.

보통 그의 오래된 개인 비서 도트 윈도가 전화를 연결해주곤 했는데, 늘 캘리포니아 시간으로 아주 이른 아침이었다. 무려 3시간이나 빨라, 참 세상은 아주 '사탄 아저씨'의 시간에 맞춰 돌아가는구나 싶었다. 전화 속 그의 목소리에는 인터넷 기업과 그 창업자들의 커가는 힘을 향한 끊임없는 분노와 좌절감이 묻어 있었다.

---

* 분노, 공포, 섭식, 번식처럼 원초적이고 생존에 관계된 감정 및 행동을 담당하는 뇌 부분을 가리킨다.

그가 반복해서 하는 질문은 "어느 기업가가 더 제정신이 아닌가요?"였고, 기업가들의 성향과 기벽, 사생활에 대해 전부 알고 싶어했다. 테크계 아웃사이더인 그는 잡스와 의외의 관계를 맺는 데 성공했다. 그는 무에서 부와 권력을 창출했다는 이유로 잡스를 존경했는데, 자기 자신도 그랬다고 생각했기 때문이다.

더욱이 머독은 한자리 끼고 싶은 끈질긴 열망을 갖고 있었다. 그와 동시에 규제 당국에 고자질하고 공개 포럼에서 전략적으로 꾸짖는 방식으로 테크 기업가들을 좌절시키기 위한 음모를 끊임없이 꾸며대는 교활하고 파괴적인 권력주의자였다. 장황한 연설은 보통 뉴스코프의 CEO이자 최고위 졸개인 로버트 톰슨이 전해주곤 했는데, 나는 이 사람의 빙빙 돌려 표현하는 버릇과 교활한 말장난을 두고 "타락한 목사"라는 별명을 붙였다. 톰슨은 테크 업계를 "로봇이 우글거리는 불모지" "가짜, 거짓, 허위" "아무 생각 없는 앞잡이들" "자기밖에 모르는 궤변"이라면서 깎아내렸다. 테크 기업들과 거래하는 그 순간에도 말이다.

뉴스거리를 파내는 데 귀신인 그가 자기가 분명 작업 중인 거래에 대한 유용한 정보를 내게서 캐내려 할 때면 머독의 전화가 우스워졌다. 마이크로소프트와 함께 야후를 차지하거나(나는 "가능성 없어 보이는데요"라고 말했다) 바이스미디어에 투자하는 것("진짜 그러지 마세요"라고 충고했으나 그는 기어이 했다)에 대해 물었다. 월트와 내가 공개적으로 보도하지 않는 내용에 대해서는 아무것도 알려주지 않았지만, 그래도 머독의 압박을 멈출 수는 없었다. 내게는 그의 적극성이 가장 흥미로웠다. 나는 그것의 본질을 봤다. 그건 단련된 생존자만이 자신의 삐걱거리는 뼈에서 느낄 수 있는 존재 가능성에 대한 두려움이었다. 머독은 앞으로 일어날 일을 예상했고 그 상황을 막고 싶어했다. 그리고 그걸 막지 못한다면 그 돈이라도 훔치고 싶어했다.

모든 미디어 거물이 변화를 두려워한 것은 아니다. 디즈니의 밥 아이거는 디즈니 '매직 킹덤' 문간을 직접 겨눈 테크 기업들의 위협이 점점 커지는 와중에도 침착함을 유지하고 계속 나아갈 수 있었다. 그의 낙관적인 태도는 동시대 기업인들 사이에서 보기 드문 것이었다. 2005년 인터뷰에서 그는 내게 이렇게 말했다. "누군가 우리 점심을 먹으려 한다면 우리가 먹는 게 낫겠죠." 그는 이전에 디즈니에서 미끄러운 권력의 사다리를 오르면서 확실히 훌륭한 적수들과 맞닥뜨렸다. 나는 2000년대 초 아이거를 만났고, 그가 CEO에 임명된 후 더 자주 찾아갔다. 여느 사람과 다르게 그 잘생기고 사근사근한 경영인(내가 '캐시미어 왕자님'이라는 별명을 붙여주었다)은 잡스를 포함한 테크인들의 친구가 돼주었다. 잡스는 2006년 디즈니가 픽사를 인수했을 때 디즈니의 최대 주주가 되었다.

아이거의 전임자 마이클 아이스너는 실리콘밸리의 가치를 알아봤지만, 오만한 데다 무지하기까지 해 그걸 제대로 활용하지 못했다. 그 역시 소리치는 것을 좋아했다. 1995년 아이스너는 디즈니 온라인 부서를 만들고, 디즈니스토어닷컴과 패밀리닷컴을 출시한 제이크 와인바움을 책임자로 앉혔다. 패밀리닷컴은 곧 시애틀에 본사를 둔 스타웨이브의 '패밀리 플래닛'과 합병한 후 가족

중심 콘텐츠 구독 사이트인 데일리블라스트닷컴으로 바뀌었다. 1998년 디즈니는 디그닷컴('디즈니 인터넷 가이드'의 줄임말)이라는 디렉터리를 론칭한 후 인포시크라는 검색 엔진을 인수했다. 인포시크는 고Go라는 사이트가 되었지만, 고는 오래가지 못했다.

어쨌거나 아이스너의 디즈니와 이후 아이거의 디즈니는 카부스, 배블닷컴, 어메이징맘스, 태플러스, 클럽펭귄, 심지어 커푸프라는 사이트까지 포함해 웹사이트와 회사들을 인수하려는 노력을 계속했다. 그 카툰 아바타와 커푸프 코인 제작사는 이 서비스 대부분과 함께 펑 하고 사라졌다. 상황은 너무 나빠져서 수년에 걸쳐 바뀐 온라인 부서의 이름들을 내가 다 추적하지 못할 지경에 이르렀다. 디즈니 온라인, 디즈니 인터랙티브, 부에나비스타 인터넷 그룹, 디즈니 인터랙티브 스튜디오, 디즈니 인터랙티브 미디어…… 아이거의 재임 초기에 회사는 계속해서 온 디지털 세계를 돌아다녔다. 아이거의 또 다른 투자로는 바이스미디어에 4억 달러가 있는데, 디즈니는 바이스미디어의 가치를 크게 조정했다. 또 그는 2013년 버즈피드를 5억 달러에 인수하려고 생각했지만 대신 2014년 유튜브 중심의 메이커 스튜디오를 6억7500만 달러에 사들이는 또 다른 재앙 같은 인수에 착수했다.

이런 처참한 인수 하나가 끝나면 나는 기계적으로 아이거에게 전화를 걸었는데, 그는 언제나 공개 석상에서보다 더 다정하며, 훨씬 더 재미있고 예리했다. 나는 처음에 "좋은 시도였어요"라고 말한 뒤 더 뻔한 말로 넘어가곤 했다. "대체 뭐 하는 짓이에요, 밥?" 2010년 플레이돔의 존 플레전츠와 전 야후 임원인 지미 피타로가 디지털 부서의 공동 책임자로 임명되었을 때도 그런 전화를 걸었다. 나는 두 경영진을 한 상자, 심지어 내가 디즈니에서 가장 중요하다고 생각하는 부서에 배치하는 최근 조치에 대해 의구심을 품었다. 그런 시도는 보통 결과가 별로였는데 아이거는 잘될 거라고 주장했다. 물론 잘되지 않았다.

그러나 그런 좌절들도 아이거는 견뎌냈다. 나중에 내가 배니티 페어 행사(소프트웨어 카니발)에서 진행한 그와 앤드리슨의 공동 인터뷰에서 아이거는 위협이 없는 척 허세 부리지 않았다. 이런 점 때문에 그는 올드 미디어 경영진들 사이에서 독특한 인물이었다. "우리한테는 (파괴를) 막거나 피할 실질적인 능력이 없습니다." 아이거가 말했다. "어떤 형태로든 받아들이고 세상이나 자신의 이익을 위해 사용하는 수밖에요. 그렇기 때문에 나는 기술이 우리 사업, 또는 예를 들어 스토리텔링에 가져오는 변화에 대해서라면 그걸 받아들이고 우리한테 유리하게 이용해야 한다고 진심으로 믿습니다. 간단하죠."

이래서 늘 아이거를 좋아했다. 그는 자신에게 닥친 문제로부터 숨는 불안정한 회피형 인간이 아니었다. 그리고 참을성이 있었다. 2019년이 되어서야 디즈니플러스 출시와 함께 '매직 킹덤'에 테크와 관련된 성공이 찾아왔다. 디즈니플러스의 일약 히트작은 아이거가 2012년 루카스필름을 인수한 덕분에 제작될 수 있었던 「스타워즈」 스핀오프작 「만달로리안」이었다. 비싼 값을 치르고 스트리밍 시장에 뛰어든 것은 서비스를 풍족하게 채워 고객들을 만족시킬 지식재산을 가지고 있는 이 회사에게 있어 옳은 결정이었다. 2022년 디즈니플러스의 구독자는 1억6000만 명을 넘었다(내 딸이 일주일에 최소 여덟 번은 「겨울왕국」을 봐야 했기 때문에 이 구독자에는 나도 포함되어 있다). 어쨌거나 새 가입자를 끌어모으고 기존 가입자를 붙잡아두기 위한 싸움은 시간이 지나면서 더 힘들어지고, 아이거와 기존의 다른 엔터테인먼트 회사들은 예상보다 더 빠르게 움직였다. 하지만 스트리밍 시장에 뛰어들지 않았다면 상황은 훨씬 더 나빴을 것이고, 이것은 비즈니스를 영위하기 위한 새로운 비용이었다.

초기에 테크 분야를 받아들인 또 다른 할리우드의 오랜 아이콘은 배리 딜러였다. 파란만장하고 종종 독설을 내뱉는 이 거물은 평생을 엔터테인먼트 산업에서 보냈다. 그의 이력에는 「ABC 주간 영화」 제작, 패러마운트 픽처스 CEO 재임, 폭스 브로드캐스팅 등이 있다. 어느 시점에 딜러는 텔레쇼핑에 투자하기 시작했고, 처음에 큐브이시를 거쳐 이후 홈쇼핑네트워크로 이어졌다. 홈쇼핑네트워크는 IAC/인터랙티브코프 대기업 산하의 인터넷 자산 그룹으로 바뀌었다. IAC는 홈어드바이저, 렌딩트리, 매치 그룹, 시티서치, 티켓마스터, 비메오, 칼리지유머, 틴더 같은 디지털 기업들이 뒤섞여 끊임없이 진화하는 잡탕 기업이었다. 딜러는 여행 사이트인 익스피디아의 지배권도 갖고 있었다.

딜러와 나는 1999년 선셋 대로에서 약간 떨어진 티켓마스터의 구본사에서 만난 그 순간부터 마음이 통했다(딜러는 티켓마스터를 장악하고 시티서치와 합병했다). 그 무정한 거물은 곧바로 우리 역할을 빼앗더니, 야후의 제리 양부터 새 구글 인사들까지 북부의 다양한 인터넷 업계 사람들에 대한 질문을 따발총처럼 퍼부었다. 머독과 마찬가지로 그는 자신의 다음 경쟁자를 알고 싶어했다. 그래야 그들을 물리치든 힘을 합치든 할 수 있으니 말이다. 하지만 머독과 다른 점이라면, 딜러는 이런 혼란을 즐겼고 어디에서나 기회를 엿봤다는 것이다. 호화로운 여름 요트와 그가 자주 신던 매끄러운 가죽 로퍼만 빼고, 딜러는 지금의 자신을 만들어준 엔터테인먼트 세계에서 멀어지고 있었다. 그것은 그와 했던 2008년 올싱스D 콘퍼런스의 라이브 인터뷰에서 분명하게 드러났다. 그때 그는 기억에 남을 만한 명언을 했다. "할리우드는 지나치게 출신주의적인 커뮤니티예요. 그런 업계에 아직도 힘이 있다는 게 놀라운 일이죠."

그 재담 때문에 베벌리힐스 폴로라운지에서 친구들과 문제가 생겼지만, 그는 테크인들을 후려치는 데도 망설임이 없었다. 딜러는 리버티 미디어와의 소송과 그가 폭발적으로 증가하는 데이팅 서비스를 의도적으로 저평가했다고 주장하는 틴더 창업자들과의 소송을 포함해 여러 차례 세간의 이목을 끄는 법적 싸움을 벌였다. 틴더 소송은 잘못을 인정하지 않은 채 2021년에 합의되었다. 어쨌거나 딜러는 엔터테인먼트 산업에 혁신이 부족하다는 데 초점을 맞췄다. IAC의 잡탕 근성 때문에 딜러가 사업을 키우는 '빌더builder'라기보다는 취미 삼아 이것저것 해보는 사람처럼 보이긴 했지만, 그는 늘 예리한 관찰자였다.

"할리우드는 이제 중요하지 않습니다." 2019년 인터뷰에서 딜러가 말했다. "이 게임은 넷플릭스가 이겼어요. 내 말은, 넷플릭스가 사라질 만한 어떤 사건이 일어나지 않는 한 넷플릭스의 승리예요. 누구도 그들의 구독자 수치에 도달할 수 없기 때문에 그들이 실질적인 지배력을 갖고 있다고 생각합니다." 할리우드 스튜디오들이 어느 정도 따라잡았음에도 딜러는 할리우드가 지난 10년 동안 인정하길 거부해온 사실을 큰 소리로 말했다.

내가 그들의 이러한 거부를 크게 체감한 건 2009년 유타주 파크시티의 선댄스 영화제에 기술 부문 패널 모더레이터로 초대받았을 때다. 나는 주최 측의 요청으로 여러 해 동안 그 행사에 참석해왔고, 테크계의 카산드라*라도 된 듯이 해마다 그들에게 곧 닥칠 파멸을 경고하려 했다. 물론 그들은 내 말을 믿지 않았다. 21세기의 첫 10년이 끝날 무렵, 혼란은 구체화되었고 나는 "우리는 어디로 가는가? 디지털 시대의 아이콘"이라는 주제로 패널 토론을 구성했다. 그 아이콘에는 넷플릭스의 공동 창업자 리드 헤이스팅스, 유튜브의 공동 창업자이자 강아지 살인마 헐리, 훌루의 CEO 제이슨 킬라가 포함되어 있었다.

훌루는 2007년에 뉴스코프와 NBC유니버설의 불경한 결합으로 탄생했다. 두 회사 모두 대형 스튜디오를 소유하고 있었고, 프로비던스 에쿼티 파트너스의 투자금 1억 달러 및 수많은 인터넷 배급 계약과 더불어 웹 활동에 참여하고 싶어했다. 훌루의 이름은 귀중품을 담았던 조롱박을 뜻하는 두 개의 표준 중국어 단어에서 따왔다(그렇다, 나도 아주 앙증맞다고 생각한다). 2년 뒤, 디즈니가

---

*   그리스 신화에 나오는 예언자.

여기에 합류하면서 훌루는 더 통제하기 어려운 규모가 되었다.

넷플릭스는 마크 랜돌프와 헤이스팅스가 미국 우편 서비스를 이용한 DVD 배송 서비스로 설립한 회사였다. 2007년에 그들은 타사 제작 콘텐츠에 대한 VOD 서비스로 사업을 전환하겠다고 발표했고, 2013년 「하우스 오브 카드」가 나오기 전까지는 오리지널 콘텐츠를 제작하지 않았다. 처음에 넷플릭스는 여러 스튜디오에 달콤한 거래를 제안하며 또 다른 수익성 좋은 수입원을 창출했다. 넷플릭스가 맘껏 먹고 거대하게 성장하기 위한 밑거름을 자신들이 팔아넘기고 있었다는 걸 그 스튜디오들이 깨닫기 전까지는 말이다. 아이거는 이를 개발도상국에 핵무기를 주는 행위에 비유했는데, 금세 뒤를 이어 벌떼 같은 미디어 경쟁사들이 한꺼번에 디지털화를 시도했다. 잘못될 게 뭐가 있었겠는가?

유튜브 또한 갑작스럽게 유명해진 회사로, 2005년 전 페이팔 직원이었던 헐리, 스티브 천, 자베드 카림이 설립했다. 유튜브는 구글비디오를 격파한 후 구글과 야후 사이의 입찰 전쟁을 촉발했다. 창업자들은 결국 2006년 16억5000만 달러로 구글에 매각하는 데 동의했다(약 15년 후 유튜브는 알파벳에 단 한 해 동안 288억 달러의 수익을 안겨주었다).

바이어컴 같은 회사들로부터 맹비난을 받는 동안 유튜브가 할리우드에 보여준 진짜 위협은 시스템의 제약에서 벗어난 크리에이터 계급에 의한 새로운 대안 콘텐츠였다. 유튜브는 유통 수단을 장악하고 있었을 뿐만 아니라 새로운 시청자들을 대거 끌어들이고 있었다. 아마 틀림없이 최초의 바이럴 영상은 2006년 자신의 이야기를 하는 'Lonelygirl15'라는 고등학생으로부터 나왔을 것이다. 'Lonelygirl15'는 자신을 진짜 10대 문제아라고 표현했지만, 당연하게도 대본과 두 명의 프로듀서를 둔 배우라는 게 밝혀졌다. 그렇다, 가짜였다. 하지만 그것은 콘텐츠 발견의 새 시대가 도래했음을 알리는 것이었다.

유튜브는 올드 미디어를 부양할 수 있다는 것도 보여주었다. 론리 아일랜드*의 「레이지 선데이」는 「새터데이 나이트 라이브」에서 처음 방송을 탔는데, NBC가 삭제하라고 요구하기 전까지(그때도 어리석었고 지금 돌이켜봐도 어리석었다) 유튜브에서 수백만 조회 수를 기록했다. NBC의 그런 움직임은 내 눈에 "우리는 우리 시청자들을 싫어합니다"라는 신호처럼 여겨졌다.

그래서 선댄스가 놀라운 일을 하고 있는 뉴미디어 기업가들로 구성된 이 패널들을 어디에 두었는지 알았을 때 나는 놀라지 않았다. 당연히 그곳은 디지털 영역의 일부인 눅눅한 지하실로, 실질적인 행사에서 멀리 떨어져 있었을 뿐만 아니라 연예인도 보이지 않았다. 영화인 청중이 이 패널 삼총사를 진지하게 받아들이지 않는다는 분명한 신호였다. 어쨌든 나는 그에 맞서려 노력했다. 그리고 패널 토론을 시작하며 "제가 미래를 조립했습니다"라고 말하면서 인디 영화인들로부터 웃음을 끌어내려고 했다.

청중은 우리의 토론을 거의 좋아하지 않았다. 나는 가장 관련성이 높은 사실을 강조하려 했다. 사용자들이 콘텐츠를 만들고 소비

---

* 캘리포니아에서 결성된 뮤지션 겸 코미디언 그룹.

하며 주도하는 시대가 열렸다는 사실 말이다. 프로그래머? 알고리즘으로 대체될 것이다. 방송 시간표? 던져버려라. 언제, 어디서나, 어느 플랫폼에서나 볼 수 있다. 영화관? 웹이 선댄스 영화제를 비롯한 콘텐츠의 주요 유통 수단을 대체하고 이제는 적절한 시청자를 타깃으로 할 수 있게 됨에 따라 축소되고 있다. 헤이스팅스는 이것을 "온디맨드 혁명"이라 불렀고, 헐리는 "오늘날의 선형적 방송 모델은 사라질 것"이라고 덧붙였다. 그리고 킬라는 심지어 광고도 소비자들이 선택하게 될 거라고 맞장구를 쳤다.

내가 보기에 이것은 황금이었다. 관객을 찾는 게 결코 쉽지 않았고, 요란한 블록버스터와 프랜차이즈 흥행 기대작 말고는 남는 게 없는 멀티플렉스에 사로잡힌 그 업계의 일면에 테크 분야가 생명줄을 쥐여주는 것이었다. 그럼에도 바닥이 끈적이는 영화관에서 보는 영화에 대한 사랑은 할리우드가 떨칠 수 없을 것 같은 유해한 습관이었다. 질의응답 도중에 몇몇 사람이 일어나 영화를 보러 가는 경험은 사라질 거라며 매도했다. 네, 맞습니다, 맞아요. 영화 은막이 낭만적이긴 하지만 새롭고 더 나은 관객을 끌어들일 수 있는 혁신에 맞서 싸우는 건 어리석은 일이라 생각한다고 우리 모두가 말했다. 그리고 나는 수 세기 동안 촛불만 켜고 살다가 전깃불이 들어왔을 때도 아마 불쾌했을 거라고 지적했다. 하지만 지금 보니 전구는 훌륭한 발명품이지 않은가?

그러나 헤이스팅스, 헐리, 킬라가 어디에나 존재하는 브로드밴드와 새로운 방식으로 보수를 받는 새로운 크리에이터 계급 등 변화의 범위를 예측하자 선댄스 관객들은 공포에 질려 몸을 뒤로 젖

했다. 최악의 반응이 나온 건 영화가 극장에서 상영되는 동시에 웹에서도 스트리밍되는 걸 피하지 못하리라는 이야기를 했을 때다. 이때 킬라는 TV 화면이 본질적으로 인터넷 콘텐츠를 주로 띄워주는 빈 모니터에 지나지 않을 거라고 언급했다. 아이러니하게도, 킬라의 말이 옳았음에도 불구하고 10년이 조금 더 지난 후 그는 정확히 그 예측을 실천한 탓에 큰 비난을 받았다. 킬라는 팬데믹 기간에 워너미디어의 수장으로서 2021년 신작들을 극장과 VOD로 동시 개봉하겠다고 발표했다. 영화 제작자와 배우들은 분노했다.

「인셉션」과 「다크 나이트」를 제작한 유명 감독 크리스토퍼 놀런은 성명을 냈다. "우리 산업계의 일부 거대 영화 제작자와 대표 영화배우들은 전날에 자신들이 최고의 영화 스튜디오에서 일한다고 생각하며 잠자리에 들었다가 이튿날 일어나 최악의 스트리밍 서비스를 위해 일하고 있다는 걸 깨달았습니다." 2020년 12월 인터뷰에서 나는 킬라에게 물었다. "내가 당신을 알고 지내는 동안, 그리고 확실히 당신이 훌루의 CEO였을 때 당신은 창구화 windowing*에 대해 불평했어요. 기본적으로 콘텐츠가 다른 플랫폼보다 극장에 먼저 등장하게 되는 구식 모델이라고요. 당신은 평생 이렇게 되길 원해온 거죠. 기분이 좋은가요?"

그가 대답했다. "기분 좋군요. 여러 이유로 좋습니다. 가장 중요

---

* 하나의 작품을 서로 다른 시기에 다양한 채널에 다양한 가격으로 출시하는 전략.

한 건 팬 관점에서, 고객 관점에서 기분이 좋다는 거예요. 그리고 다른 많은 관점을 통해서도 좋고요. 우리는 팬데믹 와중에 있고, 수많은 사업이 어려움을 겪고 있으며, 분명히 극장 산업도 어려움을 겪고 있어요. 하지만 여기서 우리가 하고 있는 일은 팬들에게 지금껏 갖지 못한 선택권을 제공하는 것입니다. 저는 그게 진짜 영향력 있는 일이라고 생각합니다. 그리고 우리가 하고 있는 다른 일은 팬데믹 와중에도 영화관에 고예산의 웰메이드 영화를 꾸준하게 공급하는 것이에요. 그 점에 대해서도 정말로 기분이 좋습니다. 영화관에 상영 중인 영화가 한 편도 없는 것밖에는 대안이 없으니까요."

그러나 영화 산업의 놀런 형제가 그를 쓰러뜨렸다. 수개월 만에 킬라는 그 "기분 좋은" 입장을 철회해야 했다. 베벌리힐스라는 짐승의 심장부에서 열린 코드 콘퍼런스에서 진행한 또 다른 인터뷰에서는 MSNBC의 스테퍼니 룰이 그에게 그 철회 조치에 대해 질문했다. "기꺼이 이야기하죠. 그에 대한 책임은 나한테 있습니다. 돌이켜보면, 2주 이상 시간을 들여 170회 이상 대화하며 보냈어야 했어요. 170은 2021년 우리 신작에 참여한 사람들의 수예요." 킬라가 사과의 뜻을 담아 말했지만, 나는 그게 순전히 쇼라고 생각했다. "우리는 일주일도 안 되는 짧은 시간 안에 그렇게 하려 했죠. 당연히 유출도 있었을 거고, 우리가 이걸 해야 할지 말아야 할지에 대해 모두가 의견을 냈을 테니까요."

무대 위에서 나는 킬라의 사과를 듣고 풀이 죽었다. 그가 2009년 그리고 다시 2020년에 같은 이유로 강력한 비판을 받았다는 사실은 그의 비타협적인 태도보다는 할리우드의 비타협적인 태도에 대해 더 많은 것을 말해주었다. 얼마 안 가 디스커버리가 회사를 인수하면서 직장을 잃은 킬라가 너무 성급하게 움직였던 것인지도 모르지만, 그가 향해 가던 방향 자체는 불가피한 것이었다. 영화관은 사라지지 않았지만, 톰 크루즈와 제임스 캐머런이 화려한 팡파르로 상을 차려준 것 말고는 대부분의 영화에 있어 더 이상 흥행의 중심이 아니었다. 차려진 상은, 특히 관객들과 교감하는 웰메이드 영화(예를 들어 2023년 여름에 개봉한 놀런의 「오펜하이머」)에는 당연히 유지되었지만, 다른 모든 영화는 숟가락 얹기 나름이었다.

그것은 마치 할리우드가 절대 멈출 수 없을 것 같은 슬프고 오래된 노래였다. 파슨스의 뒤를 이어 타임워너 CEO가 된 제프 뷰커스의 유명한 코멘트가 떠올랐다. 2010년에 넷플릭스에 대한 이야기 중 뷰커스는 스트리밍이 "곧 막을 내릴 실험의 시대"의 일부라고 주장했다. 그는 거기서 멈추지 않았다. "약간 이런 느낌이에요. 알바니아가 세계를 장악할까요? 그렇지 않을 거라 생각해요." 비록 이 예측은 완전히 틀린 것으로 판명 났지만, 영화산업계는 뷰커스와 그의 재치 있는 모욕에 웃었다. 나중에 보니 그 알바니아 군대는 생각했던 것보다 한참 더 센 화력을 가지고 있었다.

내가 말했던 것처럼 여기는 '실리silly'우드였다.

9장
가장 위험한 남자

거대한 힘을 달래기 위해 우리는 무엇을 해야 하는가?
그리고 나는 결국 이것이 아가멤논을
파괴한 질문이라고 생각한다
저기 해변가, 준비 중인 그리스 선박들,
고요한 항구 너머 보이지 않는 바다,
치명적이고 불안정한 미래
이를 통제할 수 있을 거라 생각하는 그는 바보였다
그는 말했어야 한다
나에게는 아무것도 없습니다,
나는 당신의 손에 달려 있습니다.

_루이즈 글릭, 「빈 잔」

마크 저커버그의 창백하고 둥근 얼굴에 땀이 흘러내릴 때, 나는 그가 내 발치에 금방이라도 주저앉는 건 아닐까 생각했다. 나는 페이스북의 여러 임원으로부터 CEO가 긴장하면 가끔 그런 일이 일어난다고 들었다. 하지만 나는 그 말이 농담인지 아닌지 알 수 없었다. "그는 공개 연설을 할 때 공황 발작을 일으켜요." 몇 년 전에 한 사람이 내게 경고했다. "기절할 수도 있어요."

나는 그게 우리가 저커버그에게 더 잘해주도록 하기 위한 계략일지도 모른다고 의심했다. 월트와 내가 2010년 캘리포니아주 랜초 팔로스 버디스에서 열린 올싱스D 연례 콘퍼런스의 메인 무대에서 그 가냘픈 청년을 다그쳤던 걸 보면 그건 분명 효과가 없었다. 저커버그는 그해 다시 (그리고 마지막으로) 출연한 스티브 잡스 같은 전설적인 테크업계 명사들과 함께 그 상징적인 빨간 의자에 앉아 있었다. 저커버그는 내게 잡스와 함께 태평양에서 저녁을 먹으며 이야기를 나누고 싶다고 말했는데, 나는 그게 감동적이고 진실하다고 느꼈다. ATD 인터뷰는 페이스북이 창업한 지 불과 5년 후, 그리고 상장하기 2년 전에 진행된 것이다. 여러 면에서 저커버그가 우리와 함께 자리한 것은 그에게 화려한 데뷔가 되었다.

그러나 점점 창백해지는 그의 얼굴에 땀이 줄줄 흐르기 시작했다. 돌이켜보면, 그런 재앙을 피할 수는 없었던 것 같다. 회사가 팰로앨토로 이전하기 전 2004년 하버드대학 기숙사에서 더페이스북이 창업된 이래 우리는 자주 이야기를 나눴지만, 저커버그가 나와 주요 공개 인터뷰를 한 건 단 한 번뿐이었다. 그리고 그마저 혼자 오지 않았다. 당시 COO였던 셰릴 샌드버그가 그의 옆에 앉아 어려운 질문들을 능숙하게 막아냈다. 그녀가 회사의 '어른'으로 고용된 직후에 보여준 매끄럽게 영향력을 행사하는 임원에 딱 맞는 이미지였다. 나는 그 역할이 힙한 언니에 더 가깝다는 생각이 들었다. 그녀는 수년 동안 여러 면에서 마크의 안전한 공간이 되어주었다. 나는 샌드버그가 구글에서 수익 창출원인 애드워즈 부서를 운영하다가 '데스스타'가 되어버린 구글에서 탈출한 이야기를 공개한 적이 있다. 그녀는 연휴 파티에서 기이할 정도로 어색한 저커버그와의 첫 만남 때 곧장 그에게 빠져들었다. 그리고 아주 신속하게 앞을 내다보고는 페이스북에서 광범위한 권한을 가진 이인자가 되는 데 동의했다.

유망한 자신의 스타트업을 위한 만족스러운 비즈니스 파트너를 찾는 데 어려움을 겪고 있던 저커버그 입장에서는 더 좋은 결과였다. 2007년 마이크로소프트로부터 2억4000만 달러를 투자받은 후 150억 달러라는 전례 없는 가치를 인정받았을 때조차 회사를 둘러싸고 지속적인 운영에 혼란이 있다는 낌새가 짙어지고 있었기 때문이다. 빌 게이츠가 이 젊은 기업가의 멘토가 돼주긴 했지만, 향후 10년에 걸쳐 저커버그의 가장 중요한 협력자가 되어준 건 샌드버그였다. 그리고 샌드버그가 돈벌이 광고 엔진을 조정하고 저커버그가 공격적인 제품 확장을 주도하면서 정말로 그들이 함께하는 첫 2년 동안 사용자 수 5억 명을 달성했고, 회사의 규모는 다섯 배로 커졌다. 수익이 빠르게 증가하면서 페이스북의 가치는 더더 치솟았다. 한편 우려스러운 신호도 있었다. 저커버그가 너무 쉽게 자신의 데이터를 넘겨주는 사용자들에 대한 자신의 진짜 감정을 드러낸 내부 메시지가 유출됐던 서비스 초기부터 그랬다. 그는 "그들은 '날 믿어', 멍청이들"이라고 썼다. 참 착해 보인다.

나중에 마크가 그런 감정에 대해 유감을 표명했지만, 그건 안전보다 성장 우선의 문화가 고착되고 있음을 보여주는 정확한 서사였다. 그리고 그것은 그 회사의 DNA에 자리 잡고 있기도 했다. 페이스북은 이미 고객 정보를 오용하는 것과 관련된 수많은 재난을 회피했다. 비컨은 외부 사이트 쇼핑 같은 사용자들의 활동을 추적해 해당 정보를 페이스북으로 옮기도록 설계된 광고 소프트웨어였다. 페이스북은 비컨을 '상거래 알림 시스템'으로 출시했지만, 그보다는 스토커 시스템에 더 가까운 듯했다. 2007년 미국 연방거래위원회도 이에 동의해 그 소프트웨어의 사용을 비판했다. 페이스북 개발 초기에 마크에게 조언했던 숀 파커는 나중에 그 사이트의 목표가 단순하다고 말했다. "어떻게 우리가 사용자의 시간과 의식적인 주의를 최대한 소모할 수 있을까?" 긍정적인 뜻으로 한 말은 아니었다.

그 유명한 '그로스 해킹Growth hacking'을 AOL, 야후, 심지어 구글마저 주춤하는 아찔하고 극단적인 수준까지 밀어붙인다는 평판이 페이스북에 추가되었다. 2010년 여름까지 페이스북이 허술하고 탐욕스러운 개인 정보 방침 때문에 규제 당국의 조사에 시달린 것은 놀라운 일이 아니었다. 조사가 계속되자 페이스북은 아무렇지도 않게 그 방침을 버렸다. 이런 소란에 더해, 페이스북 창업에 대해 에런 소킨이 각본을 쓴 영화 「소셜 네트워크」가 개봉을 앞두고 있었다. 사전에 전해진 바에 따르면, 그 영화는 저커버그를 그다지 좋지 않은 시각으로 묘사하고 그의 가식적인 행동이 회사에 스며들었음을 시사한다고 했다.

인터뷰 직전 식사 자리에서 내 옆에 앉은 마크는 자신이 하버드 동문인 윙클보스 형제에게서 소셜 네트워크 아이디어를 훔쳤다고 묘사하는 것을 포함해 다가오는 영화 개봉에 대해 분명히 동요하고 있었다(쌍둥이 조정 챔피언인 윙클보스 형제는 잘생기고 진취적인 사람들로, 나중에 페이스북으로부터 합의금을 받아 암호 화폐 거래소를 시작했으니 그들을 위해 눈물을 흘리지는 말자). 페이스북은 영화에 더 많은 관심을 불러 모은 그 묘사에 책임이 있는 할리우드 간부들에게 독선적이고 야단스럽게 불평했다. 나는 저커버그에게 웃어넘기라고 조언했고, 더 나아가 시사회에 가서 저커버그를 연기한 배우 제시 아이젠버그를 안아주라고 했다. "이야기를 지배하는 거예요, 마크." 내가 말했다. "당신이 좋아하든 말든 영화는 개봉될 거예요. 그리고 뭐 어때요. 어차피 결국 당신은 누구보다 부유하고 유명해질 텐데요."

이후에 그는 아이젠버그와 함께 「새터데이 나이트 라이브」에 출연한 걸 포함해 정말 웃어넘기기는 했지만, 콘퍼런스 당시에는 그런 사고방식을 갖고 있지 않았다. "사람들은 화면에 보이는 걸 그대로 믿으니까 나를 정말 그런 사람으로 생각할 거예요." 그가 주름 하나 없는 이마를 찡그리며 말했다. 마크는 이제 막 스물여섯 살이 되었고, 인생은 길고 마라톤처럼 이어지는 철저한 조사에 자신이 대비해야 한다는 사실을 거의 체감하지 못했다. 열병의 시작 같은 이 일로 악화된 감정적인 동요가 그를 불안하게 만들었다. 사실 내 눈에 저커버그는 아주 연약해 보였다. 특히 그가 화났다기보다는 세상이 자신에게 왜 그리 불공평한지에 대해 당혹스러워하는 듯 보여서 더 그랬다. 어쨌든 그는 세상에 페이스북이라는 발명품을 선물한 사람이다. 이것은 앞으로 정당한 비판이 시작되고 수년 동안 끊임없이 그와 회사를 괴롭히게 될 피해의식 발동의 시작이었다. 절대 마지막은 아니었다.

피해의식은 테크 기업 전반에 걸쳐 언제든 폭발할 수 있는 감정이었고 특히 창업자와 경영진들의 반발(꼭 필요한 반발)을 사기 시작하면서 더 그랬다. 이러한 태도는 이 하버드 중퇴자가 2017년 졸업식 연설을 위해 대학에 돌아왔을 때 완전히 발화했다. 사람들의 가이드를 목표로 삼겠다는 높은 이상으로 시작한 그는 불만의 고속도로로 재빠르게 방향을 틀었다. "이상주의적인 건 좋습니다. 하지만 오해받을 각오를 하세요. 커다란 비전을 실현하려는 사람은 설령 그 사람이 옳다 하더라도 미쳤다는 말을 듣게 될 겁니다. 복잡한 문제를 해결하려는 사람은 모든 일을 미리 꿰뚫어보는 게 불가능함에도 불구하고 그 문제를 완전히 이해하지 못했다는 책 망을 듣게 될 겁니다." 그가 말했다. "주도적으로 행동하는 사람은 너무 성급했다는 비난을 받게 됩니다. 세상에는 언제나 당신의 속 도를 늦추고 싶어하는 사람이 있기 때문이죠."

이 피해의식의 씨앗은 그가 시나리오 작가 애런 소킨이 자신을 괴롭히는 이유를 모르겠다고 말했던 2010년에 이미 싹트고 있었 다. 나는 그가 왜 자신이 가진 현실 세계의 영향력보다 그 바보 같 은 영화를 더 신경 쓰는지 이해할 수 없었다. 나는 무대 인터뷰 준 비를 위해 자리에서 일어나기 전 이렇게 농담했다. "악명을 떨쳐 요, 마크."

그에게는 불행히도 정말 그렇게 되었다. 월트가 개인 정보와 '즉각적인 개인화' 문제에 대해 압박하자 저커버그의 불안은 무대 위에서 물리적인 형태로 나타나기 시작했다. 샌드버그는 맨 앞줄 에 앉아 있었는데, 내가 가까이에서 볼 수 있는 것을 그녀도 볼 수 있게 되면서 그녀의 얼굴은 공포로 일그러졌다. 마크는 완전히 멜 트다운 상태가 되었다.

뭐랄까, 진짜로 녹아내리는 상태였다.

점점 더 흥건해지는 그의 땀은 영화 「브로드캐스트 뉴스」에서 앨버트 브룩스의 역인 에런 올트먼이 대타로 주말 뉴스 앵커를 맡 아 기회를 잡으려 했지만 땀범벅이 되고 마는 장면을 연상시켰다. 굳이 따지자면 저커버그가 더 심했다. 내가 호전적인 인터뷰어라 는 평판을 나는 좋아했지만, 최근 떠오르는 실리콘밸리의 신동을 땀 웅덩이에 빠뜨린 사람으로 알려지고 싶지는 않았다. 그래서 불쑥 끼어들어 그가 맨날 입고 있는 그 후드 집업을 벗어서 땀을 식히라고 했다. 엄마 모드가 발동한 나는 눈에 띄게 고장난 그를 구해주려고 애썼다. 이 흥건한 재앙을 멈추는 게 전적으로 이타적인 의도에서 나온 건 아니었다. 나는 이 인터뷰가 기절한 그의 아기 같은 얼굴을 때리는 내 모습으로 끝나는 걸 원치 않았다. 마크는 고통받고 있음이 역력한데도 거절했다. "전 절대 후드를 벗지 않아요." 그가 어색하게 농담을 던졌다.

하지만 잠시 후, 상황이 얼마나 나쁜지 깨닫자 마크는 포기했다. "아무래도 후드를 벗어야겠네요." 그가 말했다. 그가 보호막을 벗겨내자 겨드랑이와 등 아래로 번진 땀자국이 드러났고, 나는 그를 진정시키기 위해 잡담을 시도했다.

카라: 그거 참 따뜻한 후드네요.

마크: 두꺼운 후드예요. 회사 후드죠. 안쪽에 회사의 미션이 인쇄되어 있어요.

카라: 정말요? 뭐예요? '세상을……'

마크: '세상을 더 개방적이고 연결된 곳으로 만들자.'

카라: 맙소사. 무슨 비밀 사이비 종교 같아요. 저거 보세요. '세상을 더 개방적이고 연결된 곳으로 만들자. 스트림, 그래프, 플랫폼.' 그리고 중앙에 이상한 심벌은 아마도 일루미나티* 같은데요.

*　1700년대 후반에 활동한 비밀 결사 단체로 음모론의 소재로 자주 이용되었다.

모두가 웃었고, 저커버그가 안정을 되찾아 인터뷰를 이어가자 다들 안도의 한숨을 내쉬었다. 이후에 그는 월트와 나에게 그 일에 대해 정중한 이메일을 보냈다. 심지어 인터뷰를 하게 해주어 고맙다고 했다. 물론 그럴 필요는 없었다. 특히나 테크업계를 빠르게 휩쓴 그 이미지와 영상으로 고통받은 걸 생각하면 말이다. 결정적인 순간에 있는 CEO가 보여준 유별나게 약한 모습이었다. 알고 보니 그것이 나와 대화할 때 그가 보여준 모습 중 최악은 아니었다.

우리가 만난 그 순간부터 마크는 나를, 아마도 모든 언론을 적으로 생각하는 듯했다. 마크가 내게 처음으로 했던 말이 좋은 예다.

"당신이 나를 재수 없는 인간이라 생각한다고 들었어요."

이게 그의 첫 마디였다. 내가 주요 비즈니스 신문사에서 일하고 내가 쓰는 글이 영향을 끼칠 수 있는 만큼 대부분의 꼬마 기업가가 내 마음을 사로잡으려 애쓰는 것에 비해 확실히 공격적인 한 수였다. 그런 기습 공격에도 불구하고 저커버그는 무해한 인상을 주었다. 오히려 어린 사슴 같은 눈과 넓은 이마를 가진 갓 태어난 새끼 동물처럼 보이기도 했다. 마치 딱히 흥미롭지는 않은 애니메이션 캐릭터처럼.

하지만 그가 틀렸다. 나는 그를 재수 없는 인간이라 생각하지 않았다. '아마도' 재수 없는 인간일 거라고 생각했는데, 이건 많은 사람이 내게 이야기해준 바에 근거한 의견이었다. 내가 존경하는 이들 중 저커버그를 만났던 사람들은 그가 그저 그런 인상이라며 최대한 친절한 표현을 했다. 어떤 사람들은 그가 별 볼 일 없는 인물이라 생각했고, 어떤 사람들은 그가 극도로 거만하다고 생각했다. 대부분은 그가 그저 '빈번하게 틀리면서도 결코 의심하지 않는' 또 다른 테크남일 뿐이라고 생각했다. 확실한 건, 그가 게임 체인저라고 생각하는 사람은 아무도 없었다는 것이다. 그래도 여전히 소셜 네트워크의 극초기였기 때문에 그는 아직 지금의 그 사람, 즉 세상에서 가장 부유하고 가장 영향력 있는 사람 중 한 명이 아니었다.

나는 당시 페이스북의 COO였던 오언 반 나타로부터 저커버그를 만나보라는 권유를 받았다. 그와는 그가 초창기 아마존 임원이었을 때부터 알고 지냈다. 반 나타는 테크업계의 말도 안 되는 수작에 관여함과 동시에 항상 그 수작으로 엄청나게 돈을 긁어모으는 언변 좋은 운영자였다. 그는 저커버그의 환심을 사는 데 성공했고, 저커버그가 남성 임원들을 받아들였다가 줄줄이 내쫓았던 역사에도 불구하고 굳건히 버티고 있는 듯했다. "당신도 그를 맘에 들어할 거예요. 그 사람은 최고예요, 최고. 지이인짜로요." 반 나타는 중고차 세일즈맨 같은 분위기를 풍기면서도 보이 스카우트같이 행동하려 애쓰며 속삭였다. "그 구글 사람들 신물 나지 않아요?"

좋은 지적이었다. 나는 2004년에 검색 회사를 상장한 그 구글 사람들이 신물 났다. 브린과 페이지가 억만장자가 되어 이제 모든 사람이 365일 24시간 내내 그들의 온갖 기행을 받아준 탓에 귀여운 수준이던 그들의 어수룩함이 갈수록 이상해진 뒤로는 신물이 났다. 다행히 실리콘밸리에는 늘 그렇듯이 차세대 스타 기업이 등장했고, 페이스북은 확실히 현시점에 가장 중요한 스타트업이었다. 결국에는 저커버그를 만나야 한다는 걸 나도 알고 있었다. 그래서 2006년 유니버시티 애비뉴를 걷다가 페이스북으로 향하기 전에 '피자 마이 하트'에 들러 머시룸 피자 한 조각을 사 먹었다. 내가 도착했을 때, 그는 허름한 사무실 문틀에 서서 내가 자기를 재수 없는 인간으로 생각한다는 이야기를 들었다고 불쑥 말했다.

그리고 내가 저커버그에서 처음으로 한 말은 이랬다. "당신을 지금 막 만났기 때문에 재수 없는 인간인지 아닌지 아직 몰라요. 하지만 곧 알게 되겠죠." 저커버그가 어떤 사람인지는 오랫동안 분명하게 와닿지 않았고, 그가 내게 팰로앨토 주변을 산책하자고 요청한 그날도 확실히 그랬다. 이 진기한 관행은 그 주변을 활발히 산책하는 스티브 잡스에게서 가져온 듯한 느낌이 있었다.

끊임없이 호기심을 불러일으키는 잡스와 달리 저커버그는 매력이나 밀당이 거의 없었고, 당시 그가 어찌나 사회적으로 어색한지 괴롭기만 했다. 그는 말을 더듬고 횡설수설하며 눈을 마주치지 않았다. 이는 내가 수년 동안 취재해온 많은 테크인 사이에서 드문 일이 아니었다. 대화 중에 몸을 흔드는 경향이 있는(이것은 틱이었고 나중에 극복한 듯하다) 마이크로소프트의 창업자 빌 게이츠도 마찬가지였다. 많은 기업가가 부와 권력을 얻은 후에 그러하듯, 게이츠도 패션, 헤어스타일, 몸매를 더 좋게 가꾸면서 모난 데를 매끄럽게 다듬으려 열심히 노력했다. 초창기의 저커버그는 아직 근육질에 MMA 격투기를 하고, 애국심 넘치는 모습으로 포일보드를 타고, 들소를 사냥하고, 트랙터 타고 송아지에게 먹이 주는 모습을 보여주는 그런 남자가 아니었다. 물론 이후 10년 동안 그런 사람이 되었다. 내가 자연스러운 환경에 있는 테크인들을 포착하려고 들고 다녔던 2007년형 비디오카메라에서 그 청년의 모습을 엿볼 수 있다. 내가 올싱스D 직원과 실리콘밸리의 단골 레스토랑인 '일포르나이오'에서 점심 식사를 하는데 마크와 그의 초기 벤처 캐피털 중 하나인 액셀파트너스의 짐 브라이어가 다가와 인사했다.

당시에 내가 썼던 것처럼, "내가 사람들을 성가시게 하는 작고 하얀 퓨어디지털 비디오카메라를 급히 꺼내자 선택의 여지가 없던 저커버그는 황송하게도 아래 영상에 대고 인기 소셜 네트워크 플랫폼을 서드파티third-party 개발자에게 떠들썩하게 공개한 일과 관련된 최신 소식을 빠르게 전해주었다. 그러나 내가 상당히 오랜 시간 동안 회사를 둘러싸고 떠돌던 인수설(그나저나 구글이 새 루머 냄새를 맡고 있다)에 대해 물었을 때, 그는 비웃다가 돌연 굉장히 불편해했다".『월스트리트저널』이 어찌 저찌 분실해 기사로만 남은 그 어색한 영상에서 마크는 내가 마치 자신에게 지그 춤이라도 추라고 한 듯 말을 더듬고 씩씩거렸다. 실제로 인수 제안들은 2006년 10억 달러를 제안한 야후를 시작으로 정신없이 빠르게 이루어졌다.

그러나 계속해서 스스로 향상시키는 데 전념하는 듯 보였고, 나는 그 성격에 감탄했다. 예를 들어 2009년 샌프란시스코 세인트 레지스 호텔에서 열린 셰릴 샌드버그의 생일 파티에서 그는 확실히 대화와 프레젠테이션 역량을 향상시키기 위해 애쓰고 있었는데, 페이스북 임원들은 그게 그의 우선 과제라고 내게 말했다. "우리가 처음 만났을 때보다 더 나아진 것 같아요." 저커버그가 진지하게 말했다.

나는 큰 소리로 "물론이죠"라고 말했지만, 머릿속에서는 '아주 조금'이란 말을 덧붙였다. 사실 불편하기는 했지만 나는 우리의 첫 만남이 매우 즐거웠다. 끝은 좋지 않았지만. 나는 떠날 때 "내가 CEO다, 어쩔래"라는 농담을 가장한 불쾌한 코멘트가 적힌 유명한 저커버그의 명함을 건네받았다. 세상에, 나는 그 명함이 정말로 싫었다. 그래도 저커버그가 입으로 둔 첫수는 깊은 인상을 남겼다. 그는 내가 실제로 좋아하는 특징을 가지고 있었다. 여느 번드르르한 청년 기업가들과 달리 끝없는 야심을 감추지 않았다는 점 말이다. 부드러운 플리스 후드티와 편안한 신발을 신은 그들의 패션 초이스는 대체로 다 큰 어린애를 연상시켰다. 실제로 나는 그들에게 '애어른'이라는 별명을 붙였다. 그게 좋지 않다는 건 나도 알지만, 뚜렷한 특징이나 흥미로운 부분도 없이 반쯤 크다 말아 이해하기 어려운 이들에게 딱 맞는 별명이었다. 그중에서도 최악인 건 그들이 서로 다르지만 도긴개긴이라는 점이었다. 그들은 '세상을 바꾸고 싶다' '중요한 건 과정이다' '돈이 목표가 아니다'라고 주장하곤 했다. 당연히 그런 건 전부 거짓말이었고, 무엇보다 이 사람들이 자기 자신에게 거짓말을 하고 있다는 사실 때문에 더 문제가 되었다.

귀여움으로 본성을 감추려 하는 아기 상어들과는 대조적으로 저커버그는 시작부터 대놓고 권력과 역사적 의의를 갈망했다. 오랫동안 페이스북 홈페이지 하단에는 "마크 저커버그 제작"이라는 태그가 있었다. 그리고 그보다 더 중요한 건 그의 투자자 중 한 명이 어느 날 나와 저녁 식사를 하던 중 "그의 영웅은 아우구스투스 카이사르예요, 휴"라고 말했다는 것이다. 내가 아는 벤처 캐피털 대부분은 자기가 투자한 스타트업을 판단할 때 가장 낮은 윤리적 기준을 적용하는 경향이 있긴 하지만, 이 투자자는 저커버그의 어린 시절 영웅이 더 문제가 있는 인물이 아니라는 데 안도감을 느꼈을 것이다(스탈린도 아니고, 히틀러도 아니고, 무솔리니도 아니라고? 휴! 시리즈 A 계속 가봅시다!). 저커버그는 고등학생 시절 필립스 엑서터 아카데미에 다닐 때 '좋고, 나쁘고, 복잡한 인물들'을 공부하면서 역사 속 황제들을 만난 후 2018년 『뉴요커』에서 인물 기사를 통해 제국의 역사에 대한 애정을 강조했다. 그것은 자신의 양아버지이자 좌절된 독재자 율리우스 카이사르의 암살 이후 로마에서 집권한 아우구스투스에게도 분명히 적용될 것이다.

"기본적으로 그는 매우 혹독한 접근 방식을 통해 200년간의 세계 평화를 확립했어요." 저커버그가 『뉴요커』 기자 에번 오스노스에게 설명했다. "여기에 있는 상충 관계가 뭐냐면요, 일단 세계 평화는 오늘날 사람들이 이야기하는 장기적인 목표예요. 200년은 도달할 수 없는 목표처럼 느껴지죠." 그것은 정복, 식민지화 그리고 수많은 죽음을 포함하는 평화의 대가를 아주 개략적으로만 인정하고 있는 팍스 로마나Pax Romana*의 요약 버전이었다. 저커버

---

*   아우구스투스 때부터 시작해 약 200년간 지속된 로마 제국의 평화기.

그는 그 시대가 "대가 없이 온 것은 아니다"라고 언급하면서 부정적인 부분에 공감하는 듯했다. 심지어 아우구스투스가 질서를 유지하기 위해 '어떤 일'을 해야 했다는 점까지 인정했다. 그 역사와 관련된 특유의 경고에도 불구하고 저커버그는 아우구스투스 카이사르 편에 선 듯했고, 황제는 황제가 해야 할 일을 해야 한다는 신념을 가진 듯했다.

오스노스는 "말과 진실 사이에서 그는 말을 택했다. 속도와 완성도 사이에서 그는 속도를 택했다. 규모와 안전 사이에서 그는 규모를 택했다"라고 언급하며 저커버그의 태도를 완벽하게 요약했다. 더 큰 아이디어를 실현하는 데 있어 '실수가 있었다'라는 그런 마인드는 저커버그의 경력 전반에 수반되고 페이스북 문화에도 영향을 미칠 터였다. 이러한 접근 방식은 초기에 본사를 장식한 "빠르게 움직여 부숴라" 포스터에서 잘 드러났다. 그 모토는 소프트웨어에 대한 괴짜들의 코딩 기준이기는 했지만, 그러한 접근 방식을 효과적으로 보여주는 선택이었다. 목표는 '변화시키기'나 '수정하기' '개선하기'가 아니라 '부수기'였던 것이다.

2021년 7월, 『플랫포머』의 케이시 뉴턴은 저커버그에게 페이스북에 돌아다니는 백신과 코로나19에 대한 잘못된 정보가 '사람들을 죽이고 있다'라는 조 바이든 대통령의 발언(이 발언은 나중에 순화되었다)에 대해 질문했다. 저커버그의 반응은 그의 마인드를 여실히 보여주었다. "이런 시스템의 무결성에 대해 생각한다면, 그건 도시의 범죄와 싸우는 것과 약간 비슷합니다. 아무도 도시의 범죄를 완전히 해결할 수 있을 거라고 기대하지 않죠. 경찰서의 목표는 범죄가 발생했을 때 사람들로 하여금 경찰서가 실패하고 있다고 말하도록 만드는 게 아니에요." 저커버그가 말했다. "그건 타당하지 않아요. 대신 우리가 일반적으로 기대하는 것은 무결한 시스템, 말하자면 경찰서가 나쁜 일이 일어날 때 이를 저지 및 포착하고 나쁜 일을 최소한으로 유지하는 데 도움을 주고, 긍정적인 방향으로 추세를 이끌어 다른 문제에도 앞장설 거라는 거죠. 그러니까 우리도 여기서 그런 일을 하려고 합니다."

그가 빠뜨린 관련 사실은, 흔히 그렇듯이 문제가 발생하면 시민들이 경찰서장을 해고하거나 새로운 시장을 선출할 수 있다는 것이다. 반면 저커버그는 페이스북의 종신 통치자로서 영구적으로 직장이 보장된다. 페이스북의 의도적인 기업 구조 덕분에 그는 의결권과 이사회를 통제하고, 민주적인 방법으로는 경영 부실을 이유로 결코 해임되지 않는다. 더 간단하게 설명하겠다. 마크는, 영원히, 해고되지, 않는다. 그의 자손도 마찬가지다. 그는 절대 군주다. 그리고 아날로그 시대의 아우구스투스 카이사르와 아주 비슷하게도 그의 꿈은 어떤 대가를 치르더라도 세상을 연결하는 것이다. 이에 대해서는 수년 동안 우리가 함께 대화하며 반복적으로 이야기했고, 어떤 날에는 늦은 밤 전화로도 이야기했다. 그의 발명품인 디지털 끈으로 서로 더 가까이 연결되어 우리 모두 마침내 하나가 되는 세상에 대해서 말이다.

마크가 자신의 제국을 대중으로 채우는 것에 대해 진심으로 이야기하고 있었음에도, 나는 그가 내게 '커뮤니티'라는 단어를 말할 때마다 페이스북 주식을 가지고 있었더라면 좋았겠다고 생각했다. 그랬다면 나는 아주 부자가 되었을 것이다. 사실 페이스북 초창기에 마크의 부하 직원 중 한 명이 내게 일자리를 제안했는데, 그 사람은 내가 페이스북에 와서 불특정한 '편집상'의 문제를 다루어야 한다고 생각했다. "그쪽 사람들이 보도자료 전략이나 저널리즘, 알고리즘이 지배하도록 놔두는 것 말고 다른 어느 것에라도 관심이 있긴 한가요?" 나는 언론인으로서 한껏 콧대를 세우며 물었다.

"아뇨, 하지만 당신은 언젠가 걸프스트림 개인 제트기를 살 수 있을 거예요." 그가 대답했다. 맞는 말이지만 내게는 효과가 없었다. 나는 이코노미석도 괜찮았고, 어쩌면 언젠가는 일등석도 탈 수 있을 것 같았다. 그리고 가장 좋은 건, 15년 후 페이스북을 모든 걸 아우르는 가상현실 경험으로 전환하는 것에 대해 나불대는 CEO 옆에 앉아 열심히 고개를 끄덕일 필요가 없으리라는 점이었다('메타버스'는 저커버그가 2021년 여름 『스노 크래시』 저자 닐 스티븐슨과 다른 사람들의 비전을 자신의 버전으로 출시하기 전에 그들로부터 슬쩍 훔쳐온 아이디어다). 그러니까 나는 깔고 앉을 돈방석을 갖는 대신 이렇게 말하겠다. 네 메타버스는 개나 줘라, 마크. 개소리 집어치워.

그의 '도시의 범죄와 싸운다'는 비유가 나온 것이 2021년 1월 6일 폭도들이 미국 국회의사당을 습격한 지 불과 6개월 후였다는 사실도 주목할 만하다. 당시 도널드 트럼프 대통령과 그의 하수인들이 증오와 거짓말을 증폭시키고 그것을 폭력으로 만드는 데는 소셜미디어, 특히 페이스북이 한몫했다. 테크 기업들에 얼마나 많은 책임이 있는지 정확히 말하기는 어렵지만(그리고 그들 모두 공포 속에서 자신의 역할에 대해 곰곰이 생각하기보다는 그 상황에서 빠져나오려는 해로운 시도를 했다), 도처에 있는 이 플랫폼들의 허술한 경영으로 인해 긴장이 고조되었다는 데는 의심의 여지가 없다(그렇다, 맞다. 테크인들이 지적하듯이 루퍼트 머독과 폭스뉴스 또한 책임이 있다).

그럼에도 테크업계가 일부 연구를 바탕으로 상관관계는 인과관계와 다르다고 주장하는 반면, 다른 이들은 다른 연구를 근거로 삼아 그 주장에 동의하지 않는다. 몇 가지 사실은 절대적으로 분명하다. 전 세계적으로 점점 더 많은 사람이 소셜미디어를 통해 뉴스와 정보를 얻고 있고, 소셜미디어에는 불안과 분노를 불러일으키는 무서운 능력과 중독성이 있다. 내가 여러 해 동안 대화를 나눈 전문가들도 같은 점을 지적했다. 새로운 패러다임에서는 참여가 격분과 동일하다는 점 말이다. 이런 회사를 운영하는 사람들 때문에 상황은 더 악화된다. 그들은 결과에 대한 예측력이 부족하고, 그들의 첫 번째 본능은 잠재적인 위험 피해와 상관없이 모든 걸 통과시키는 것이기 때문이다. 엄마 국가mommy state*의 반대말은 뭘까? 부모 없는 혼란이다.

그리고 그 사회는 모두 민영이고, 아무런 책임도 지지 않는다. 실제로 저커버그의 괴상한 도시 비유를 확장해보자면, 단 하나의

---

* 시민들을 보호하려는 의도로 정부가 지나치게 많은 것을 규제 및 통제하는 사회로 보모 국가라고도 한다.

회사가 집세(데이터로 지불) 같은 모든 경제를 통제하면서 부적절한 수도, 하수도, 경찰, 화재 보호, 가스, 전기, 도로를 제공하고 심지어 신호 체계마저 형편없는 디지털 거대 도시를 상상해볼 수 있다. 이 도시의 일부는 영화 「퍼지The Purge」처럼 운영된다. 게다가 우리는 납세자 세금과 우리의 데이터로 인터넷 생성을 지원함으로써 그 모든 비용을 지불했다. 그들은 우리에게 빚지고 있다. 하지만 폭력이 실제로 해를 입힐 때 기업들은 그저 사과와 '더 잘하겠다'는 끈질긴 주장으로 일관한다. 그러나 더 잘할 수 없을 것이다. 왜냐하면 그들은 무능하기 때문이다. 사실 플랫폼이 구축된 방식(플랫폼의 아키텍처, DNA, 기본적인 뼈대)으로 인해 그들은 '더 잘하는' 것이 불가능하다.

망했다는 이야기를 해보자면, 유감스럽게도 우리는 정말 망했다.

증거 A: 2016년 저커버그가 페이스북에 다음과 같은 글을 올렸다. "베이징에 돌아와서 좋다! 톈안먼 광장을 빠르게 둘러보고, 자금성을 지나 천단으로 이동하며 여행을 개시했다." 그가 세상에 공유한 사진에서는 마오쩌둥 초상화를 배경으로 회색 티셔츠와 검정 바지를 입은 채 빠르게 지나가는 그를 볼 수 있다. 그는 활짝 웃고 있지만, 바로 그 장소에서 수백, 어쩌면 수천 명의 학생 시위대가 중국 정부군에 의해 학살당했다는 사실은 전혀 언급하지 않는다. 톈안먼 사태 당시 저커버그는 고작 다섯 살이었지만, 엑서터와 하버드에서 잘난 교육을 받는 동안 이 주제가 한 번도 등장하지 않았다고는 생각하기 어렵다. 사진에서 저커버그는 조깅하는 사람 대여섯 명에게 둘러싸여 있는데, 아마 그의 팀인 듯하다.

그들 중 단 한 명도 그 장소의 역사적 의의에 대해 몰랐단 말인가? 누군가 저커버그에게 이야기했음에도 그가 무시한 것일까? 아니면 그걸 언급하기가 너무 무서웠던 걸까? 내가 미팅(그가 사진 이야기를 꺼냈다)에서 그에게 이 문제에 대해 압박하며 중국 정부의 앞잡이처럼 보였다고 말했을 때, 그는 아무도 자신에게 이런 문제를 제기한 적이 없다고 딱 잘라 말했다.

증거 B: 그다음 마크와의 긴 인터뷰는 2018년 중반 '레코드 디코드' 팟캐스트에서 진행되었다. 그는 홀로코스트 부정론자들에게는 거짓말하려는 의도가 없을 수도 있다고 말했다. 그가 페이스북에서의 설익은 음모론, 거짓말, 잘못된 정보 확산의 위험을 이해하지 못하는 것이 분명했음에도 나는 '잘못 들었나' 하고 생각했다. 우리는 인터넷(과 세계) 최악의 인물 중 한 명인 앨릭스 존스에 대해 이야기하기 시작했다. 그는 샌디 혹 학교 총기 난사로 발생한 아동 대량 살인에 대한 거짓 음모를 퍼뜨린 인물이다. 그는 정해진 모든 규정을 어기면서 사실을 조작할 때 저커버그의 소셜 네트워크를 자신의 수단으로 이용했다.

나는 존스가 그 소셜 네트워크에서 쫓겨나지 않은 이유를 알고 싶었지만, 마크는 인터뷰에서 그를 더 강하게 지지하기로 결정했다. "그 콘텐츠의 일부는 혐오스러울 수 있지만, 그게 사람들에게 발언권을 주는 이 원칙으로 귀결된다고 생각합니다." 그가 말했다. 그러더니 나를 동요시키려는 의도인지 주제를 홀로코스트로 전환했다. 역사에 대한 상당한 이해가 있는 게 아니라면 그건 결코 좋은 생각이 아니다. 그리고 내가 말했듯이 대학에서 내 주 전공 분야 중 하나는 역사였다. 어쨌든 그는 "전 유대인이에요. 그런데 홀로코스트가 일어났다는 사실을 부정하는 사람들이 있어요"라고 언급하며 주제를 밀고 나갔다.

"네, 많이 있죠." 그가 무슨 말을 하려는 건지 확신하지 못한 채 내가 말했다. 그러나 본능적으로 그의 말에 끼어들어 혼내기보다는 일단 입을 다물고 이 상황이 통제 불능이 되는 걸 지켜보기로 했다. 오래 걸리지는 않았다.

"전 그게 대단히 모욕적이라고 생각해요. 하지만 결과적으로 우리 플랫폼이 그런 글들을 내려야 한다고 생각하지는 않아요. 세상에는 사람들마다 오해하는 것이 있으니까요. 그 사람들이 고의로 그러는 거라고는 생각하지 않아요. 하지만 저는……"

'홀로코스트 부정론자들이라면 그럴 수도 있다'라고 말하는 건 놀라울 정도로 멍청한 소리였기 때문에 나는 끼어들어야 했다. 그러나 나는 말을 삼키고 그대로 놔두기로 했다. 이 중요하고도 위험한 주제에 대한 그의 얄팍한 사고의 깊이를 이해할 필요가 있었기 때문이다. 때로는 인터뷰에서 아주 조용히 있는 것이 최선일 때가 있는데, 이때가 바로 그런 순간이었다.

그래서 나는 그냥 "하지만, 계속하세요"라고 말했다. 그리고 그는 이야기를 계속하며 전력질주했고, 나는 그런 그가 충돌하는 걸 지켜봤다. 그는 "의도를 의심하고 의도를 이해하는 건 어려운 일이에요"라고 말했는데, 적어도 홀로코스트 부정론자에 대해서라면 그렇지 않았다. ATD 프로듀서 에릭 존슨은 멘로 파크의 해커웨이 1(농담이 아니다)에 있는 마크의 사무실에서 팟캐스트 인터뷰를 녹음하고 있었는데, 그 역시 저커버그가 한 말을 믿을 수 없어 숨이 턱 막혔다. 마크나 그 자리에 있는 마크의 직원들은 그가 한 말이 주목받으리라는 걸 잘 모르는 듯했다. 어쩌면 내 무대가 아니라 자기 사무실에 있어서 안전하다고 느꼈거나, 자신의 종교를 이용해 생각을 밝힘으로써 진심을 보여주고 있는 거라 생각했거나, 역사에 대한 감각이 전혀 없는데 너무 많은 권력을 가지고 있었던 것일 수도 있다. 이유가 뭐든, 내가 아는 거라곤 우리가 최대한 빨리 차로 달려가 101번 국도를 타고 서둘러 샌프란시스코로 가서 그 인터뷰를 업로드했다는 사실뿐이다.

당연히 저커버그의 발언은 로만 캔들 폭죽처럼 전 세계로 퍼져나갔고, 그는 자신이 한 말을 명확히 하기 위해 내게 이메일을 보냈다. "저는 개인적으로 홀로코스트 부정이 대단히 모욕적이라고 생각하며, 그것을 부정하는 사람들을 변호하려는 의도는 절대 없었습니다." 그는 이렇게 썼지만, 그게 바로 정확히 그가 한 일이었다. 그럼에도 마크는 자신의 플랫폼이 "홀로코스트를 부정하거나 왜곡하는 콘텐츠를 금지"해야 한다고 결정을 내릴 때까지 홀로코스트 부정론자들이 2년 더 그 플랫폼에 머물 수 있도록 했다.

저커버그가 마침내 깨닫기 전까지 2년 동안 이 극악무도한 사람들은 무수한 피해를 입혔다. 그는 페이스북 게시글에 "저는 표현의 자유 옹호와 홀로코스트 축소·부정으로 초래되는 피해 사이에서 갈등을 겪었습니다"라고 썼다. "반유대주의적 폭력의 증가를 나타내는 데이터를 보면서 제 생각이 발전했고, 혐오 표현에 대한 더 폭넓은 정책을 마련하게 되었습니다."

발전했다고? 하느님, 맙소사. 나중에 나는 칼럼에서 그것을 '마크 저커버그의 값비싼 교육'이라고 말했는데, 그것은 사회가 치른 대가를 뜻하지 그가 치른 대가를 의미하는 건 아니었다. 나는 그 후로 다시는 그를 인터뷰하지 않았지만, 언젠가는 하고 싶다(삼세 번이잖아요, 마크! 연락 줘요!). 저커버그는 창 던지는 군대 없이도 자신의 이미지대로 세상을 재구성하는 데 있어 아우구스투스에 필적했다. 저커버그는 사악하지도, 악의적이지도, 잔인하지도 않았지만 그는 예나 지금이나 계속 자신이 부추긴 세력들에 대해 유별나게 순진했다. 페이스북 활성 사용자가 30억 명까지 부풀어 오르면서 그 플랫폼은 세계에서 유례 없는 가장 중요하고 방대한 통신, 정보, 광고, 미디어 대기업이 되었지만, 저커버그는 자신의 디지털 플랫폼이 가진 힘을 억제할 준비가 한심할 정도로 돼 있지 않았다.

아니, 저커버그는 재수 없는 인간이 아니었다. 그보다 더 심각했다. 그는 기술의 역사에서 가장 부주의하고 위험한 남자 중 한 명이지만, 본인은 그 사실조차 몰랐다. 불행히도 그런 사람 중 그가 최악은 아니었다.

10장
우버멘시

나는 그 누구도 돼지로 만들지 않았다
어떤 이들은 돼지다
나는 그들을 돼지로 보이게 만든다
_루이즈 글릭, 「키르케의 힘」

2017년 초봄, 나는 신흥 재벌 테크인들이 즐겨 찾는 샌프란시스코 시내의 호화로운 최신 레스토랑 '무라드'에 예약을 잡았다. 새로운 식당 대부분이 그렇듯이, 무라드는 세련되기도 하고 퇴폐적이기도 한 분위기를 냈다. 커다란 꽃이 가득 담긴 커다란 꽃병들이 매끄러운 대리석 위에 잔뜩 올라가 있었다. 당연히 "과거에 깊이 뿌리를 둔 요리를 현대적으로 해석"했다며 미슐랭 원 스타를 받았다. 여기서의 요리는 모로코 요리다.

따지고 보면 그곳은 2009년 「아이언 셰프 아메리카」에서 우승한 적 있는 솔soul 충만한 셰프, 무라드 랄루가 운영하는 아주 좋은 레스토랑이었다. 나는 일찍 도착해 바로 향했다. 술을 많이 마시는 편은 아니지만 무라드의 캔디드 하리사 피칸은 좋아했는데, 그게 바로 여기 있었다. 또한 떠버리 부자들이 늘 사부작대는 곳이기도 했는데, 그날 밤 나는 그 바에서 한 유명 투자자의 말을 잠자코 듣고 있었다.

"언제 그만둘 겁니까?" 그가 묘하게 위협적인 투로 말했다. 물론 조금도 무섭지 않았다.

그가 우버와 우버의 호전적인 CEO 트래비스 캘러닉에 대해 점점 더 비판적으로 변해가는 '기록Record' 취재를 말하고 있다는 걸 나는 알고 있었다. 그럼에도 나는 그의 테슬라 모델 X, 걸프스트림 업그레이드, 몬태나의 고급 스키 클럽에 위치한 별장 등등 그가 살아 있다고 느끼는 데 필요한 모든 것이 내가 '그만두는' 데 달려 있다는 걸 너무 잘 알고 있던 터라 이 투자자에게 미끼를 던지기로 했다.

"그만두다니요? 뭘 그만둬요?" 그의 성질을 돋우려고 모르는 척하며 물었다.

"트래비스 공격하는 거 언제 그만둘 거냐고요." 투자자가 뭉툭한 손가락을 내 얼굴에 갖다 대며 씩씩거렸다. 그러자 그가 더 안 무서워졌다. 당시 '기록'은 인도에서 우버를 이용하다가 강간당한 여성의 의료 기록을 입수한 우버의 고위 임원에 대해 아주 끔찍한 이야기를 준비하고 있었다. 이 회사는 피해자의 요청에 따라 의료 기록을 가져온 게 아니라 그녀가 진실을 말하고 있는지 의심했기 때문에 가져온 것이었다. 보아하니 캘러닉은 이 비열한 행위에 관여하지 않았고 의심조차 하지 않았다. 회사의 많은 사람은 지독한 개인 정보 침해 문제로 제정신이 아니었다. 우버에서 건너는 수많은 형편없는 다리 중에서도 너무나 길고 먼 다리 같았기 때문이다.

나도 그랬다. 그래서 그만두지 않을 작정이었다. 오래 지속되고 점점 더 끔찍해지는 CEO 캘러닉의 행동을 공정하게 보도함으로써 가능한 한 세게 공격할 참이었다. 나는 이 투자자에게 진실을 말해주기로 결심했다. "트래비스가 죽으면 그만둘 거예요." 투자자는 놀란 태도를 취했지만, 나는 그게 연기였다고 생각한다.

"그게 당신 일이시다?" 그가 명백한 조롱을 담아 물었다. "권력에 맞서 진실을 말하는 거?" 나는 미소를 짓고 맛있는 피칸을 입에 넣은 후 아무 말도 하지 않았다. 상황이 과도하게 극적이라 어떤 말로도 그를 설득할 수 없으리라는 걸 알았기 때문이다. 한 사람에 대한 진실과 그 사람이 앞으로 벌어들일 1억 달러 사이에서 진실이 방해가 될 때 그 진실은 언제나 뒷전으로 밀려나기 마련이다. 그리고 더 중요한 건, 다른 많은 사람과 마찬가지로 이 투자자도 항상 캘러닉 같은 멍청한 인물들을 후원하면서 도덕적 파탄자가 되었다는 것이다. 큰 소리로 말하지는 않았지만, 나는 머릿속에서 인터넷 공간에 점점 더 늘어가는 파탄자들에게 하고 싶었던 이 말을 외쳤다. "당신들은 너무 가난해. 당신들이 가진 건 돈뿐이야!"

확실히 말하자면 나는 돈 버는 걸 좋아했고, 다우존스 콘퍼런스 계약도 아주 잘했으며, 매년 한 번의 행사로 나에게 떨어지는 돈은 거의 100만 달러에 달했다. 비록 내가 취재해온 사람들이 벌어들이는 돈에 비하면 미미하지만(급여일에 너무 많은 게 뒤틀리기 시작했다) 기자로서는 꽤 괜찮았다. 갈수록 커지는 경각심과 함께 수년 동안 기적 같은 디지털 혁신으로 세상을 바꾸는 것을 목표로 하던 이상주의적인 젊은 창업자들이 불경한 경제적 횡재 때문에 허술하고 부주의한 인터넷 거물이 되는 모습을 지켜봤다. 그들이 해를 끼치고 있다는 데이터를 보여줘도 그들은 자신들의 발명품이 더 큰 세상에 미치는 결과를 대수롭지 않게 여기며 무시했다. 더 나쁜 건 그들이 피해자 행세를 하기 시작했다는 것이다. 나는 이러한 트렌드를 '고층 산업 복합체'라고 불렀는데, 이는 군산 복합체처럼 시간이 지나면서 기괴한 규모로 부풀어올랐다.

테크업계 거물들이 '책망'으로 해석한 '책임'은 그들의 일이 아니었다. 하지만 20년이라는 시간 동안 그들은 외부적으로 크게 혼란스러운 상황을 만들었다. 페이스북, 유튜브, 트위터 같은 사이트들은 혐오 표현과 유독성 폐기물 같은 허위 정보를 퍼뜨린다. 또한 소셜미디어는 디지털 디바이스에 중독되기 쉬운 젊은 층의 우울증 비율을 증가시키는 데 기여했다. 이것은 대체로 개발사가 그렇게 되도록 설계했기 때문이다.

이는 이러한 트렌드의 끔찍한 정점처럼 느껴지는 트래비스 캘러닉과 그의 회사를 다시 생각해보게 만든다. 우버는 2009년 단순 '기그 노동자gig worker' 아이디어를 등에 업고 2017년 무렵 700억 달러의 가치까지 인정받았고, 그 덕분에 부를 축적한 사람들은 책임자인 캘러닉을 떠받들었다. 그는 새로운 실리콘밸리에서 사랑받는 전형적인 인물이었고, 강단 있는 태도와 타협 없는 스타일로 칭송받았다.

나는 캘러닉과 많은 시간을 보냈고, 늑대 무리의 리더로 발전하는 그의 모습에 반감을 느낌과 동시에 매료되었다. 2014년 『배니티 페어』에 실릴 캘러닉의 인물 기사를 작업하는 동안, 나는 로스앤젤레스 북부의 소박한 교외에 살고 있는 그의 사랑스러운 부모님을 만났다. 나는 어떻게 그가 주말 낚시용 보트들이 늘어선이 고풍스러운 거리에서 시작해 모두를 상대로 전쟁을 치르기 위한 출정 길에 올랐는지 알아내려 했다. 잡지의 부제는 "택시 산업, 전 세계 규제 당국, 경쟁사, 때로는 고객들마저 그의 적"이었다. 나는 그러한 폭력적인 비유를 첫 문단에서도 계속 유지했다. "이따금 트래비스 캘러닉이 싸움을 갈망하면 그의 얼굴은 주먹처럼 변한다. 그럴 때 그의 눈에는 주름이 생기고, 콧구멍은 벌름거리며, 입은 펀치를 준비하면서 꽉 쥔 주먹처럼 오므라든다. 심지어 이 38세의 기업가가 어쩌다 고개를 숙이고 있을 때는 그의 희끗희끗한 마린 스타일 헤어마저 쭈뼛쭈뼛 곤두서 있는 듯하다."

캘러닉의 공격성은 명백했고, 그의 상승세가 나를 불편하게 만들었다고 말하는 건 절제된 표현이다. 그 상황은 내 속을 메스껍게 했다. 그 어떤 테크 기업 CEO도 그렇게 노골적으로 무신경한 티를 내지는 않았다. 그것은 그가 2014년 코드 콘퍼런스 무대 인터뷰에서 자율주행 시대의 여명을 기대한다고 말했을 때 특히 더 그랬다. 그가 그렇게 말한 이유는 운전자가 없는 자율주행이 사고로부터 수많은 생명을 구할 놀라운 기술이자 사회적 성취가 될 것이기 때문이 아니었다. 그렇다. 그가 그 변화를 열망한 이유는 정말 충격적이게도 자신을 더더 부자로 만들어줄 것이기 때문이었다.

그가 그렇게 말했다. "우버가 비싸기도 했던 이유는 단지 차에 대한 비용만 지불하는 게 아니라 차에 타고 있는 다른 친구에 대한 비용도 지불하기 때문입니다. 차에 다른 친구가 없다면 어디서든 우버를 이용하는 비용이 자동차를 소유하는 것보다 더 저렴해지겠죠." 그가 청중에게 유창하게 설명했다. "그러니까 거기에 있는 마법은 뭐냐면, 기본적으로 여러분이 우버 비용을 모두의 차량 소유 비용 아래로 낮추면 자동차 소유는 사라진다는 거예요." 세상에, 그의 입에서 거의 쉬지 않고 말이 쏟아져 나오는 동안 나는 생각했다. 캘러닉은 사람들 혹은 '친구'를 기계로 대체하는 게 더 쉽고 저렴해질 때까지 그들을 사료로 이용하는 것에 대해 적극적으로 자랑하고 있었다. 그리고 그는 실제로 그날이 오기를 고대하고 있었다.

실리콘밸리의 영주들이 점점 덜 솔직해지기 시작한 걸 고려하면, 그가 적어도 진실을 말하고 있었다는 점을 고맙게 여겼어야 했던 것 같다. 하지만 캘러닉은 점점 더 추악해져가는 테크업계의 얼굴을 전형적으로 보여주었다. 그리고 그의 비인간적인 태도는 우버의 일상 업무가 되어 운전자, 고객, 심지어 직원들에게까지 확장되었다. 이것이 그의 작업 방식이었다. 우버의 50번째 글로벌 도시 진출을 기념하며 마이애미 쇼어 클럽에서 열린 회사 파티에 대해 캘러닉이 보낸 2013년 메모를 어떤 사람이 내게 슬쩍 흘렸다(나는 이것을 나중에 공개했다). 그 메모의 제목은 "긴급, 긴급─지금 이걸 읽지 않으면 후회함!!!!!"이었고, 이게 효과가 없으면 직원에게 이렇게 말했다. "이거(메모) 읽는 게 좋을 거야. 안 그럼 가만 안 돼." 참 성숙하지 않은가? 상황은 더 악화되었다. 그 메모에는 구토(혹은 '구토비' 200달러 감수), 약물 사용, 건물 밖으로 맥주 통 던지기 등 '하지 말아야 할 일'들이 나열되어 있었다. 글로벌 기업의 태도와는 거리가 멀었다. 그냥 유난히 못된 대학 사교 모임의 하우스 룰처럼 들렸다.

설상가상으로 캘러닉은 거기에 직원들 간의 적절한 성관계 방법을 설명하며 이렇게 적었다. "다음과 같은 경우를 제외하고는 다른 직원과 섹스하지 않는다.

1) 당사자에게 그러한 특권을 요청하고 당사자로부터 확실한 '그래요! 당신과 섹스할게요!'라는 답변을 받은 경우.

b) 본인을 포함한 두 사람(또는 그 이상)이 동일한 지휘 계통에서 일하지 않는 경우. 맞습니다, 그 말은 트래비스가 이번 여행에서 금욕한다는 뜻입니다. #CEO라이프 #FML."(FML 은 '내 인생 엿 먹어Fuck my life'라는 뜻이다).

끊임없이 파티, 섹스, 주로 한 남자의 인생에 엿 먹이는 농담(사실 자기가 그 남자이긴 하지만)을 하는 리더가 운영하는 회사에서 점점 더 만연해지고 있는 성차별 문화를 역설하는 공문서라는 점에서 그 메모는 충격적이었다.

이 흑자 없는 스타트업의 기업 가치가 올라가는 순간에도 캘러닉이 조성하는 유독한 남성적 분위기는 계속되었다. 2017년 2월 우버 직원 수전 파울러가 퇴사하며 고발할 때까지 말이다. 그녀는 "우버에서 보낸 아주 아주 이상한 한 해를 되돌아보며"라는 제목의 블로그 게시글로 회사의 진실을 폭로했다. 파울러는 여성에 대한 성희롱을 용인하고 정신 나간 수준의 사내 정치를 지속했던 매우 혼란스러운 업무 환경을 기록했다. 누가 봐도 좌절감에 빠진 파울러는 마지막에 이렇게 썼다. "위 문단에서 이야기한 일들을 생각할 때면 너무나 슬프지만, 그 모든 게 얼마나 어처구니없는지 웃음이 나오고야 만다. 정말 이상한 경험이었다. 정말 이상한 한 해였다.”

　나는 파울러가 한 일로 그녀를 존경했고, 나 자신도 우버에 대해 약간의 좌절감을 느꼈다. 우리는 '기록'에서 수년 동안 그 회사의 행태를 보도했는데, '그래서 어쩌라고'와 같은 반응을 비롯해 '당장 그만두라'는 술친구들의 충고까지 반응은 다양했다. 사람들은 우버의 리더들이 계속해서 보상받는 동안 저지르는 터무니없이 많은 악행을 지적하는 우리의 행동이 도를 넘었다고 생각했다. 하지만 우버만이 아니었다. 테크업계에서 백인 남성의 동질성은 고위층 인사들이 인지하거나 심지어는 이해하지 못하는 문제를 점점 더 많이 만들어내고 있었다. 제품을 만드는 사람이 누구인지, 어떤 성격을 갖고 있는지는 제품의 향방에 대단히 중요하다. 특히 해당 제품이 악영향을 주게 될 때는 더 그렇다.

　테크업계의 리더 자리에 여자와 유색 인종이 부족하다는 자명한 사실이 내 머릿속에서 구체화되기 시작했다. 혁신가와 임원들이 안전 문제를 무시한 건 그들이 꼭 끔찍한 사람들이기 때문이 아니라 그들은 인생을 살면서 하루도 안전하지 않다고 느껴본 적이 없기 때문이다. 그들의 개인적인 경험은 규제 없는 플랫폼 개발에 영향을 끼쳤다. 그리고 결국 자신들의 발명품이 불러올 결과를 이해하지 못하는 이 무능함이 테크 분야를 밝게 비추던 업계의 햇살 같은 낙관주의를 얼어붙게 만들기 시작했다. 실리콘밸리는 능력주의 이미지를 완벽하게 굳히고 누구나 억만장자가 될 수 있다는 점을 가장 큰 강점 중 하나로 내세운 상태였다. 하지만 사실 테크업계는 지금껏 늘 자신이 비치는 모습을 너무 좋아해서 오직 그 상과 동일한 모습에서만 가치를 보는 사람들이 가득한 '거울주의mirrortocracy' 사회였다. 그들은 자신과 동일한 아바타 템플릿에서 약간만 변형된 인물들을 선택하며 계속 자기 자신을 복제해나갔다. 재정적 성공은 타고난 재능의 증거였고, 이는 '3루에서 출발해놓고 자기가 홈런 친 줄 안다'라는 오래된 상투적 표현과 비슷했다.

자연에서 이질성은 더 강한 종을 만들어내지만, 테크업계는 진정한 차이가 더 나은 결정에 영향을 끼칠 수 없는 가능한 한 가장 동질적인 구조를 추진하고 있었다. 나는 일찍부터 이 점을 지적하려고 했다. 나는 「페이스북 남(녀) 경영진의 얼굴 사진첩」이라는 제목의 2007년 올싱스D 기사에 페이스북 고위 경영진의 사진을 붙였다. 짐작했겠지만, 그들은 전부 남자였다. 당연히 그 회사의 반응은 부정적이며 기사가 부당하다고 말했다. 나는 '단순히 페이스북 경영진 페이지를 복사했을 뿐이니 아무래도 당신들의 분노는 엉뚱한 곳을 향한 것 같다'고 답변했다. 그리고 '누가 누구더러 부당하다고 하는 거냐'고 말했다. 1년 뒤, 저커버그는 기술 마케팅 책임자로 구글의 셰릴 샌드버그를 데리고 왔다. 그녀가 워낙 스타였기 때문에 당시에 나는 그녀를 여자 네 명으로 쳐도 되겠다고 농담했다.

3년 후, 나는 페이스북을 자극하는 기사에 이어 '웹 2.0 이사회의 남(녀)'라는 제목의 기사로 테크 기업들의 이사회를 남성이 지배하고 있다는 점을 재차 지적했다. 테크 기업의 이사회 구성원은 평균 아홉 명이기 때문에 이것은 고의적인 횡포 같았다. 그러다 3년 후, 아직 다양성의 바늘이 거의 움직이지 않았던 때에 나는 '에라, 모르겠다' 하고 직접 행동에 나서서 여자가 단 한 명도 없는 트위터 이사회에 대한 성기 농담을 반복했다. 나는 첫 문단에서 트위터 이사 중 여성은 한 명도 없고 "피터 둘과 딕Dick* 한 명"(피터 처닌, 피터 펜턴, 딕 코스톨로)이 있다고 지적했다.

당시 트위터 CEO였던 딕 코스톨로는 기사가 나온 후 내게 전화해 기사를 보고 웃었다고 말했다. 그는 테크 회사 임원이 되기 전에 스탠드업 코미디와 즉흥 연극을 했기 때문에 웃었다는 그의 말은 칭찬이었다. 그는 트위터가 오랫동안 놀라울 정도로 다양한 사용자를 보유한 서비스를 위해 여자와 유색 인종을 추가해 이사회 구성을 확대하려 애쓰는 중이라고 말했다. 내가 기사를 낸 것이 2013년 9월이었는데, 12월 초에 트위터가 마침내 첫 여성 이사로 전 피어슨 CEO 마저리 스카디노를 영입했다.

포용성에 이르는 것은 고통스러울 정도로 느린 과정이었고, 항상 '파이프라인 문제'가 있다거나 리더들이(언제나 남자) 품질의 '수준'을 유지해야 한다는 변명에 방해를 받았다. 내가 느끼는 문제는 1)그 파이프라인은 테크업계 리더들이 만든 것이고, 2)전부 남자로 구성된 사업체일 때는 적자를 쏟아내고 불명예를 향해 돌진하면서도 '수준'이라는 단어를 한 번도 언급한 적이 없다는 것이었다. 대신 테크 기업의 리더들은 실패에 대한 평계, 도움의 손길, 그들이 해보고 싶은 다음번 시도를 격려하기 위한 '그렇지, 잘

* 남자 이름으로 성기를 뜻하는 영어 단어와 철자가 같다.

한다!' 식의 태도를 언제나 찾고 있었다.

이 남자들은 '처음에 성공하지 못해도' 규칙의 혜택을 받는 반면 여자들에게는 기껏해야 단 한 번의 기회밖에 없는 셈이었다. 그리고 만약 여자가 상황의 불공평함이나 직장 내 부당 대우에 대해 불평하면 그들은 그 판에서 쫓겨났다. 이것은 엘런 파오가 유명 벤처 캐피털 클라이너 퍼킨스를 상대로 제기한 성차별 및 보복에 대한 소송에서 놀라울 정도로 분명해졌다. 파오는 테크남들조차 부정할 수 없는 어마어마한 이력서를 가지고 이 남탕에 뛰어들었다. 파오는 프린스턴과 하버드에서 다수의 학위를 취득하고 요란한 스타트업 몇 곳에서 근무한 뒤, 최고의 히트 기업으로 선마이크로시스템스, 구글, 아마존, 제넨텍 등을 보유한 클라이너에 입사했다. 2005년 그녀는 스타 파트너인 존 도어의 최고보좌관에 임명되었다.

그러나 파오가 클라이너에서 승진의 사다리를 오르려 시도하면서 재임은 더 복잡해졌고, 주니어 투자 파트너로 승진하기는 했으나 결코 시니어 파트너로는 진급하지 못했다. 그녀는 해고당한 후 성차별 혐의로 회사를 고발했고, 회사가 이를 부인하면서 2012년 소송으로 이어져 2015년 재판으로 막을 내렸다. '기록' 스태프는 지속적인 취재에 더해 일련의 단독 기사와 특집 기사로 이 재판을 폭넓게 다루었다. 내가 특별히 자랑스럽게 생각했던 한 가지는 우리의 끈질긴 법정 보도가 이 주제를 주류화했고 절실히 필요했던 사람들의 관심을 엄청나게 모았다는 것이다. 폭로 내용에는 남자 직원들과 같거나 더 높은 직급에 있는 여자 직원들이 회의를 기록하도록 요구받았다는 것이 포함되어 있었다. 또한 일을 논의하는 게 틀림없는 남자들만의 스키 여행과 저녁 식사에서도 여자들은 배제되었다.

물론 클라이너의 고액 변호인단은 항상 여자가 하급 직원으로 대우받는 것에 대한 이유를 가지고 있었다. 나는 몇 차례 재판에 참석했는데, 파오가 법적으로 우위에 있다는 게 꽤나 분명해 보였다. 그들이 불만을 품고 복수에 나선 직원으로 그녀를 교묘하게 몰아갔기 때문에 결국 그녀는 스스로를 변호해야 했다. 그녀는 패소했지만 그래도 그 재판은 영향을 끼쳤다. 그 변호사들이 얼마나 영리하든 상관없이 클라이너에 대한 고발은 테크 기업의 모든 직급에서 일하는 여성들에게 반향을 일으켰다. 테크남들은 파오에게 했을 법한 그런 이야기로 내게 전화를 걸거나 행사에 참석하는 것을 막았다. 한 모임에서 여성 최고위 임원은 남자들로부터 듣는 온갖 성적 대상화 언어와 회사 밖에서 성관계를 가지려는 추잡한 시도, 노골적인 성추행까지 자신이 최고위 자리에 오르는 동안 견뎌냈던 참담한 성희롱 경험과 수없는 사소한 사건을 이야기해주었다. 그녀는 '불만분자'라거나 '팀 플레이어가 아니'라는 낙인이 찍힐까봐 두려워 이런 사건들을 전혀 신고하지 않았다.

내가 더 궁금한 건 소송과 우리 취재에 대한 남성들의 전반적인 반응이었다. 내가 아는 괜찮은 상사들조차 그런 일이 일어난다는 데 충격을 받았다. 대부분은 만연한 성차별과 그에 따른 차별을 이전까지 전혀 눈치채지 못했다고 했다. 심지어 한 벤처 투자자는 회의에서 남자들만 말한다는 것을 깨닫고 회사의 두 여성 파트너에게도 발언하도록 시켰다고 했다. "와, 그 사람들한테도 좋은 아이디어가 있더라고요." 그가 믿을 수 없다는 듯 놀라며 말했고, 그의 놀람에 나 또한 믿을 수 없이 놀랐다. "내가 그런 일이 일어나도록 놔뒀다는 게 믿어지지 않아요."

"당신은 바보예요." 내가 그에게 말했다. 자신의 바보짓에 대한 평가를 받자 그는 나를 짜증스럽게 바라봤다. 나는 재빨리 사과했고, 그의 새로운 노력이 얼마나 사소하든(정말로 사소했다) 그것을 승리로 생각하기로 마음먹었다. 어쨌든 그의 태도로 인해 최악의 남자들은 아무런 처벌도 받지 않은 채 경영 일선에 있고 최고의 남자들은 완전히 아무것도 모르고 있다는 내 신념은 더 확고해졌다. 이후 몇 년 동안 우리는 기업과 벤처 캐피털 전반에 걸친 이런 문제에 대한 기사를 연이어 게재했다. 유감스럽게도 기업이나 캡테이블(기본적으로 누가 무엇을 소유하고 있는지 보여준다)에서 높은 위치에 있는 남성 대비 여성의 수는 그리 변하지 않았다. 그래도 무용한 짓 같았던 파오의 재판은 중요한 기회였다. 당시 '기록'에서 언급했듯이, 상위 벤처 캐피털에서 일하는 여성은 4퍼센트에 불과하고 그중 핵심적인 역할을 맡고 있는 사람은 한 명도 없었기 때문이다. 이 분야 전반에서 여성은 주로 인사와 홍보 같은 지원직에 집중되어 있었고, 그들이 캘러닉 같은 행동을 하면 캘러닉처럼 찬양받기보다는 일반적으로 공격의 대상이 되었다.

1년 후 파오가 자신의 책 『리셋: 포용과 지속적인 변화를 위한 나의 투쟁』에 쓴 것처럼, 그건 있을 수 없는 상황이었다. "내가 정말 너무 야심차면서, 너무 조용하면서, 너무 공격적이면서, 너무 비호감인 게 가능한 건가…… 말을 하면 말이 너무 많다고 한다. 말을 안 하면 너무 조용하다고 한다. 나대지 말라고 한다. 내 일을 보호하려 하면 팀 플레이어가 아니라고 한다. 너무 독선적이라는 것이다." 심지어 파오는 다음 직장인 레딧에서는 운이 더 좋지 않았다. 레딧은 온라인 댓글 기반 네트워크로, 그녀는 클라이너 퍼킨스 재판에서 패한 뒤 불과 몇 개월 안 있어 레딧의 임시 CEO 자리에서 축출되었다. 레딧 재임 기간에 파오는 리벤지 포르노를 비롯해 인종차별적이고 여성 혐오적인 표현(고전이군!)을 삭제하려 한다는 이유로 가차 없이 공격을 받았다. 그 '논란'에서 그녀는 개인적으로 레딧 사용자들의 몹시 악랄한 공격에 시달렸고, 그 공격은 이내 폭력적인 위협으로 바뀌었다. 여성을 향한 인터넷상의 공격 대부분이 빠르게 군중 혐오로 변하는 것처럼, 미미한 시작은 세계적이고 창대한 것이 되었다.

파오가 떠난 후, 일부 레딧 내부자들은 그녀가 너무 빠르고 너무 멀리 갔으며, 절대적인 표현의 자유 사이트를 관리하는 데 능숙하지 않아 내부 긴장감을 유발했다고 말했다. 한 사람이 내게 "그녀는 너무 신랄했어요"라고 말했는데, 내가 보기엔 혐오적인 토론 그룹을 정리하려는 사람에게 딱 맞는 자질 같았다. 한편 다음 레딧의 CEO이자 공동 창업자인 스티브 허프먼이 다수의 동일한 조치를 취했을 때, 그는 악의적인 트롤을 제압하는 강인함으로 환대받았다. 나는 허프먼이 아주 상냥한 편이고 분명 칭찬받을 만한 인물이라고 말하겠다. 그런데 처음에 그런 시도를 했던 파오도 마찬가지였다.

파오는 2017년 '코드Code' 인터뷰에서 씁쓸함보다는 희망적인 모습을 보여주어 나를 놀라게 했다. 그녀는 테크업계를 더 공정하게 만들기 위한 일련의 아이디어를 설명했고, 젊은 창업가들이 어려운 문제를 부정하기보다는 더 기꺼이 직면하는 걸 봤다고 말했다. "다음 세대가 훨씬 더 많이 인식하는 것 같아요. 자기 이야기를 하는 사람들이 그들을 더 많이 인식하게 만들면 좋겠어요. 그래서 사람들이 '우리 회사 문화와 어울리는가'와 '내가 이 사람과 24시간 연속으로 비행기를 같이 타고 싶을까?'를 먼저 따지는 오래된 합격 기준 모델을 가지고 있지 않은…… 그런 올바른 회사를 찾아 함께할 수 있도록요." 그녀가 말했다.

청중은 법정에서의 문제로 인해 방해받지 않는 곳에서 파오를 직접 보니 자유롭게 말하며 전혀 신랄하지 않은 모습에 놀랐다. 그녀는 변호사들에게 감정을 드러내지 말라는 충고를 받았는데 나중에는 그게 실수였다고 털어놓았다. 상대 변호인에게 속을 알 수 없는 사람으로 묘사되고 말았기 때문이다. 그것은 종종 아시아인들에게 적용되는 터무니없는 표현이었다. "실제로 굉장히 호감 가고 합리적인 사람이군요." 인터뷰 세션이 끝난 직후 한 남성 벤처 투자자가 파오에 대해 말했다. "내가 상상한 것과는 전혀 다르네요." 그 시점에서 내가 뭐라고 대답할 수 있었겠는가? 내가 취재하는 사람들을 계속 '바보'라고 부를 수는 없는 노릇이니 나는 그저 어깨를 으쓱하며 "아무래도 상상력을 키워야겠네요"라고 말했다. 그가 웃었고, 나도 웃으며 그냥 넘어갔다. 이 작은 승리들이 시간이 지남에 따라 늘어가기를 바라면서.

하지만 그렇게 되지는 않았다. 오히려 이 문제를 조명하고 비슷한 다른 이야기들을 촉발한 파오의 재판으로 인해 여성 배제가 실수가 아니라 고의였다는 사실이 분명해졌다. 이러한 많은 일에 대해 문화를 탓할 수도 있겠지만, 어떤 남성들은 여성과 관련해 아주 심각한 문제점을 갖고 있었고 어느 누구도 그들을 말리지 않았다. 셰릴 샌드버그가 제안한 문제 해결 방법 중 하나는 자신의 삶에 '뛰어드는' 데 초점을 맞추는 것이었고, 여성들에게 '정말 그만두기 전에 미리 그만두지 마라'라는 제안을 해서 유명해졌다. 여성에게 너무 많은 부담을 준다고 생각하는 사람들도 있겠지만, 실제로 더 많은 여성을 힘 있는 자리에 앉히기 위한 그녀의 캠페인은 자신이 느낀 문화에 대한 좌절감과 문화가 여성에게 어떤 행동을 기대하는지, 거기에 따르지 않는 여성을 어떻게 처벌하는지를 드러내는 두 차례의 연설로 시작되었다. 그녀의 목표는 이러한 편향을 표면화해 여성들이 경쟁의 장을 이해하고 지뢰(때로는 여성들 자신의 행동을 포함하기도 했다)를 발견할 수 있도록 돕는 것이었다.

샌드버그는 나중에 베스트셀러가 된 책에서 자신이 일자리를 제안한 여성들과 임신 가능성으로 인해 일 맡는 걸 망설이던 그들의 고민에 대한 많은 이야기를 들려주었다. 그녀는 그들에게 말했다. "어쨌든 일을 맡고 그다음에 임신해요." 나는 그녀가 구글의 고위 임원이었을 때 처음 만났고, 그녀가 페이스북으로 옮겨갔다는 정보를 입수했다. 검색 대기업에서 그녀는 광고 온라인 영업과 제품 발표를 담당하며 페이스북이 절실히 필요로 하는 경험을 쌓았다. 그녀를 영입한 것은 저커버그의 탁월한 선택이었다. 나중에 두 사람 다 광범위한 문제(더 많은 문제가 생긴다)에 대한 페이스북의 영향력을 제대로 보지 못하면서 사태가 악화되긴 했지만, 샌드버그가 테크업계 여성에 대한 희망의 횃불이었다는 데는 의심의 여지가 없다.

그에 대한 예시를 들자면, 샌드버그는 자신의 집에서 '실리콘밸리의 여성들' 만찬을 열고, 비공개 대화와 활발한 네트워킹을 위해 오프라 윈프리부터 마이크로소프트의 스티브 발머까지 최고의 연사들을 초청했다. 그녀는 종종 세션을 진행하기 위해 내게 가능한 한 가장 어려운 질문을 하라고 요구했다. 그러다가 연사가 당황하면 그녀는 갑자기 '저런, 카라가 원래 그런 사람인 걸 내가 어쩌겠어요'라는 듯이 어깨를 으쓱해 보였다. 페이스북이 변해가는 양상을 내가 요란하고 신랄하게 비판하면서 우리 관계는 악화됐지만, 나는 샌드버그가 직접 개입해 여성들에게 주목하려 노력했다는 점 때문에 그녀를 아주 좋아했다. 나도 고질적인 여성 혐오를 바꾸기 위해 그녀가 혼자 책임을 떠안을 필요는 없었다는 것을 깨달았고, 그런 상징이 되어야 한다는 압박감이 버거울 수밖에 없었다고 생각한다.

그녀는 부담감을 많이 드러내지 않았지만(샌드버그는 머리카락한 올, 단어 하나조차 흐트러짐 없이 가장 모난 점 없는 임원이었다), 내가 2011년에 전화해 멕 휘트먼이 방금 휴렛패커드의 CEO에 임명되었다고 말했을 때는 의외로 솔직했다. "이제 당신은 순위가 떨어져서 실리콘밸리에서 두 번째로 영향력 있는 사람이 됐네요."

내가 농담으로 말했다.

"난 여섯 번째가 되고 싶어요." 그녀가 한숨을 쉬며 대답했다. "아니면 쉰 번째요. 그럼 좋을 거 같지 않아요?" 우리 둘 다 그런 일이 일어나지 않으리란 걸 알고 있었다. 나 역시 성차별주의 및 그와 관련해 우리가 해야 하는 일에 대한 논쟁으로 지쳐 있었지만 그에 대한 이야기는 끊임없이 나왔다. 2017년 나는 우버의 엔지니어링 부문 SVP가 성희롱 혐의 논란으로 구글을 떠난 사실을 회사에 밝히지 않았다는 특종을 보도했다. 그는 이를 부인했다. 파울러가 경종을 울린 후 누가 우버에 대한 주의 의무를 다했을까? 회사의 경영진? 이사회? 아니, 나다.

책임지지 않는 태도는 고집스럽게 계속됐다. 테크업계 리더들은 '세상을 바꾸겠다'고 약속했지만, 기본적인 성차별 같은 사회적 결점에 대해서는 그저 시간만 허비했다. 나는 기존 산업들을 좀먹던 그 똑같은 문제들이 '멋진 신세계'여야 할 이 신산업에서도 번성하는 모습을 지켜보면서 맥이 빠졌다. 나는 이전에 존 매클로플린 밑에서 일할 때 이런 성차별 아수라장을 겪은 적이 있고, 그가 성희롱 한 사람들의 삶이 어떻게 망가지는지 봤다. 설상가상으로 나와 다른 리포터들의 어떤 비판도 오기 부리기나 노골적인 적대감으로만 받아들여졌다. 거울주의 업계는 확실히 자신들을 향해 거울을 들고 있는 사람을 싫어했다. 이러한 역학관계는 테크 분야의 실수가 나를 포함해 누구도 예상하지 못한 방식으로 세계에 퍼져나가면서 악화되기만 했다.

한 가지 좋은 점은, 한때 캘러닉의 행동을 다 받아주던 투자자들이 그에게서 등을 돌린 후 압박을 받은 그가 2017년 결국 사임했다는 것이다(즉, 그는 자신의 주식을 팔고 나중에 팬데믹 기간에 번창했던 배달 전용 식당들을 위한 공유 주방 스타트업을 설립한 후 수십억 달러를 챙겨서 떠났다). 그는 비약적으로 더 전문적이고 경험 많은 다라 코스로샤히로 대체되었다. 나는 행복한 마음으로 그 뉴스를 전했다(사실 그도 기사를 통해 본인이 고용되었다는 사실을 알게 됐다). 얼마 후 멋진 위스키 바에서 열린 기자 회견에서 그는 잔을 들어올리며 우리를 향해 말했다. "일자리를 주셔서 고맙습니다. 아마도요." 추가로, 내부 조사 이후 우버 직원 스무 명이 해고되었고, 일부는 훨씬 더 심각한 법적 조치에 직면했다.

내가 '그만둔' 것은 그때쯤이고, 나는 바에서 만났던 그 바보 같은 우버 투자자가 만족했을지 궁금했다. 하지만 성차별이 절대 사라지지 않을 듯한 기분은 여전히 들었다. 그건 어디서나 볼 수 있었고, 때로는 우습기까지 했다. 나는 우버의 극초기 투자자이자 가장 충성스러운 투자자 중 한 사람을 위해 그의 멋진 저택에서 열린 연말 파티 때 잠깐 밖에 나와 서 있었는데, 진입로에서 들어오는 손님들을 맞고 있는 진짜 순록을 보고 말문이 막혔다. 그 투자자는 이 거대한 생물을 소품, 장식, 내 생각에는 이전 행사에서 그가 자신의 고가 자동차들을 전시했던 것처럼 쌓여가는 부를 보여주는 예로 임차한 듯했다. 그 순록은 눈에 띄게 지쳐 있었고, 지나치게 따뜻한 날씨 속에서 확실히 불편해 보였다. 그래서 나는 관리인에게 이 동물이 괜찮은지 물었다.

"이상적인 상황은 아니지만 그녀는 괜찮을 거예요." 관리인이

대담했다. 역시나 암컷 순록이었다. 하지만 쳐다보는 것 말고는
할 수 있는 일이 없었고, 내게 떠오르는 생각은 순록이 전혀 괜찮
지 않다는 것뿐이었다.

11장

살아 있다는 것

놓아라, 네 삶을 살아라, 무덤에는 뻗드는 구석이 없나니.

_찰스 라이트, 「고치 찬가」

스티브 잡스는 죽기 전까지 계속해서 나를 놀라게 했다. 여기에는 2005년 5월 ATD 무대 뒤에서 그가 내 아들들의 문화 간 입양에 대해 질문했던 것도 포함된다. 그때까지 우리의 모든 대화는 테크와 일에 대한 것이었다. 그러나 잡스 자신도 입양아였고, 이것은 분명 그의 인생에 있어 결정적인 경험이었다.

그날 잡스는 사적인 이야기를 하기로 결심했고, 내 아들들의 생물학적 아버지가 누구인지 아느냐고 물었다. 선정된 기증자는 아이들이 열여덟 살이 되더라도 자신에게 연락하길 원치 않는 '기증자 없음'이라고 설명했다. 그러자 잡스는 그가 마침내 생부모를 만나고 실망했던 일, 입양 부모가 지금의 자신을 만들어준 분들이기 때문에 생부모를 만난 게 실수라고 여겼던 일, 즉 그가 죽기 전까지 잘 알려지지 않은 이야기들을 자발적으로 들려주었다. 그가 말하길, 그의 유일한 기쁨은 자신의 생부가 자신을 입양 보낸 후 키운 생물학적 여동생, 소설가 모나 심프슨을 마침내 만난 일이었다. 그와 심프슨은 풍성한 관계를 유지해나갔다. "당신을 사랑하는 이들이야말로 중요한 사람들이에요." 그가 내게 말했다. 그러고는 눈시울을 붉히며 덧붙였다. "엉뚱한 사람들한테 시간을 낭비하지 마세요." 그런 다음 그는, 놀라지 마시라, 나를 안아주었다.

그렇다. 울먹이는 스티브 잡스에게 포옹을 받았다. 그리고 그건 당신이 상상하는 것만큼이나 어색했다.

이런 감정 표현은 놀라운 것이지만, 그의 감정은 차분했다. 잡스는 드문 유형의 췌장암으로부터 막 회복한 상태였는데, 종양 제거 수술이 기적적으로 효과를 냈다. 한 달 후, 스탠퍼드대학 연설에서 그는 그 경험으로부터 자신이 얻은 통찰에 대해 설파했다. 그 연설에는 다음과 같은 핵심적인 말이 있었다. "내가 곧 죽으리라는 사실을 기억하는 것은 인생에서 큰 선택을 할 때 가장 중요한 도구입니다. 거의 모든 것, 모든 외부의 기대, 모든 자부심, 난처한 상황이나 실패에 대한 모든 두려움, 이런 것은 죽음 앞에서 사라지고 진정 중요한 것만 남기 때문이죠. 여러분이 죽으리란 사실을 기억하는 것은 잃을 게 있다는 생각의 함정을 피하는 가장 좋은 방법이에요. 여러분은 이미 벌거벗었어요. 자신의 마음을 따르지 않을 이유가 없습니다."

이것은 잡스의 인생으로부터 내가 배운 모든 것 가운데 가장 중요했다. 회복되기 전까지 병은 그의 생명을 위협하고 있었기 때문에 사적인 대화를 마친 후 무대에서 나는 이렇게 물었다. "건강은 좀 어때요?"

"아직 살아 있네요." 잡스가 말했다. 간결하면서도 진실한 대답이었다. 그리고 그는 더 이상 그렇지 않게 될 때까지 계속 살았다. 암이 재발하면서 그는 2009년에 간 이식을 받고 6개월간 병가를 냈다. 직장에 복귀하고는 업무 수행 능력과 건강 이상을 숨긴 것에 대해 엄청난 비난을 받았다. 그가 죽어가고 있음이 갈수록 분명해지고 있다는 점과 그가 그런 비난을 하는 사람들을 비관주의자로 생각한다는 점 때문에 나는 거기에 말을 보태지 않았다. 내 생각에 그는 한 번 죽음을 모면한 뒤로는 자신의 상태가 치명적이라고 생각하지 않는 듯했다. 그는 한편으로 자신이 영원히 살 거라고 생각했다.

그리고 2010년 중반 월트와 내가 그를 인터뷰했을 때 잡스는 많이 야위었음에도 불구하고 확실히 활기차고 미래의 계획에 대한 아이디어로 가득했다. 그러나 2011년 초 상황은 악화되었고, 그는 8월에 애플의 CEO 자리에서 물러났다. 잡스는 오랫동안 운영을 맡아준 천재 팀 쿡을 후임자로 지목했는데, 그는 임원진에 있었던 이들 중 가장 덜 요란한 인물이었다. 한 행사에서 나는 잡스에게 왜 분위기를 직접 주도하지 않느냐고 물었고, 그는 애플에 다른 좋은 선수가 많다고 주장했다. "당신, 윌리 웡카* 아니죠?" 다른 모든 애플 직원이 기본적으로 움파룸파**라는 걸 암시하며 내가 농담으로 말했다. 그런 생각에 그는 그저 능글맞게 웃을 뿐이었다. 하지만 그와 같은 사람은 분명 다시는 없을 거란 느낌이 들었다.

---

*　로알드 달의 소설 『찰리와 초콜릿 공장』의 등장인물로 초콜릿 공장을 물려줄 후계자를 물색하는 사업가.

**　윌리 웡카의 초콜릿 공장에서 일하는 난쟁이 부족.

나는 내 침실 의자에 앉아 샌프란시스코의 풍경을 바라보고 있었다. 10월의 안개가 수트로산 위를 지나며 카스트로의 우리 집 쪽으로 트윈 피크스까지 내려왔을 때 월트가 내게 전화해 소식을 전했다. 잡스는 2011년 10월 5일 팰로앨토에서 세상을 떠났다. 그가 인생 대부분을 보낸 곳에서 그리 멀지 않은 곳이었다. 실감나지 않았지만, 월트와 나는 재빨리 본격적인 기자 모드로 돌입해 뉴스 기사부터 애플의 향후 계획, 잡스의 역사, 월트와 잡스의 경력 전반을 볼 때 잡스와 가장 가까운 저널리스트였던 월트만이 쓸 수 있는 에세이까지 우리가 해야 할 일을 계획했다.

우리는 즉시 루퍼트 머독을 포함해 뉴스코프 고위 경영진에게 연락했고, 잡스가 등장한 모든 올싱스D 콘퍼런스의 영상과 음성을 평생 누구나 무료로 보고 들을 수 있게(물론 애플 아이튠스에서도) 해달라고 요청했다. 회사가 우리의 모든 지식재산을 소유하고 있었기 때문에 우리는 테크업계의 가장 중요한 선지자의 전성기가 담긴 이 상당한 가치의 인터뷰들이 세상 밖으로 나올 수 없을까봐 긴장했다. 우리는 이 아이디어를 설득하기 위해 그것을 "인류를 위한 선물"이라고 설명했다. 놀랍게도 그들은 순순히 따라주었다. 머독이나 그의 말만 번지르르한 많은 하수인이 마음을 바꾸기 전에 재빨리 자료들을 준비할 수 있도록 애플이 우리를 도왔다.

당시에 나는 『월스트리트저널』 온라인 쇼에 출연했고, 그 죽음에 대한 실리콘밸리의 반응에 대해 질문을 받았다. "사람들은 사실을 받아들이고, 그에 대해서, 그가 얼마나 상징적인 인물이었는지 이야기하고 있어요." 내가 말했다. 쇼의 메인 리포터가 그 소식 때문에 애플의 콧대가 꺾일 거라고 말했을 때 나는 반박했다. "스티브 잡스의 DNA는 애플에 남아 있고, 그가 떠나도 그건 사라지지 않아요. 그는 당신이 이해할 수 없을 만큼 실리콘밸리에서 그렇게 상징적인 인물이거든요."

그 리포터는 계속 잡스의 죽음이 애플의 죽음으로 이어질 거라고 주장했다. "카라, 애플의 태블릿 시장 점유율이 지금이 정점인 게 맞죠?" 그가 물었다.

"난 그런 예측은 안 해요. 나도 모르니까." 내가 대답했다("이 머저리야"가 함축되어 있었다). "애플에는 훌륭한 스태프들이 있어요. 그들이 계속해서 (태블릿에 대한) 아이디어를 지배하고 있고요. 진짜 주목해야 하는 건 이 사람이 모든 걸 바꾸었고, 이 업계에서 그와 같은 수준으로 해낼 수 있는 사람은 없다는 거예요."

그가 죽은 지 10년이 넘도록 잡스의 유니콘 같은 지위는 유지되었다. 내 생각에는 상거래 시장을 재창조하고 클라우드와 물류 혁신의 중요성을 깨달은 베이조스가 그 지위에 가장 근접한 것 같다. 팀 쿡이 애플을 세계에서 가장 가치가 크고 수익성 좋은 회사로 키우면서 스스로 합당한 후계자임을 입증했지만 상징적인 의미에서는 결코 자신의 상사를 대체할 수 없었다. 모든 단점과 별난 성격에도 불구하고 잡스의 수많은 업적이 개인 정보 보호, 품질, 디자인처럼 오랫동안 지속되어온 일부 핵심 가치들로써 테크 기업이 세상에 제공해야 할 것을 모범적으로 보여주었기 때문이다.

그 주에 뉴스들이 점점 더 빠르게 쏟아져 나오는 가운데 한 기사가 눈에 띄었다. 잡스의 여동생 모나 심프슨이 쓴 그 글에는 오빠의 마지막 순간에 대한 설명이 담겨 있었다. "몇 시간 전 스티브의 마지막 말은 세 번 반복되는 단음절 감탄사였다. 떠나기 전 그는 여동생 패티를 바라봤고, 그다음 오랫동안 자기 아이들을, 그다음 인생의 동반자 로린을, 그다음 그들의 어깨너머를 바라봤다. 스티브의 마지막 말은 '오 와우'였다. 오 와우." 나는 그 글에 경탄할 수밖에 없었고, 그 주에만 읽고 또 읽으면서 감탄했다. 능숙한 연기자이자 테크업계의 위대한 쇼맨은 심지어 죽는 순간에조차 자신에게 걸맞은 그런 멋을 지녔다. 그건 정말 작별 인사에 관한 '한 가지 더' 완벽한 것이었다. 잡스의 마지막 한마디는 애플 제품들처럼 미니멀하면서 멋있었다.

그의 죽음은 피할 수 없는 운명에 대해 내가 평소 간직해온 상념들을 불러일으켰는데, 그것은 아버지가 너무 젊은 나이에 세상을 떠난 후 여태껏 내 정신의 중요한 일부였다. 나는 잡스의 2005년 스탠퍼드 졸업식 연설을 읽고, 또 읽고, 듣기까지 했다. 그 연설은 마치 그가 내게 직접 말하고 있는 것처럼 느껴졌다. "여러분이 사랑하는 것을 찾아야 합니다." 잡스가 졸업생들에게 말했다. "그것은 사랑하는 사람에게 적용되는 만큼이나 여러분의 일에도 적용됩니다. 일은 여러분 인생에서 큰 부분을 차지하게 될 거고, 진정으로 만족할 수 있는 유일한 방법은 여러분이 훌륭하다고 믿는 일을 하는 겁니다. 그리고 훌륭한 일을 하는 유일한 방법은 자신이 하는 일을 사랑하는 것이죠. 아직 그런 일을 찾지 못했다면, 계속 찾아보세요. 안주하지 마십시오."

그리고 그 '안주'란 내가 점점 올싱스D에서 일어나고 있다고 느낀 것이었다. 월트와 나는 여전히 다우존스 내부에서 불편하게 운영하고 있었다. 그곳은 우리에게 안정성을 주었지만 성장할 기회는 주지 않았고, 계약에 따라 완전한 운영 자율성과 편집의 독립성도 주지 않았다. 회사 내 다른 사람들은 우리가 누리는 자유에 분개했다. 뉴스룸의 전형인 그들은 가만히 있으면 얻는다고 생각하는 어떤 이익을 위해 가만히 기다리면서 새로운 걸 시도하려는 우리에게 난리를 쳤다. 또한 월트와 나는 머독과 그의 끝없는 불량 행위에 갈수록 더 혐오감을 느꼈다. 폭스뉴스 같은 그의 미국 채널도 충분히 불편했지만, 그는 영국에서도 전화 해킹 스캔들로 조사를 받고 있었다. 특히 가증스러웠던 것은 머독의 「뉴스 오브 더 월드」에서 실종됐다가 나중에 죽은 채로 발견된 열세 살 소녀의 전화 음성 메시지를 (넓은 의미에서) 저널리스트들이 해킹했다는 사실이다.

개인 정보에 대한 중대한 침해는 '사탄 아저씨'의 트레이드마크였고, 우리는 그로부터 거리를 두고 싶었다. 비록 월트와 내가 그렇게 하려고 숱하게 시도했고 또 실패했지만. 우리는 여러 '족제비'를 만나는 데 수많은 시간을 보냈고(루퍼트네 족제비들이 특히 유해 종이었다), 그들에게 사업 확장 방법에 대한 아이디어를 제공했다. 우리의 콘퍼런스는 언제나 안정적인 수입원이었지만 규모가 너무 작아서 새롭고 잠재적으로 수익성이 더 높은 분야로 나아가려면 적절한 투자가 필요했다.

우리가 괜찮은 계획을 제안하는 동안 다우존스 경영진이 하는 거라곤 우리가 얼마나 많은 돈을 받고 있는지 지적하는 것뿐이었다. 나는 월트와 내가 받는 보수에 유난히 집착하는 듯한 사람에게 "하지만 우리의 아이디어와 야망이 아니었다면 그 새로운 수익은 절대 없었을 거예요"라고 말했다. "우리가 그걸 만들었으니 그에 대한 보상을 받아야죠." 나는 내가 여태까지 취재해온 사람들의 기업가 정신에 감염된 것이 분명했고, 보수는 나쁘지 않지만 장래성은 없는 직장으로 느껴지기 시작한 『월스트리트저널』에 점점 짜증이 났다. 상자에 갇혔다는 생각은 확 와닿는 표현이었다. 나는 실리콘밸리의 또 다른 특성, 바로 '미래에 대한 욕구'를 완전히 흡수했던 것이다.

이전에 내 커리어 상황에 대해 느낌이 좋지 않을 때는 이직을 통해 잘 해결했다. 그리고 노라 에프런이 파경을 맞은 칼 번스틴과의 결혼생활을 바탕으로 쓴 반 자전적 소설 『가슴앓이 Heartburn』에서 매우 통찰력 있게 썼던 아득한 경고의 종소리가 다시 한번 내 귀에 들리기 시작했다. 에프런은 이렇게 썼다. "그리고 그때 꿈은 수백만 개의 작은 조각으로 산산이 부서진다. 그 꿈은 사라진다. 그러니 선택해야 한다. 현실에 안주하거나 여기를 떠나 바보처럼 또 다른 꿈을 꾸거나." 나는 에프런이 난데없이 테크 이야기를 하자며 연락해왔을 때 이 작가 겸 감독을 알게 되었다. 의외로 테크 괴짜인 그녀는 온라인으로의 전환이 어떻게 미디어에 영향을 끼칠 것인지 알고 싶어했다. 에프런은 『허핑턴포스트』의 초창기 기고자이자 주주이기도 했다. 사실 내가 2011년 3월 AOL이 3억1500만 달러에 『허핑턴포스트』를 인수했다는 뉴스를 알린

날 밤늦게 제일 먼저 전화를 걸어온 사람은 에프런이었다.

"나, 부자가 된 건가요?" 그녀가 덤덤한 목소리로 물었다. 농담은 제쳐두고, 무엇보다 에프런은 결혼에서든 기술에서든 힘이 어떻게 바뀌는지 이해하고 있었다. 그녀는 그것을 욕하기보다는, 투덜거리는 한이 있더라도 그냥 거기에 뛰어들기로 마음먹었다. 서사적인 에세이 「이메일의 여섯 단계The Six Stages of Email」에서 그랬던 것처럼.

내가 좋아하는 단계는 마지막 두 단계다.

5단계: 순응

네. 아니요. 못 해요. 안 돼요. 아마도요. 글쎄요. 미안합니다. 정말 미안합니다. 고맙습니다. 고맙지만 괜찮습니다. 외부에 나와 있습니다. 부재중. 한 달 뒤에 다시 연락주세요. 가을에 다시 연락주세요. 일 년 뒤에 다시 연락주세요. NoraE@aol.com은 이제 NoraE81082@gmail.com으로 바뀌었습니다.

6단계: 종말

전화 주세요.

그럴 수 있으면 좋겠다. 에프런은 1년도 채 지나지 않아 2012년 급성 골수성 백혈병으로 인한 폐렴으로 세상을 떠났다. 그녀는 이런 병을 앓고 있다는 것을 가족에게만 알렸고 마지막까지 긍정적이고 매력적이었기에 투병 사실을 아는 사람은 극소수였다. 나는 노라를 좋아했고, 계속해서 변화하는 능력을 포함해 그녀가 보여주는 모든 것을 좋아했다.

안주하지 않고 또 다른 꿈을 꾸고 싶다는 생각이 머릿속에 맴돌면서 나 역시 곧 나의 불가피한 죽음을 직면하게 되었다. 잡스가 세상을 떠난 지 일주일 만에 나는 아시아에서 올싱스D 콘퍼런스를 통해 해외 시장으로 처음 진출하고자 홍콩까지 13시간 비행길에 올랐다. 아시아 지역 내 연결 고리가 되어줄 최적의 도시로 홍콩을 고르기 전에는 먼저 한국과 일본부터 둘러봤다. 아시아, 특히 중국은 테크 분야의 혁신 거점이 되어가고 있었다. 그랬기 때문에 우리는 이스라엘과 브라질 같은 다른 주요 기술 허브까지 점점 확장할 수 있기를 바라며 이곳을 선택했던 것이다.

그러나 다우존스를 위해 더 좋은 콘텐츠와 제품을 만들고 싶지는 않았다. 행사 후 설문조사에서 올싱스D 콘퍼런스 참석자들은 월트의 친밀감, 나의 친밀감, 우리의 인터뷰, 심지어 음식마저 『월스트리트저널』과의 제휴보다 더 높게 평가했다. 대형 미디어의 이름을 등에 업지 않아도 강력하고 독자적인 브랜드와 비즈니스를 구축할 수 있다는 게 분명해지자 많은 미디어 기업을 필요로 하지 않는 이 상황이 이해되기 시작했다. 월트는 독자들과 직접 신뢰를 쌓으며 이 변화를 선도했다. 더 활동적인 리포터들로 구성된 우리 팀은 올싱스D에서 계속 특종을 보도했고, 특히 스타트업들은 양질의 정보를 전달하는 활기차고 때론 발칙한 우리 논조에 점점 더 많은 관심을 보였다.

사실은 아주 발칙했다. 내가 좋아한 것 중 하나는 초창기 직원

존 파치카우스키가 에릭 슈밋에게 커다란 빨간 공 재갈을 물려서 만든 코믹한 일러스트였다. 우리는 이 구글 CEO가 말실수를 할 때마다 그 일러스트를 사용했는데, 그는 그 일러스트가 충분히 활용될 만큼 말실수를 많이 했다. 또 우리는 야후의 가치가 하락할 때 공동 창업자의 이름과 타이태닉을 합쳐 '양태닉'이라고 불렀다. 우리는 진짜 뉴스가 아닌 낚시성 링크의 바이럴성에 초점을 맞추는 게 얼마나 문제인지 보여주기 위해 오로지 '애플'과 '트위터', 이 두 단어만 있는 기사를 싣기도 했다. 우리는 진지한 탐사 보도 기사, 웃긴 영상, 기운을 북돋는 에세이를 게재했다. 그것은 신선하고, 현재성을 띠며, 적어도 우리 독자들에게는 흥미로운 '무엇이든 가능하다'는 자세였다. 올싱스D 사이트는 결코 지루하지 않았고, 콘퍼런스는 잘나가고 있었다.

그리고 이제 우리는 세계로 나가고 있었다. 나는 일 때문에 출장이 잦았고, 아시아 D 전 주는 특히 바빴다. 『글래머』지 기사를 위해 '위민 인 테크Women in Tech' 행사가 열리는 뉴욕으로 날아갔다가, 그루폰 사람들을 만나 한때 유망했던 이커머스 회사에 생긴 재앙을 파악하기 위해 시카고에 들렀다. 그런 다음 다시 샌프란시스코로 돌아와 곧바로 홍콩행 비행기에 몸을 실었다. 벅찬 일정이었지만 뉴스코프가 인색한 탓에 우리는 열세 시간 비행 내내 이코노미석에 갇혀 있었다(내 티켓은 비즈니스석이었지만 팀원들과 함께하기 위해 포기했다). 비행 중에 우리가 소유하고 운영하는 '뉴코Newco*'가 어떤 모습일지, 어떻게 하면 광고, 후원, 티켓 수익을 잘 버무려 자립 가능한 사업으로 만들지에 대한 계획을 짰다.

착륙해서 아시아 D가 열리는 홍콩 그랜드하얏트호텔에 도착할 때까지 나는 지친 만큼이나 들떠 있었다. 나는 즉시 우리 사이트의 시그니처 컬러인 밝은 빨간색 장식들과 시그니처 스틸케이스 인터뷰 의자로 가득한 연회장을 보러 갔다. 무대를 훑어보고 월트와 저녁 식사를 한 뒤 방으로 가 침대 속으로 기어 들어갔다. 이튿날 엄청난 두통과 야후 기사 마감 때문에 오전 5시에 잠에서 깼다. 야후의 재앙에 대해 글을 쓰는 것은 이미 나의 아침 의식 중 하나가 되었다. 그날 나는 CTO의 사임과 약간 맛이 간 야후 이사회의 문제에 대해 보도할 예정이었다.

글을 쓰면서 혼잣말을 곧잘 하는데, 그날 아침에는 "이 회사는 정말 서커스를 하고 있구나"라고 말하려 했다. 그런데 입 밖으로 나온 말은 "노우마텅인리바nauwmatthungInlevah"였다. 별난 일이라고 생각했다. 왜 내가 이상한 말을 하고 있지? 다른 말도 해보려 했지만 마찬가지로 외국어처럼 튀어나왔다. 나는 욕실로 가 거울 앞에서 오스카 마이어의 "내 볼로냐소시지에는 이름이 있어요" CM송을 부르기 시작했다. 연습해야 할 연설문을 놔두고 왜 그게 머릿속에 떠올랐는지는 모르겠지만, 어쨌든 그랬다. 내 입에서 나오는 것은 실제 노래보다 훨씬 더 영문 모를 소리로 들렸다. 다음으로는 딸기를 먹으려 했는데 딸기가 입에서 떨어지더니 손가락 하나가 저린 것처럼 따끔거렸다. 프런트에 전화할 수 있을 정도로

---

*   아직 사명이 정해지지 않은 스타트업 또는 분할이나 합병 등으로 설립되는 신생 기업을 지칭한다.

말이 나오진 않았기 때문에 나는 월트에게 문자 메시지를 보냈다. 그리고 샌프란시스코에 있는 마취과 전문의인 오빠 제프에게 문자 메시지로 내 증상을 설명했다. 지속적인 편두통을 앓고 있어서 딱히 놀라지는 않았고, 그저 시차와 형편없는 비행기 좌석 때문이라고 생각했다.

월트도, 오빠도 바로 답장을 하지 않았다. 몇 년 만에 처음으로 월트는 늦잠을 자고 있었고, 제프는 아마 수술 중이었을 것이다. 그들의 답장을 기다리는 동안 나는 옷을 갈아입고 아침 식사를 하러 가기로 했다. 기분은 훨씬 나아졌고, 입에 마취 주사를 맞은 느낌이긴 했지만 안내 직원한테 말할 때는 문장도 정상적으로 나왔다. 굉장히 멋진 항구가 내려다보이는 레스토랑에서 죽 요리를 즐기고 있을 때 제프에게서 전화가 왔다. "너 그거 뇌졸중 같아." 그가 다급하게 말했다.

뇌졸중이라니? 난 그렇게 늙지 않았다. "오빠는 최악의 의사야." 내가 말했다. 하지만 제프는 단호했고, 당장 병원에 가서 MRI를 찍어보라고 말했다. 나는 그게 시간 낭비라고 여기면서도 콘퍼런스 직원 한 명과 함께 택시를 타고 호텔에서 추천해주는 병원으로 갔다. 검사를 하고 난 후에는 기분이 좋아졌고 다시 야후 CEO 제리 양과 전 부통령 앨 고어 같은 사람들을 인터뷰할 준비가 된 것 같았다. 기분 좋게 문자 메시지를 보내고 뉴스를 읽는데 마스크를 쓴 의사가 다가와서 말했다. "뇌졸중이 왔었네요. 아직 증상이 있는 듯하니 바로 입원 수속을 하겠습니다."

말문이 막혔다. 유일하게 생각나는 건 두 아들뿐이고, 그중 막

내는 내 아버지가 돌아가셨을 때의 내 나이와 비슷했다. 그제야 아들들과 다섯 살 때의 내가 떠오르며 눈물이 나기 시작했다. 그 순간 나는 다시 완전히 벙어리가 되었고, 이건 뇌졸중 때문이 아니었다. 이런 상황만 아니면 실리콘밸리의 많은 사람이 내가 벙어리가 된 것을 좋아했을 텐데. 다행히 알고 보니 내게는 뇌졸중계의 포시즌스, 뇌졸중계의 프라다, 뇌졸중계의 마놀로 블라닉이 있었다. 간단히 말해, 뇌졸중이라는 사실을 제외하면 뇌졸중치고는 굉장히 수월한 경험이었던 것이다. 약물 치료로 혈전은 빠르게 제거되었고, 나는 회복 중이라는 걸 모두에게 보여주기 위해 침대에서 영상을 찍어 사이트에 올렸고, 경주로가 내려다보이는 멋진 병실 전망도 자랑했다.

나는 그곳에서 닷새 동안 머물렀다. 아시아 D에는 참석할 수 없었지만, 아시아 D 사람 몇몇이 찾아와주었다. 고어가 병문안을 왔고, 양도 병실에 들렀다. 그는 내게 완벽한 자두 하나를 가져다주었는데, 이것은 내가 기억하는 한 가장 따뜻한 제스처 중 하나다. 특히나 내가 기사에서 그를 그렇게 힘들게 했던 이후로 말이다.

입원 기간에 의사들은 내 심장에 구멍이 있다는 것을 발견했는데, 듣자 하니 그건 흔한 일이었다. 20퍼센트의 사람들이 심장에 크고 작은 구멍을 가지고 태어난다고 한다. 뇌졸중 소식이 퍼지자 친구와 동료들에게 안부 연락이 오기 시작했다. 그중에서 유전자 검사 스타트업 23앤미의 공동 창업자 앤 워치츠키의 연락은 중요했다. 1년 전, 나는 유전자 정보를 생성하기 위해 타액 검사를 받았다. 그것은 콘퍼런스를 위해 내 유전 정보를 머독의 것과 비교해 우리가 연결되어 있는지 보려고 재미 삼아 해본 시험이었다. 다행히 우리는 연결되어 있지 않았다.

나는 검사 결과 전부를 읽진 않았고, 앤은 내 대신 읽었다. 그리고 내 혈액에 V인자 라이덴이라는 돌연변이가 있다고 알려주었다. 그것은 피가 더 잘 응고되게 만들어 환자에게서 비정상적인 혈전이 발생할 가능성을 높이는데, 다리나 폐에서 가장 흔하게 생긴다고 했다. 그녀는 이 정보를 의사에게 공유하라고 강하게 충고했다.

끈적한 피와 심장의 구멍, 나는 숨은 유전적 요소가 두 개나 있었고, 그것이 장시간 앉아만 있었던 비행과 겹쳐져 뇌졸중을 일으킬 완벽한 상황을 만들어냈던 것이다. 오빠도 내 퇴원을 돕겠다고 홍콩으로 날아왔지만, 그는 내가 한 달간 더 병원에 머물기를 바랐다. 제프와 나는 샌프란시스코로 돌아가는 일등석 티켓을 (머독의 돈으로) 샀다. 결국 심장의 구멍을 치료하기 위해 수술을 받고 휴식을 취하라는 게 의사의 진단이었다.

그런데 난 휴식이 지루하기만 했다. 내가 어떻게 '속도를 늦추고' '잠시 멈춰 장미의 향기를 맡을' 수 있는지에 대해 끊임없이 영감을 주는 이메일들은 도움이 되지 않았다. 오히려 그들은 나를 동요시켰다. 내가 뇌졸중을 통해 배운 점이란 내가 속도를 늦추고 싶어하지 않는다는 것, 내가 하는 일이 좋다는 것, 그 어떤 꽃향기도 맡고 싶지 않다는 것이었다. 그 경험은 나로 하여금 평범함이 무엇인지, 그것이 모두에게 어떻게 다른지에 대해 생각하게 만들었다. 잡스가 스탠퍼드 연설에서 말했던 것처럼, 나는 일련의 질문에 맞닥뜨렸다. 개인적인 삶에 얼마나 많은 시간을 투자해야 하는가? 일적인 삶에는 얼마나 많은 시간을 투자하는가?

한 가지 결론은 내가 나의 일적인 삶을 정말로 좋아한다는 것이었다. 이것은 누군가 내게 이런 질문이 적힌 메모를 보냈을 때 더 명확해졌다. "당신은 임종할 때 직장에 있었던 시간을 기억할 건가요?" 내 대답은 이랬다. "네, 나는 직장에서 환상적인 시간을 보냈어요. 직장에서 아주 중요한 시간을 보냈죠. 나는 내 일에 열정이 있습니다. 나는 사람들을 인터뷰하는 게 정말로 좋아요. 기사를 쓰는 일도 좋습니다. 이야기를 전달하는 게 좋거든요. 그리고 무엇보다, 내가 이 일을 하지 않았더라면 나는 후회했을 겁니다. 잡스에 대해 많이 생각해봤어요. 그리고 그에게 있어 가장 생산적이었던 시기가 처음 암을 진단받은 이후라는 게 떠올랐습니다. 그는 그 시기에 아이폰과 아이패드를 만들었고, 죽을 때는 TV를 재창조하고 있었죠. 그러다 그게 바로 내가 그의 연설에 그렇게나 집착하는 이유란 걸 깨달았어요. 잡스와 마찬가지로, 나는 열정을 가진 분야에서 나 자신을 강하게 밀어붙여야 하고, 무언가에 대한 열정이 느껴지지 않는다면 거기서 벗어나야 한다고 진심으로 믿습니다."

잡스는 무언가를 하지 말란 말을 절대 하지 않았다. 느긋하게 쉬라는 말도 하지 않았다. 천천히 하라는 말도 하지 않았다. 그는 끝을 볼 때까지 자기 자신을 아주 강하게 밀어붙였다. 월트는 잡스가 인생의 마지막 몇 주까지도 계속 계획하며 구성하고 있었다고 말했다. 많은 사람이 동의하지 않더라도 나는 그런 점을 존경한다. 뇌졸중 덕분에 내가 제대로 살기 전엔 죽지 않는 그런 사람이 되고 싶다는 게 분명해졌다. 또한 돌아가신 할머니 수에 대해 많은 생각을 했다. 할머니는 멋진 여성으로 평생 전업주부였다. 펜실베이니아 올드 포지의 작은 거실에 앉아 웨더 채널, 연속극, 펜실베이니아주립대학 축구 경기를 즐겨 보셨다. 실내복을 입었고, 요리를 좋아하셨다.

그리고 나는 할머니를 좋아했다. 아버지가 돌아가신 후 할머니는 한결같이 애정 넘치는 존재가 돼주었고, 내가 잃어버린 모든 것을 대신하기 위해 최선을 다하셨기 때문에 아마 누구보다 할머니를 더 좋아했던 것 같다. 나는 일주일에 몇 번씩 전화해 별 얘기를 다 했다. 할머니는 종종 이렇게 말하시곤 했다. "너무 열심히 일하는구나. 날 보러 한번 오려무나." 할머니는 이탈리아인이었고, 내가 죄책감을 느끼도록 하는 걸 즐기셨다. 나는 워싱턴 D.C.에서 최대한 자주 할머니를 보러 가려 했다. 그래도 여전히 일 때문에 너무 바빠서 갈 수 없다고 말할 때가 많았다. 할머니의 대답은 언제나 나를 웃게 만들었다. "묘지에는 바쁜 사람들이 널렸단다, 아가."

할머니는 내 인생에서 가장 중요한 사람 중 한 명이지만, 할머니가 하신 그 말의 의미를 나는 정반대로 받아들였다. 그렇다, 묘지에는 놀라운 일을 했던 사람들이 널려 있다. 그리고 우리도 모두 결국 그렇게 된다. 하지만 그 말은 죽음이 확실하기 때문에 우리에게는 낭비할 시간이 없다는 뜻이다. 심장 절개 수술로 죽음의 문턱까지 갔던 월트 또한 시간을 낭비하길 원치 않았다.

그리고 영구적으로 망가진 이 두 심장으로 우리는 본격적인 다음 탈출을 계획하기 시작했다.

12장
좋은 뼈대

괜찮은 부동산업자라면 누구나
아주 형편없는 곳을 보여주면서도
좋은 뼈대를 가졌다고 재잘거릴 것이다,
이곳은 손보면 아름다운 곳이 될 거예요,
그렇죠? 당신이 이곳을 아름답게 만들 수 있어요.

_매기 스미스, 「좋은 뼈대GOOD BONES」

우리 계획은 금방 실현될 수 없었다. 월트와 나 우리 두 사람과 『월스트리트저널』, 그리고 모회사인 다우존스와의 관계는 심하게 나빠졌다. 우리 행사가 그들의 최종 수익에 수백만 달러를 더해주었음에도 그들은 우리가 재수 없는 인간들이라고 생각하는 게 틀림없었다.

　그래도 나는 관계를 유지하려고 노력했다. 2011년 우리는 당시 뉴스코프 디지털 미디어 CEO였던 존 밀러와 이야기를 나눴다. 나는 그가 AOL을 운영하던 구두쇠였을 때부터 잘 알고 지냈다. 우리 셋은 올싱스디지털 브랜드를 스포츠(올싱스스포츠), 금융(올싱스머니), 그 외 다른 분야로 확장하는 것에 대해 논의했다. 업종별로 광고와 구독을 기반으로 하는 자체 행사와 서비스를 갖게 되는 것이었다. 야심찬 콘셉트였고, 우리는 다우존스가 과연 그걸 실행할 유연성이나 에너지를 가지고 있을지 의심했다. 아니나 다를까, 관료주의는 다시 한번 혁신을 압도했다. 올드 미디어 기업에서 새로운 아이디어 대부분이 그렇게 되듯이, 밀러가 사임하고 월트와 내가 새롭고, 더 멍청하고, 느리게 움직이는 다른 임원을 상대해야 하는 상황이 되면서 우리 계획도 소멸했다.

　다음 유력자 자리는 어쨌든 화려하고 젠체하는 렉스 펜윅이라는 멋쟁이가 채웠다. 그의 이름은 재미있어 보였지만 사람은 아니었다. 월트와 나는 새 영업 직원 세 명, 영상 프로듀서 두 명, 앱 개발자 몇 명을 채용하는 데 사용할 자금 160만 달러를 요청하는 제안서를 보냈다. 이건 디지털 미디어 사업을 운영하는 데 가장 기본적인 필수 사항이었지만, 펜윅은 들은 척도 하지 않았다. 대신 우리를 불러다놓고 회의를 하면서 잘 알지도 못하는 디지털 문제에 대해 연설을 늘어놓았다. 회의 도중에 몹시 분주해 보이는 여자 비서 부대가 종종대며 들락거렸다. 그리고 우리는 실질적인 지원과 새로운 투자를 전혀 받지 못했다!

　『월스트리트저널』 뉴스룸은 보도 면에서 심지어 더 적대적이었고, 특종들에 대한 올싱스D의 기여를 고집스레 인정하지 않았다. 다른 사람이 기사를 터뜨렸을 때 이를 인정하는 것이 올바른 저널리즘의 관행이다. 우리 사이트에서는 어느 뉴스 기관이든 훌륭한 기사를 내면 그 기사에 늘 링크를 연결해 작은 존경의 뜻을 표했다. 추가로, 특종에 링크를 연결하면 트래픽을 크게 늘릴 수 있다. 그래서 같은 편인 동료들이 우리 기여를 거의 인정하지 않고 그 승리에 대해 트집잡는 게 너무 이상했다.

　예를 들어 올싱스D는 새 야후 CEO 머리사 마이어가 11억 달러에 블로그 플랫폼 텀블러를 인수하는 데 성공했다는 기사를 터뜨렸다. 그것은 당시에 많은 세부 정보를 담은 중요한 특종이었다. 뒤이어 야후는 재빨리 '망치지 않겠다는 약속'이 포함된 공식 발표를 내놓았다. 그러고는 망쳤다. 결국 텀블러는 야후에서 버라이즌으로 넘어갔고, 2019년 오토매틱의 워드프레스 창업자 맷 멀렌웨그에게 300만 달러에 팔렸다. 그래도 텀블러의 가치가 10억은 넘었을 때 그 사실을 우리가 처음 보도했던 것이다. 하루쯤 지나서 이 보도 내용을 바탕으로 하는 비슷한 기사가 『월스트리트저널』에 실렸지만, 우리 기사에 대한 기여는 표시되지 않았다. 나는 고위 에디터 제리 베이커에게 불만을 토로했다. 그의 대답에는 우월감이 넘쳐흘렀는데, 그건 아무래도 타고난 기질 같았다. "유감스럽게도 다우존스와 올싱스D가 분명히 효과적으로 협업해야 함에도 그만큼 잘 되지는 않는 것 같습니다." 베이커는 '유감스러운' 상황을 유발한 데 대한 자신의 책임은 쏙 빼놓고 이메일 회신을 했다.

나는 뇌졸중을 겪은 후 그가 계속 이런 태도로 나오는 것을 용납할 수 없어 답장을 썼다. "분명한 것은 당신의 리포터들이 주요 기사를 쓰는 데 있어 굉장히 뒤처져 있다는 사실입니다. 그러니 ATD에서 우리의 노력이 전혀 존중받지 못하고, 심지어 『뉴욕타임스』마저 우리에게 보인 예의를 당신들은 보이지 않았다는 사실을 정당화하기 위해 우리 성과를 지속적으로 축소함으로써 제가 불쾌함을 느낀 걸 양해해주기 바랍니다."

치졸했나? 그렇다. 게다가 뉴스룸 정책과 그곳의 지배권을 가진 얼빠진 임원들을 상대하는 것은 내 와일드하고 귀중한 인생을 얼마나 낭비하는 짓인가. 더 나쁜 건, 월트와 내가 극소수의 직원들만으로도 우리가 큰 무대에서 경쟁할 수 있음을 매일같이 증명했음에도 『월스트리트저널』은 더 많은 자금을 제공하는 대신 자신들의 내부 인력을 보강한다고 발표했다. 그러니까 우리와 경쟁하기 위해서 말이다. 우리가 바로 그곳에서 훌륭하게 해내면서 회사에 절실했던 디지털 열기를 불어넣고 있었기에 나는 그 상황을 믿을 수 없었다.

2013년 여름이 끝날 무렵, 우리의 최근 계약이 거의 끝나가고 있었던 터라 월트와 나는 바깥으로 돌면서 다양한 잠재적 신규 투자자와 이야기를 나눠보기로 했다. 우리는 빠르게 잠재 투자자 A, B, C 리스트를 만들었고, 벤처 캐피털은 목록에서 제외하기로 했다. 주된 이유는 그들이 결국 우리를 엿 먹이리라는 걸 알기 때문이었다. 우리가 선호하는 건 두 군데, 대형 미디어와 미디어 펀드 각각으로부터 투자를 받는 것이었다.

A 리스트에 있는 투자자들은 모두 우리를 만나고 싶어했고 우리는 빠르게 다음과 같은 평가를 내리고는 발을 뺐다.

『뉴욕타임스』: 대단히 친절한 사람들, 대단히 오만함, 대단히 구식임.

허스트Hearst: 흥미로운 자산 범위, 이상한 기업 문화, 실질적인 결정권자가 누구인지 불분명함.

『애틀랜틱』: 소유주인 데이비드 브래들리는 세련되고 신사적이지만, 또 다른 재벌과 엮여서 우리의 운명이 통제당하는 것은 원치 않음. 블룸버그의 온라인 금융 업무 통합 시스템인 터미널이 이곳의 유일신이고, 우리는 거기에 활용할 반짝이는 액세서리에 불과함.

콘데 나스트: 다우존스보다 더 지독한 뱀 소굴, '그림자' 지분이라는 아주 이상한 제안을 함, 월트는 『포퓰러사이언스』로, 나는 『와이어드』로 서로 갈라짐.

허스트는 『샌프란시스코크로니클』을 디지털 미디어 및 이벤트 회사로 재탄생시키겠다는 훌륭하지만 말도 안 되는 아이디어에 흥미를 보였다. 나는 "드디어 샌프란시스코에 걸맞은 새로운 언론사"라는 모토를 홍보했는데, 이는 당연히 불쾌한 것이었다. 월트와 나는 모든 변수를 따져봤고, NBC 뉴스가 최고의 조건과 파트너십을 제안하고 있다는 것을 확인했다. 전국 방송 매체와 관계를 맺는다는 게 마음에 들었고, 우리 둘 다 전에 이곳에서 일한 적이 있기 때문에 그게 새로운 방식으로 우리 직원들에게까지 확대될 터였다. 이런 파트너라면 행사, 광고, 마케팅에 있어서도 우리에게 도움을 줄 수 있겠다고 생각했다. 두 번째 투자자로는 야후를 떠난 후 미디어 중심 투자 펀드를 시작한 전 야후 CEO 테리 세멜을 선택했다. 할리우드에서 오래 경력을 쌓은 세멜은 할리우드와의 강력한 유대를 제안했다. 하지만 무엇보다 우리가 그를 선택한 이유는 그가 진정 사랑스럽고 관대한 사람이기 때문이었다.

임박한 우리의 탈출에는 한 가지 애로 사항이 있었다. 우리가 다음번에 무엇을 만들려고 하든, 계약에 따라 다우존스가 그에 대한 우선 매수 청구권을 갖고 있다는 점이었다. 그 말은 곧 뉴스코프 CEO 로버트 톰슨을 만나야만 한다는 뜻이었다('타락한 목사'

의 귀환!). 톰슨의 쾌활한 성격은 2013년 9월 7일 그가 "올싱스디 시전All Things Decision"이라는 제목의 이메일을 급히 보냈을 때도 우리를 실망시키지 않았다. 길고 감미로운 그의 이메일은 마치 우리가 떠나지 않기를 바라는 듯했다.

> 아직 멕시코의 큰손이나 뭄바이의 거물, 방탕한 사모 펀드 운용사로부터 엄청나게 수익성 좋은 제안이 들어오지는 않았지만, 미래에 대한 몇 가지 이야기가 있었다는 걸 알고 있습니다. 나는 한편으로 당신들이 잠재적 파트너/인수자들을 순회한 만큼 당신들과 뉴스코프가 그런 굉장히 과분한 아량의 혜택을 보길 바라고 있습니다. 어쨌거나 나는 당신들이 제안하는 구조에 대해 전혀 반대하지 않으니, 뉴스코프와 다우존스의 네트워크를 활용할 수 있는 분할 회사의 글로벌 잠재력에 대해 잘 생각해보길 바랍니다. 그 네트워크는 서울에서부터 리우데자네이루, 보고타, 베를린에 이르는 여러 지역에 각각의 커머셜 팀과 편집 팀을 보유하고 있어 사무실과 정보를 공유할 수 있고, 따라서 비용은 최소화하며 접근성은 최대로 끌어올릴 수 있죠. 당신들의 야망이 얼마나 높고 크든 고려해볼 가치가 있을 겁니다.

톰슨은 기꺼이 협조할 준비가 된 듯했지만, 과연 그가 끝까지 따라올 수 있을까? 6개월 전 그가 우리에게 ATD에 대한 결정이 임박했다고 주장하는 비슷한 이메일을 보낸 적이 있다. 우리가 "잠재적 파트너/인수자들을 순회"했다고 비꼬는 말이 마음에 들지 않았다. 뉴스코프 없이 새 회사를 설립하려는 우리 의도를 분명히 할 필요가 있겠다는 생각이 들어 월트가 이렇게 답장했다.

"당신의 표현이 재미있기는 하지만, 우리는 ATD 브랜드나 자산을 외부에 팔려고 하는 게 아닙니다. 그건 당신들이 소유하고 있으니까요. 그리고 그건 잘못된 일일 겁니다." 또한 월트는 우리 쪽 은행 담당자 퀸시 스미스에게 연락해 "우리가 정말로 원하는 건 적당한 금액이나 작은 소수 지분을 주고 회사를 가져오는 거예요"라고 밝혔다. 무엇보다 우리는 다우존스와의 힘들어진 관계에서 벗어나고 싶었다. 그래도 어쨌든 그들에게 우선 매수 청구권이 있기 때문에 우리는 일주일 뒤 톰슨, 베이커 그리고 다른 몇몇 임원과 만났다. 우리는 관심 없다는 신호를 보내기 위해 그들과의 회의를 그날 늦은 시간으로 미뤘는데, 이건 데이트에서 "만나서 커피나 마시죠"랑 비슷했다. 우리는 2000만 달러에 가까운 가치를 제시했다. 버즈피드와 바이스 같은 콘텐츠 회사의 가치가 급등하고 있는 걸 고려하면 완전히 터무니없는 금액은 아니었지만, 어쨌든 전부 꾸며낸 것이고 확실히 이상하기는 했다. NBC와의 계약이 거의 마무리되고 있는 마당에 다우존스 경영진이 그 금액을 받아들이는 건 상상하고 싶지 않았다. 사실 우리가 51퍼센트를 소유하고 완전한 지배권을 가져야 한다는 말까지 갖다 붙이면서 그들이 거절하길 바랐다.

그리고 그들은 거절했다. 톰슨은 "결정적인 순간"이라는 제목으로 9월 17일에 보낸 또 다른 영리한 이메일을 통해 베이커와 함께 추가 통화하기를 요청했다. "우리가 게리 쿠퍼*이기만 하다면요." 내가 답장했다. 예상대로 그들은 다우존스가 고정 투자에 대한 보장 없이 과반의 지배권을 갖겠다는 제안을 내놓았다. 이것은 가능성 없는 소리였고 우리는 거절했다. 사실 통화 분위기는 다정했고, 톰슨은 디지털 저널리즘의 선구자들이라며 월트와 나를 칭찬했다. 또한 그는 우리에게 ATD 브랜드와 모든 관련 자료를 파는 걸 고려해보겠다고 말했다. 그 말을 한순간도 믿지는 않았다. 실제로 우리는 나중에 다우존스에 100만 달러가 조금 안 되는 관대한 금액을 제안해 올싱스D URL과 피드를 사들이려 시도했다. 그들은 도리어 머독이 1000만 달러 이상을 원한다며 터무니없는 소리를 했다.

"루퍼트엿먹어닷컴'은 10달러면 살 수 있는데요." 내가 뉴스코프의 하수인에게 말했고, 그는 작은 소리로 껄껄 웃었다. 그들은 이 자산을 사용하지 않을 예정이라 하더라도 그 어떤 것도 그냥 포기하지 않을 게 분명했다. 내가 할 수 있는 최선은 CTO로부터 올싱스D의 모든 자료를 보존하겠다는 약속을 이끌어내는 것이었다. 다시 맞혀보시라. 나중에 그 약속도 깨졌다. 이후 시스템 업그레이드 때문에 피터 틸을 인터뷰한 것과 레스토랑에서 마크 저커버그를 불러 세웠던 것과 같은 역사적인 영상들을 포함해 우리 콘텐츠 상당수를 찾을 수 없게 되었다. 분명히, 인터넷은 지워지지 않는 잉크로 기록되는 게 아니었다.

그러나 당시 우리에게 가장 시급한 일은 우리 직원들의 인생을

---

* 매우 높은 인기를 누렸던 할리우드의 배우.

272

방해할 의도가 없다는 약속을 톰슨에게서 받아내는 것이었다. 직원들은 모두 우리와 함께 가고 싶어했다. 우리는 경쟁 금지 조항이 없어서 '데스스타'에서 떠난다 해도 보복성 법적 조치나 다른 응징에 대한 걱정은 없었다. 하지만 뉴스코프는 탐욕스러워서 마음이 안 놓였다. 월트와 나는 변호사에게 연락해 『월스트리트저널』과의 관계를 끝내고 NBC 뉴스 및 세멜과의 계약도 마무리했다고 알렸다. 우리는 탈출했다! 그래도 뉴스코프의 한 고위 관계자는 머독이 분명히 우리를 건드리려 할 거라고 경고했고, 나는 그게 바보 같은 소리라고 생각했다. 그러기엔 우리의 규모와 수익이 너무 작았기 때문이다. "그래요, 당신은 떠났고 그는 개자식이죠." 그 임원이 말했다. "그들이 당신을 괴롭히려들 거예요."

그 말은 곧바로 현실이 되었다. 월트와 나는 우리의 빨간 의자 제조사이자 ATD 행사의 오랜 파트너이고 후원사인 스틸케이스 본사를 방문하기 위해 각자 다른 비행기를 타고 미시간주 그랜드래피즈로 향했다. 수년 동안 스틸케이스는 온갖 고가 가구를 제공해 다우존스의 지출을 수백만 달러나 절감해주었다. 비행 중에 우리는 우리가 회사를 떠난다는 내용의 보도자료 초안을 받았다. 그 성명에는 다우존스가 우리와의 계약 갱신을 거절했고, 마치 회사가 월트를 해고한 것처럼 쓰여 있었다(나는 계약 상태였고 더 이상 직원은 아니었다). 나는 그들이 수십 년 동안 재정과 편집에 있어 매우 핵심적인 기여자였던 월트를 그렇게 부당하게 대우하는 데 분노했다.

우리는 각자 이메일을 통해 우리가 몹시 화났음을 전달했다. 이에 대해 제리 베이커는 다우존스가 우리에게 결별을 통보했다는 대본을 끝까지 고수했는데, 회사의 누군가가 독점 뉴스 기사를 위해 『월스트리트저널』 기자에게 유포하고 있다는 이야기도 나돌았다. 이건 참을 수 없었다. 나는 전화로 PR 담당자에게 우리를 칭찬하던 톰슨의 이메일이 어떤 식으로든 『뉴욕타임스』 리포터 같은 누군가의 손에 들어갈 수도 있다고 말했다. 어떻게 그럴 수 있냐는 물음에 나는 이렇게 대답했다. "『타임스』에는 '놀라운' 기자들이 있거든요." 한편 월트는 『월스트리트저널』 리포터와 이야기하며 그녀가 우리 입장(즉, 진실)을 이해하고 있는지 확인했다. 비록 이 특정 기사에 대해 그녀가 과연 얼마나 많은 자율성을 갖고 있는지는 의문이지만.

또한 우리는 톰슨에게 메시지를 보냈고 그는 고맙게도 덜 저항적인 말투로 답장했다. 최종 공동 성명은 모두가 원만하게 헤어졌다고 하는 연예인 결별 기사와 비슷했다. "수년 동안 다우존스/월스트리트저널은 월트 모스버그 및 카라 스위셔와 즐거운 마음으로 함께 일해왔습니다…… 그러나 논의 끝에 양측은 계약을 갱신하지 않기로 결정했습니다." 베이커가 말했다.

"적어도 마지막에는 그들도 품위를 지켰네……"라고 생각한다면 천만에, 그렇지 않았다. 마지막 엿 먹이기로, 베이커는 편집 스태프를 스무 명 더 늘려 『월스트리트저널』 테크 분야 보도와 콘퍼런스를 확대하겠다는 말을 덧붙였다. 내 생각에 그 비용은 우리가 요청했다가 거절당한 160만 달러보다 훨씬 더 많을 것이다. 나가려면 어서 나가라는 노골적인 베이커의 발길질이 나를 더 열 받게 만들었는데, 그는 내게 직접 우리의 작업물을 존경했다며 미래에 다시 만나길 바란다고 썼다. 그럴 일 없수다. 몇 개월 뒤 시끄러운 『배니티페어』 오스카 파티에서 머독도 내게 비슷한 말을 중얼거렸다. 마치 어디까지나 사적인 감정은 없고 단지 비즈니스일 뿐인 것처럼. 내가 그에게 해줄 수 있는 대답은 딱 하나였다.

"당신에겐 잘된 일 아닌가요?" 나는 웃으며 말했다. "왜냐하면 저한테는 잘된 일이거든요." 머독이 귀에 손을 대고 안간힘을 쓰며 들으려 했기 때문에 그가 소음 속에서 내가 하는 말을 알아들었을 것 같지는 않았다. 그래서 나는 그냥 그에게 손을 흔들고 진짜 유명인에게 추파를 던지기 위해 자리를 옮겼다.

나는 정말로 앞으로 나아가고 싶었다. 메시지를 통해 나는 직원들에게 이렇게 말했다. "저는 뉴스로 복귀해 뭔가를 구축하고, 모든 사람에게 새로운 도전과 우리가 이미 아주 잘하고 있는 훌륭한 저널리즘을 수행하는 방법을 제공하기를 열렬히 바라고 있습니다. 우리는 추가 자원을 통해 훨씬 더 많은 걸 할 수 있고, 많은 걸하게 될 것입니다. 이 모든 보도가 얼마나 난처한지(그리고 그중얼마나 많은 부분이 잘못되었는지) 알고 있고, 현 파트너를 선택한방식이 좋지 않았다는 것도 알고 있지만, 자숙하고 다음 라운드를공개할 수 있을 때까지 무시해야 합니다. 그러면 그것은 나중에분명 놀라운 결과로 이어질 겁니다."

2013년 11월 말쯤 NBC와 세멜의 윈저미디어로부터 투자받은 1000만 달러가 우리의 새 회사 셧업앤리슨Shut Up and Listen LLC 의 은행 계좌로 입금되었다. 새 파트너들은 소수 지분을 갖고, 월트와 내가 회사 지배권 51퍼센트를 가졌다. 그해 마지막 날, 월트와 나는 마지막 올싱스D 포스트를 올렸다. 우리는 2007년 4월 그 사이트에 내가 올린 첫 번째 포스트를 언급하며 이렇게 썼다. "우리가 취재하는 테크 산업에서 한 수 배운 대로 다시 한번 재충전하고, 다시 상상하고, 다시 만들고, 다른 모습을 보여줄 때가 됐습니다(이게 무슨 의미인지는 조만간 알게 될 겁니다)."

이틀 뒤 월트와 나는 버튼을 누르려 기다리는 동안 샌프란시스코에 있는 대형 호텔 스위트룸을 빌려 ATD 직원들을 저녁 식사에 초대했다. 막 자정이 지난 2014년 1월 2일, 우리의 새 벤처 사업이 가동될 준비가 되었다. 네이밍 회사와 씨름한 끝에 우리가 떠올린 이름 '레코드Record'가 탄생했고, 콘퍼런스 이름은 단순하게 '코드Code'로 정했다. 우리는 새로워진 목표와 그에 걸맞은 스타트업 정신으로 출발했다. 더 이상 우리는 모선의 일부가 아니었기 때문에 우버, 특히 페이스북 같은 회사의 커가는 권력을 즉각 겨냥함으로써 우리 자신을 차별화하는 데 최선을 다하기로 결심했다.

왜냐고? 기술로 인해 사회 양극화가 일어나고 있는 게 명백했기 때문이다. 내가 곧 그 거대 소셜 네트워크를 '안티소셜미디어'라 부르게 된 이유이기도 하다. 페이스북의 개인 정보 침해는 초창기부터 확연했고, 이후로도 이어졌다. 이러한 위반은 항상 저커버그나 샌드버그의 사후 사과로 끝났으며 "대단히 죄송합니다"라는 말은 이 회사를 취재하는 일부 기자에게 농담처럼 되어버렸다. 매달 페이스북이 사용자 허락 없이 정보를 수집하는 개인정보보호법 위반을 저지르면 일부 규제 당국에서 이를 조사하고 소액의 벌금을 부과하기도 하는 일이 반복되었다.

이에 대한 가장 완벽한 예시는 회사가 2011년에 서명한 동의 판결로, 페이스북이 사용자의 데이터를 제3자와 공유할 때 이를 사용자에게 알리도록 하는 내용이었다. 2018년에 정치 컨설팅 회사인 케임브리지 애널리티카가 어떻게 사용자의 허락 없이 페이스북 사용자 8700만 명의 데이터에 접근할 수 있었는지에 대한 스캔들이 터진 후 미국 연방거래위원회는 첫 번째 합의 사항을 위반한 것에 대해 페이스북에 벌금 50억 달러를 부과하는 데 합의했다. 미국에서는 획기적인 금액이었지만 나는 그 벌금을 '주차 위반 딱지'라고 불렀다. 페이스북 경영진이 그 벌금을 사업비 이상의 어떤 것으로 보리라고는 상상하기 어려웠기 때문이다. 그들은 벌금을 내고 사용자들의 주의를 끌고 유지하는 데 의존하는 그 광고 기반 사업 모델을 계속해나갔으며, 데이터를 수집하고 캐내는 능력은 여전히 중요했다.

합의가 발표된 직후 저커버그는 나와의 인터뷰에서 틀에 박힌 "대단히 죄송합니다"를 다시 시작했다. "솔직히 제가 잘못 생각한 거예요." 그가 말했다. "데이터 이동성 측면에서 제가 너무 이상주의적이었나봐요. 그게 더 좋은 경험을 만들어낼 수 있을 거라 생각했어요. 일부는 그렇기도 했지만, 우리 커뮤니티에서 얻은 분명한 피드백은 사람들이 개인 정보를 훨씬 더 중요하게 여긴다는 거였죠. 그리고 그들은 자신들의 데이터를 쉽게 가져다가 다른 곳에서 사회적 경험을 할 수 있기보다는 데이터를 걸어 잠그고 나쁜 일이 일어나지 않도록 하길 원해요." 그는 쉴 새 없이 말을 이어나갔다. 아마 내가 납득하고 동의할 때까지 그럴 작정인 듯했다.

내가 그에게 동의하지 않았기 때문에 그는 계속 말했다. "전 우리가 여전히 이상주의적이라고 생각하지만, 지금 사람들을 보호하기 위한 우리의 책임 또한 이해하고 있다고 생각해요. 과거에 우리가 이런 것을 충분히 인식하지 못했다는 게 현실이겠죠. 그런 이유 중에는 우리가 지금보다 더 작은 회사였던 탓에 이런 문제와 일부 악당이 우리를 겨냥하는 일이 더 적었던 이유도 있습니다. 우리는 지금보다 작은 회사였으니까요. 그리고 커뮤니티에 고작 1억 명뿐이었던 당시에는 선거에 영향을 끼치려는 국가들의 표적이 되는 일이 확실히 없었습니다."

왱알, 앵알, 왱알. 그리고 한마디 더 보태자면, 앵알. 이상주의와 개방성, 데이터 이동성에 대한 더 구체적인 아이디어가 개인 정보와 대립되는 것처럼 보이게 만드는 저커버그 측의 술수는 영리했지만, 당연히 그것들은 대립할 필요가 없다. 그러나 가장 눈에 띄는 건 그가 더 큰 문제에 신경을 집중시키고 있다는 점이었고, 나는 그 문제, 즉 데이터를 사용하는 이 플랫폼들이 악의적인 사람들에 의해 프로파간다와 조작을 위한 가장 강력한 도구가 될 위험을 훨씬 더 우려하게 되었다.

소셜미디어 사이트들은 참여를 기반으로 구축되어 수익을 창출했고, 내가 자주 지적했듯이 분노만큼 참여를 부채질하는 것도 없었다. 저커버그는 다른 커뮤니티에 대한 미움보다 더 빠르게 커뮤니티를 하나로 모으는 방법은 없다는 걸 망각한 채 "커뮤니티를 만드는 일"에 대해서만 계속 주절거렸다. 2017년 초, 한번은 저커버그가 늦은 밤 전화해 "커뮤니티 표준에 대하여"라는 흥미로운 제목으로 쓴 자신의 에세이에 대해 피드백을 달라고 했다. 첫 문단에서 그는 이렇게 물었다. "오늘 나는 가장 중요한 질문에 초점을 맞추고자 한다. 우리는 모두가 원하는 세상을 만들고 있는가?" 저커버그가 6000개의 단어로 이 주제에 대해 골몰해 마침내 내린 결론은 이랬다. "우리 중 많은 이가 사람들을 한데 모아 세상을 연결하자는 생각을 지지하고 있다. 나는 우리가 장기적으로 바라보고 새로운 사회 인프라를 구축해 다음 세대를 위해 우리가 바라는 세상을 만드는 데 초점을 맞추길 바란다."

나는 이 에세이에 '마크 선언문'이라는 별명을 붙였다. 교열자가 절실히 필요하겠다는 생각은 했지만, 나는 더 나은 경험에 대한 미덕을 과시하려는 그의 끊임없는 욕구에 감탄했다. 심지어 그런 경험은 절대 일어나지 않을 것 같은 때에도 말이다. 한편 나는 그가 자신의 플랫폼에서 상황이 얼마나 나쁘게 흘러갈 수 있는지 예측하지 못한다는 데에도 놀랐고, 건설적인 커뮤니티를 만드는 데 대한 그의 희망에 공감할 수 없다고 말했다. 사실 나는 페이스북이 파괴에 열중하는 사람들의 메카가 되어가고 있다고 확신했다.

2018년 인터뷰에서 저커버그는 마치 학습 참고서에서 배운 표현의 자유가 자신이 정말로 알아야 하는 표현의 자유의 전부인 양 여전히 보기 괴로울 정도로 단순한 생각을 하고 있었다. "표현의 자유, 혐오 표현, 불쾌감을 주는 콘텐츠. 기준이 뭘까요?" 그가 말했다. "현실은 다양한 사람이 다양한 장소에 끌리고, 우리는 전 세계 많은 나라의 사람들, 다양한 의견을 가진 사람들에게 서비스를 제공한다는 겁니다." 나는 커뮤니티보다 자본주의를 선택하는 것 외에 다른 선택은 원치 않는 남자에게 "그래도 여전히 선택은 할 수 있다"고 말했다.

저커버그가 가장 원하는 것은 선택에서 손을 떼는 것이었다. "제가 진짜로 하고 싶은 건 커뮤니티의 가치를 반영하는 방식으로 정책을 세울 방법을 찾는 겁니다. 제가 그런 결정을 내리는 사람이 되지 않도록 말이에요. 무슨 말인지 아시죠?" 그가 말했다. "저는 여기 캘리포니아 사무실에 앉아 전 세계 사람들을 위한 콘텐츠 정책 결정을 내리는 게 기본적으로 불편해요. 그러니까, 도대체 혐오 표현의 기준이 뭐죠? 저더러 (결정을) 내리라고 누가 정했나요?"

글쎄, 마크, 네가 했지. 그리고 2018년에 그가 한 말은 기만적이었다. 왜냐하면 불간섭주의적 태도가 이미 페이스북에 깊게 자리 잡고 있었기 때문이다. 2018년 연방거래위원회 합의 발표가 있은 지 며칠 만에 "추악한 진실"이라는 제목의 메모가 버즈피드에 유출되었을 때, 그것은 2016년에도 이미 명백했다. 저커버그 측근 어드바이저 중 한 명인 페이스북 부사장 앤드루 보즈워스가 작성한 그 메모는 골치 아픈 문제를 대놓고 언급하고 있었다. "누군가를 괴롭힘에 노출시키면 한 생명이 희생될 수 있습니다. 어쩌면 우리 플랫폼상에서 테러 공격을 받아 누군가 죽을 수도 있어요. 그럼에도 우리는 사람들을 연결합니다. 추악한 진실은, 사람들을 연결하는 일에 대한 우리 믿음이 아주 깊기 때문에 더 많은 사람을 더 자주 연결해주는 모든 것이 **사실상 좋다는 것입니다.**"

메모에 대한 반응은 매우 빠르고 격렬했다. 저커버그는 보즈워스가 틀렸다고 말하며 "우리는 목적이 수단을 정당화한다고 생각한 적 없다"라고 분명하게 밝혔다. 그는 이렇게 덧붙였다. "우리는 사람들을 연결하는 것 자체로 충분하지 않다는 것을 알고 있습니다. 사람들을 더 가까이 모으기 위해 노력할 필요도 있죠. 우리는 이를 반영하기 위해 지난해에 회사 미션과 초점을 통째로 바꿨습니다." 보즈워스는 그 메모가 유출되자 이를 삭제하고, 그저 내부에서 토론을 시작하기 위해 이 끔찍한 시나리오와 비도덕적인 결론을 제기했을 뿐이라며 스스로 메모 사태에서 한발 물러났다. '어떻게 감히 나를 의심하느냐'는 식의 그의 변명은 지켜보기 괴로울 정도였다. 그는 2016년 메모에 대한 2018년 메모에 "만약 나쁜 생각까지 모두 노출될 거라는 두려움 속에서 살아야 한다면 우리는 그런 생각들을 탐구하거나 이해하지 않게 될 겁니다"라고 썼다. "우리는 나중에 그런 생각에 발목 잡힐 위험이 훨씬 더 크니까요."

그러나 페이스북은 발목을 잡혔고 앞으로도 그럴 터였다. 많은 사람이 2016년 대선에서 페이스북이 어떤 역할을 했는지, 그리고 러시아 정부가 도널드 트럼프의 당선을 돕기 위해 페이스북 플랫폼을 조작했는지에 의문을 제기하기 시작했다. 나는 페이스북이 그 나라의 악의적인 사람들이 사용하는 유일한 플랫폼이었다고 생각하진 않지만, 처음에 페이스북은 전혀 관련 없는 것처럼 행동하려고 했다. 2016년에 잘못된 정보의 확산을 통한 러시아의 개입 가능성에 대해 질문받았을 때, 원래 저커버그의 반응은 그 생각 자체를 비웃는 것이었다. "페이스북에 있는 가짜 뉴스는 알다시피 전체 콘텐츠에서 극히 적을 뿐인데, 그게 어떤 식으로든 선거에 영향을 끼쳤다는 것은 미친 생각 같네요." 그는 테코노미Techonomy 콘퍼런스에서 데이비드 커크패트릭과의 인터뷰 때 이렇게 말했다. "유권자들은 자신의 인생 경험을 바탕으로 결정을 내리죠."

많은 사람이 트럼프의 매력을 과소평가했다는 저커버그의 말이 옳기는 했지만, 당시 페이스북의 영향을 탓하는 게 정신 나간 생각이라는 주장은 기만적이라기보다는 무지에 가까워 보였다. '미친' 주장을 반사적으로 묵살하는 걸 보니 이 회사가 문제의 심각성을 측정하려 시도한 적이 있기나 한지 의문이 들었다. 저명한 경영 컨설턴트 피터 드러커는 "측정할 수 없다면 관리할 수 없다"라고 말하지 않았던가.

사실 페이스북에서 선거에 개입하고 영향을 끼치려는 러시아의 시도는 지속적이고 끈질겼는데, 가장 큰 플랫폼이었던 만큼 이는 놀라운 일이 아니었다. 페이스북 엔지니어들은 이미 수개월 전에 러시아의 수상한 활동을 감지했다. 몇 년 후 『뉴욕타임스』에 따르면 미국 법무부는 "2016년 선거를 망치고 도널드 J. 트럼프의 대선 캠페인 지원 계획을 실행한" 12명의 러시아인과 3개 기업 등을 상대로 조치를 취했다. 『타임스』는 "기소 내용에는 페이스북에 대한 혐의가 아무것도 제기되지 않았지만, 이 회사의 플랫폼들이

러시아의 2016년 선거 방해 캠페인에 얼마나 중요한 역할을 했는지 최초로 인정하는 당국의 포괄적인 해석이 담겨 있었다"고 언급했다. "페이스북과 인스타그램이 41회 언급된 반면 러시아가 사용한 다른 기술은 훨씬 더 적게 언급되었다."

저커버그로부터 "미친"이라는 충격적인 표현을 처음 들었을 때, 나는 정치에 정통한 샌드버그에게 전화를 걸었다. 샌드버그는 미국 재무부에서 래리 서머스의 최고보좌관직을 지내는 등 정부에서 일한 이력이 있다. 그녀라면 잠재적인 대외 영향에 대한 내 우려와 말하기 전 사전 점검의 필요성을 이해할 듯싶다. 나는 케네디행 비행기를 타러 가는 중이어서 통화 내용을 메모할 순 없었다. 그래도 정확하지 않을 수도 있는 중요 사안에 대해 저커버그가 함부로 발언한 것을 두고 그녀에게 화풀이했던 것은 분명히 기억난다. 나는 정치적인 이득을 위해 잘못된 정보를 제공하려는 사람들이 잠재적으로 얼마나 조작했는지는 적절하고 심도 있는 조사 없이 페이스북의 누구도 알 방법이 없다고 말했다. 그리고 만약 부분적으로나마 이 일이 사실로 드러난다면 누가 이 일에 책임을 지겠느냐고 덧붙였다. 프로파간다와 그것이 우리 민주주의에 끼치는 영향을 깊이 걱정하는 사람으로서 나는 진지했고, 특히 "이건 페이스북에 아주 안 좋게 끝날 거예요"라고 덧붙일 때 더 그랬다.

샌드버그는 귀 기울여 듣더니 실크처럼 부드러운 목소리로 "진정해요, 카라. 우리가 처리하고 있어요"라는 식의 말을 했다. 글쎄, 그들은 프로파간다를 처리하지 않았다. 러시아는 물론 이란이나

스리랑카에서도 처리하지 않았다. 스리랑카에서는 불교계 폭도들이 페이스북에 퍼진 허위 정보를 보고 무슬림들을 공격했으며 정부 관계자는 가장 완벽한 비유를 들어 『뉴욕타임스』에 이렇게 말했다. "병원체는 우리 게 맞지만, 페이스북은 그걸 퍼뜨리는 바람입니다." 바람보다는 허리케인에 더 가깝지만. 페이스북에 넘쳐나는 잘못된 정보와 이를 막으려는 플랫폼의 빈약한 노력에 대한 기사들이 전 세계의 수많은 사례와 함께 심도 있고 자세하게 보도되었다.

이는 『뉴요커』의 에번 오스노스가 빅 테크, 특히 페이스북에 다가올 심판에 대한 기사에서 가장 잘 보여주었다. "저커버그와 샌드버그는 자신들의 실수를 지나친 낙관주의, 그들 서비스의 어두운 면에 대한 무지 탓으로 돌렸다. 그러나 그러한 설명은 성장에 대한 집착과 경고에 주의를 기울이지 않으려는 태도를 무시하는 것이다." 힐러리 클린턴에 대한 공포를 조장하는 데 사용됐든, 말도 안 되는 안티백신 운동을 퍼뜨렸든, 페이스북은 러시아의 루블이 유입됨에 따라 위기와 분노를 일으키고자 설계된 플랫폼이었다. 그것은 시스템 전반에 걸친 문제였고, 회사 경영진은 계속해서 쉽게 고칠 수 있는 문제인 양 행동했다. 그게 사실이라면 그들은 왜 고치지 않았을까? 진실은 그들이 촉진한 정보의 홍수를 조절한다는 게 불가능한 임무라는 것이다.

특히 분통 터지는 점은 페이스북 경영진이 그게 마치 홍수가 아니라 소셜 네트워크라는 지하실에서 발생한 약간의 누수처럼, 영향받은 사람이 그리 많지 않고 습기도 닦아냈다며 반복적으로 주장했다는 점이다. 엄청나게 창궐한 곰팡이는 놓친 채 말이다. 그리고 곰팡이가 다시 심해지자, 자기네 일은 그저 도구를 만드는 것이고 사람들이 그 도구를 무기로 사용했을 때 발생하는 일은 자신들 책임이 아니라며 말을 바꾸었다. 2018년 저커버그에게 페이스북에 있는 누군가는 케임브리지 애널리티카 사태로 인해 해고되었어야 하는 게 아니냐고 물었을 때도 그랬지만 그는 그런 태도를 일관되게 유지하고 있는 듯했다.

"글쎄요, 제 생각에 그건 문제예요. 하지만 그 플랫폼은 제가 설계했으니 누군가 이 일로 해고되어야 한다면 그건 제가 되어야겠죠." 저커버그는 '실수가 있었다'는 뉘앙스로 말했다.

나는 자연스럽게 이어나갔다. "하지만 분명히 말하자면 지금 당장 자기 자신을 해고하지는 않을 거잖아요? 그렇죠?" 그를 괴롭히려는 게 아니었다. 그가 자신의 창작물로 인한 의도치 않은 결과에 대해 어느 정도 책임을 느끼는지 알고 싶을 뿐이었다.

내 눈에는 그가 웃어야 할지 울어야 할지 모르는 것처럼 보였다. "지금 이 팟캐스트에서는 아니죠. 제가 지금 당장 셀프 해고하길 정말로 바라세요? 단지 뉴스거리로?" 그가 말했다. "전 우리가 커뮤니티를 위해 옳은 일을 해야 한다고 생각해요." 최소한 그의 판단에서 옳은 일이란 더더욱 '마크 저커버그' 하는 것이었다. 페이스북은 '마크 저커버그 제작'으로 태어나 앞으로도 계속 '마크 저커버그 제작'일 테니 말이다. 나머지 사람들은 끊임없이 이에 대한 교육비를 지불하게 될 터였다.

페이스북과 저커버그가 결국 비위를 맞추게 될 트럼프라는 조작의 대가이자 혼돈의 창조자는 자연스럽게 이 아수라장으로 이주해왔고, 2021년 1월 6일 도를 넘기 전까지 머물렀다. 내가 소셜미디어 사상 최악의 트롤이라 부르는 트럼프는 자기 성공의 상당 부분이 직접 혹은 소셜미디어를 통해 대규모로 자신의 지지 기반에 연결되는 데 달려 있다는 것을 직관적으로 이해했다. 그렇기 때문에 트럼프가 (페이스북의 투자자이자 이사회 멤버인 피터 틸로부터 큰 도움을 받아) 샌드버그를 포함한 모든 테크업계 리더들을 트럼프 타워의 호화스러운 방으로 소환했던 것이다. 그는 자신의 프로파간다를 전파하는 데 실리콘밸리의 도움이 필요했고, 이를 이용했다. 그리고 이제 최고의 격전지 세 개 주에서 트럼프가 간신히 승리를 거두었으므로 그들에게는 그가 필요했다.

나는 그 회의 전이든 후든 샌드버그에게 전화를 걸 필요조차 없었다. 왜냐하면 그녀는 이미 내 얘기를 한 귀로 듣고 한 귀로 흘린 지 오래인데 무슨 의미가 있겠는가? 하지만 한 사람에게는 전화를 했다. 나는 그라면 변화를 가져올 수 있을 거라고 생각했다.

여보세요, 일론. 나예요.

13장
나, 재수 없는 인간

휴스턴, 문제가 생겼다.

_짐 러벨

세계에서 가장 부유한 사람이자 생존 인물 중 가장 유명한 테크 기업가가 하는 말은 분명 농담이었어야 했다. 그러나 2022년 10월 17일 일론 머스크가 내게 보낸 이메일은 농담이 아니었다. 그 제목은 "당신은 재수 없는 인간이야"였다.

일주일 전, 머스크는 늘 그렇듯이 나를 친근하게 대했다. 실제로 그는 철회 불가능한 계약을 철회 가능한 척하다가 궁지에 몰린 서비스, 트위터를 인수할 수밖에 없게 되자 이에 대한 내 생각을 물었다. 그리고 예기치 못한 사태 없이 회사 매수에 과도한 금액을 주는 데 합의한 이후 어린아이 생떼에 맞먹는 사업 관여 행태에도 불구하고 머스크는 상을 얻었다. 뭐, 더 정확히 말하자면 꼴찌상 말이다. 정치인, 언론, 머스크같이 이것저것에 관심 많은 원초적 지능을 가진 사람들에게 대단히 인기 있고 중독적이기는 했지만 트위터는 가망 없는 꼬마 테크 기관차였다.

머스크가 나에게 '재수 없는 인간'이란 꼬리표를 붙인 게 이상했던 이유는 여느 비평가들과 달리 나는 그의 트위터 인수에 대해 공정하게 관망하는 태도를 취했기 때문이다. 나는 마이크로소프트가 야후를 인수하려다 실패한 것처럼 인수 전쟁 중에 나오는 헛소리 같은 요소가 포함된 많은 거래를 취재했다. 이번에도 다를 바 없어 보였다. 머스크는 자신이 동의한 계약에 이의를 제기하기 위해 델라웨어 형평법원에 소송을 걸었지만 진술 직전에 갑자기 멈췄다. 결국 머스크는 트위터에 440억 달러를 넘겨주어야 했고, 아무리 분노의 트윗을 올려도 그것은 달라지지 않았다.

이건 사실이다. 나는 머스크의 인수를 환영했다. 나는 2006년 출시 이후 계속 트위터를 취재해왔는데, 트위터는 그 역사 대부분에 걸쳐 비통할 정도로 실적이 저조한 사업이었다. 이에 대한 수많은 비난은 공동 창업자 잭 도시의 야윈 어깨에 쏟아졌다. 머스크의 제안 당시에 도시는 파트타임 CEO로, 혁신적인 결제 회사 스퀘어(나중에 블록으로 변경)의 업무 때문에 관심이 분산돼 있었다. 진정한 선지자 도시는 단체 명상으로 회사 미팅을 시작하는 등 자신의 개인적 습관을 직원들에게 강요하기 시작했다. 또한 그는 자신이 매우 똑똑해서 한 번에 두 회사를 운영할 수 있다고 판단했다. 설명하자면, 그는 한 번에 두 회사를 운영할 수 없었다.

대부분의 사람은 그가 놀라운 일을 해낸다는 데 공개적으로 동의했지만, 뒤에 와서는 내게 그의 개념 없는 오만함을 욕했다. 나도 동의했다. 보통은 하나 혹은 두 회사 모두 어려움을 겪었고, 특정 유형의 테크 CEO만이 자신이 대체될 수 없을 만큼 매우 중요한 사람이라고 생각했다. 그러나 내 할머니께서 정확히 지적하셨듯이 묘지에는 한때 바빴던 사람들이 널려 있다.

그리고 다가오는 위험을 무시하는 것은 늘 트위터의 일처럼 보였고, 주식이 주로 IPO 공모가를 맴돌면서 간신히 사업의 명맥을 이어갔다. 그래도 규모가 작은 편치고는 꽤 반향을 일으켰다. 50억이라는 아주 적은 연 수익에도 불구하고 트위터의 영향력은 2022년 1160억 달러를 벌어들인 메타에 종종 견주어지기도 했다. 트위터는 시대정신을 지배했고, 유명인이나 정치인, 미디어 계의 거물급 인사들이 그 영향력에 힘입어 플랫폼의 덩크슛 마스터가 되기 위해 경쟁하고 있다. '조롱 리트윗 마스터' 타이틀은 결국 세계 최대 트롤이 되기 위해 트위터를 확성기로 사용하는 '@realDonaldTrump'의 손에 들어갔다.

하지만 트위터의 실제 스토리는 그것이 만들어낸 떠들썩한 열기에 있는 것이 아니라 더 차갑고 냉정한 수학에 있었다. 트위터의 전제는 아주 단순했다. 등록된 사용자가 인터넷이나 휴대폰을 통해 로그인해 "당신은 무엇을 하고 있나요?"라는 질문에 140자 이하로 답한다. 2007년에 가입했을 때 나는 가벼운 디자인과 뉴스로 가득한 이 제품이 곧 실리콘밸리에서 가장 커다란 화제가 될 것임을 바로 알 수 있었다. 그리고 가장 결함 많은 제품으로도. 트위터는 매출, 사용자 증가, 무엇보다 주가까지 모두 부진을 면치 못했다. 기본적인 제품 자체가 늘 정체 상태였다. 초기 트위터는 현재의 트위터X와 별로 다를 게 없다. 제한 글자 수를 두 배로 늘리는 게 혁신으로 간주될 정도였다. 창업자들 간의 드라마와 결합된 이런 지루한 행보는 회사가 자신의 잠재력을 전혀 깨닫지 못했음을 의미했다. 사실 그 새가 높이 떠 있는 건 작은 기적이었다. 트위터는 수년 동안 인수 제안을 받아왔지만, 잠재적인 매수 기업이

이 회사의 기술과 제품이 모든 면에서 완전히 엉망임을 알아차리면 협상은 늘 눈물로 끝났다.

트위터가 실패의 결과로 우연히 탄생했기 때문에 어쩌면 이것은 피할 수 없는 일이었는지도 모른다. 잭 도시와 그의 공동 창업자 에번 윌리엄스와 비즈 스톤은 원래 오데오라는 초기 팟캐스트 중심 스타트업에서 입지를 굳혔다. 그게 사용자들의 인기를 얻지 못하자 이 팀은 도시가 개발한 소프트웨어를 기반으로 하는 마이크로블로깅 커뮤니케이션 회사에서 가능성을 발견했다. 그들은 그 스타트업을 위한 완벽한 이름을 찾았는데, 그게 바로 새를 본뜬 트위터였다. 트위터는 CEO 자리를 왔다 갔다 맞바꾸며 다투는 창업자들 덕분에 언제나 좋은 기삿거리가 되었다. 한번은 내가 그 회사를 "테크업계에서 가장 감정적으로 움직이는"곳으로 언급했고, 이 회사를 취재하다보면 멜로드라마를 보는 것 같았다. 하지만 등장인물이 별로인 드라마. 회사가 공개적으로 데뷔한 지 1년이 지나고 샌프란시스코에 있는 그곳의 본사로 걸어 들어갈 때 나는 속에 많은 질문을 품고 있었다. 트위터가 아수라장이라는 것은 첫 방문에서부터 분명해졌다.

2008년 말, 나는 당시 비상장 기업이었던 페이스북이 어떻게 트위터에 5억 달러 상당의 주식과 일부 현금을 제안해 화제를 모으고 '상태 정보 업데이트' 분야에서의 우위를 굳히려 했는지에 대한 기사를 터뜨렸다. 그때 인터뷰에서 저커버그는 트위터를 "우아한 모델"이라고 언급하며 "그들이 만든 것에 정말로 감명받았다"고 말했다. 트위터가 그의 제안을 물리친 후 저커버그는 더 정확하고 정직한 견해로 돌아섰고, 저널리스트 닉 빌턴은『해칭 트위터Hatching Twitter』에서 저커버그가 친한 친구들에게 한 말을 인용했다. "(트위터는) 완전히 엉망이다. 마치 광대 차를 끌고 금광에 들어갔다가 나자빠진 것 같다."

참 웃겼다. 그럼에도 트위터의 투자자들과 경영진 사이에서는 그들의 스타트업이 수익을 제로에서부터 트위터의 문화적 의의에 걸맞은 수준까지 끌어올릴 수 있다는 분위기가 있었다. 한 임원은 당시 내게 이렇게 말했다. "그건 타이밍의 문제예요. 경기 침체에도 불구하고 아직 한 방 날릴 기회가 있다는 느낌이 강하게 듭니다." 창업자의 직접 경영 방식을 전문화하기 위해 데려온 또 다른 존경받는 기업가 딕 코스톨로의 최선의 노력에도 불구하고 그 기회는 영영 나타나지 않았다. 코스톨로는 전에 광고 소프트웨어 피드버너를 공동 창업한 경력이 있는데, 이 회사는 구글에 인수되어 그는 2009년 트위터에 COO로 가기 전까지 구글에 2년간 머물렀다. 1년 뒤 윌리엄스가 육아 휴직으로 자리를 비웠고 코스톨로가 임시 CEO로 임명되었다. 코스톨로는 2013년에 회사를 상장하면서 계속해서 실권을 쥐고 있었다. 트위터 주가는 26달러로 시작해 50달러 이상으로 급등했다가 약 45달러로 마감했고, 이로써 회사의 시장 가치는 약 250억 달러에 달했다.

그리고 도시가 코스톨로로부터 자리를 인계받아 주가가 2016년 5월 최저치인 14.01달러를 찍은 후에 평가 가치는 거의 그대로 정체되었다. 2021년 3월 주가는 최고 77.63달러까지 치솟았고, 이는 머스크로부터 더 높은 금액을 끌어내는 데 한몫했다. 하지만 서비스가 더 엉망이 되어 회사는 전반적으로 불황이었다. 심지어 2015년 코스톨로는 트롤링에 대한 좌절감을 드러내며 내부 메시지에서 회사의 대응에 "솔직히 부끄러웠다"라고 언급했다. 그리고 "우리는 플랫폼에서 일어나는 다양한 학대와 트롤들에 제대로 대처하지 못했다. 지난 몇 년간 계속 형편없었다"라고 썼다.

상황은 더 악화되었고, 내 관심을 제대로 끌기 시작한 건 트위터에서의 트럼프 팩터였다. 나는 그의 무신경하고 잔인한 코멘트가 정치를 왜곡하기 시작하는 모습을 실시간으로 지켜봤다. 그는 공개적으로 인종차별주의적이고 반유대주의적 정서가 담긴 글을 트위터에 올려 자신을 지지하는 사람들은 단결로, 자신에게 반대하는 사람들은 분노로 그 글을 리트윗하도록 만들었다. 어느 쪽이든 그의 거짓말과 욕설은 퍼뜨려졌다. 트럼프는 앨릭스 존스가 페이스북에서 그랬던 것처럼 악의적으로 플랫폼을 조작했다. 이는 재임 기간 내내 계속됐다. 트럼프의 트윗이 늘고 이것이 폭력을 조장하는 암시적 연설에 가까워지면서 나는 2021년 10월 『뉴욕타임스』에 "트럼프는 트위터에 너무 위험하다"라는 제목의 칼럼을 썼다. 나는 플랫폼이 당장 그를 차단해야 한다고 촉구하면서, 그렇게 하지 않으면 어떤 일이 일어날 것인지를 예측했다.

지난 주말의 멋진 워싱턴 디너파티를 포함해 최근 몇 주 동안 나는 가상의 시나리오로 주변 사람들을 테스트해왔다. 내 전제는 이렇다. 만약 트럼프 씨가 2020년 선거에서 패하고 이튿날 광범위한 선거 부정행위가 있었다는 근거 없는 트윗을 올리고, 나아가 자신이 집권하기 위해 사람들이 무장 반란을 일으켜야 한다고 선동한다면 트위터 경영진은 어떻게 해야 할지를 묻는 것이었다.

이 질문을 받은 사람 대부분은 비슷한 반응을 보였다. 폭력을 선동했으니 트럼프를 트위터에서 쫓아내야 한다는 것이었다. 몇몇은 사회적 불안을 가라앉히기 위해 일시적으로만 활동을 정지시켜야 한다고 말했다. 그가 더 이상 대통령이 아니더라도 처벌 없이 서비스를 계속 이용할 수 있게 두어야 한다는 사람은 거의 없었다. 한 정부 고위 관계자는 나라면 어떻게 하겠느냐고 물었다. 나는 애초에 상황이 이렇게 나빠지도록 놔두지 않았을 거라고 대답했다.

2021년 1월 6일, 내가 짠 시나리오(2019년에 트위터 경영진은 내게 터무니없고 무책임한 글이라고 말했다)가 현실이 되었다. 워싱턴 D.C.의 우리 집에서 1마일 거리도 안 되는 캐피톨 힐*에서 펼쳐지던 혼란을 지켜보면서 나는 당연히 호소하기 위해 트위터로 돌아왔다.

"분명하게 말하겠습니다." 나는 잭 도시와 법무 책임자 비자야 가데, 제품 총괄 케이본 베익푸어를 직접 태그하고 글을 썼다. "당신들이 최소한 이틀날 하루 동안 도널드 트럼프의 트위터 계정을 정지하지 않으면, 이 의회 폭동에는 당신들 책임도 있는 겁니다. 유감스럽게도 그는 당신들의 도구를 이용해 며칠 동안 폭력을 선

---

*   국회의사당, 대법원 등 정부 기관이 모여 있는 워싱턴 D.C.의 중심부.

동해왔고, 이제 당신들은 조치를 취해야 해요. 공공의 안전과 현재 국회의사당에 갇힌 사람들의 안전이 달린 문제입니다. 그는 자신이 선동한 폭도들을 진정시키는 데 관여하지 않고 있어요. 이건 경찰과 주 방위군에게 달려 있겠죠."

트위터 경영진은 하루 동안 망설이다가 갑자기 선동의 시녀가 되어 위기에 빠졌다. 트럼프가 그 망설임을 이용해 미친 사람답게 트위터에 글을 올려댔기 때문이다. 마침내 그를 침몰시킨 한 트윗에서 트럼프는 이렇게 썼다. "나에게, 미국을 우선하는 데, 미국을 다시 위대하게 하는 데 투표한 미국의 위대한 7500만 애국자는 미래에도 오랫동안 큰 목소리를 낼 것이다. 그들은 어떤 방법이나 형태, 형식으로도 무시당하거나 부당하게 대우받지 않을 것이다!!!" 두 번째 트윗에서 그는 조 바이든 당선자의 취임식에 참석하지 않을 예정이라고 단언했다. 많은 사람은 이것을 그가 민주주의의 핵심 개념인 '평화로운 권력 이양'에 따르지 않겠다고 지지자들에게 보내는 신호로 여겼다.

이는 트위터가 마침내 조치를 취하기로 결정한 뒤 수년 동안 트럼프의 마지막 트윗이었다. 1월 8일 회사는 "@realDonaldTrump 계정의 최근 트윗과 이를 둘러싼 상황, 특히 해당 트윗들이 트위터 안팎에서 어떻게 받아들여지고 해석되는지 면밀히 검토한 결과, 폭력을 더 부추길 위험이 있어 해당 계정을 영구히 정지시켰다"고 발표했다. 도시 자신은 정지 결정으로부터 거리를 두려고 애썼지만 CEO로서 그가 내린 책임 있는 결정이었다. 여러 해 뒤 도시는 그때 내린 결정이 옳았다고 설명했다. "당시에는 정말 특별했고 견딜 수 없는 상황이었습니다. 우리는 공공의 안전을 위한 모든 조치를 취해야 했습니다. 온라인상의 발언에 따른 오프라인의 피해는 명백히 현실이었고, 그것이야말로 우리 정책과 법 집행을 주도하는 요인입니다." 도시가 말했다. 거기서 멈출 수도 있었지만 그는 그러지 않았다. 도시는 "즉 해당 계정을 정지하는 것은 현실적이고 중대한 영향을 가져온다는 말입니다. 분명한 예외도 있지만, 저는 정지 조치가 궁극적으로 건강한 소통을 촉진하는 데 우리가 실패했음을 뜻한다고 봅니다."

페이스북은 발빠르게 움직였고, 1월 6일 오후 8시 30분에 트럼프가 "두 가지 정책을 위반"했기 때문에 그의 페이스북 페이지는 24시간 동안 비공개 처리될 것이라고 발표했다. 이로써 저커버그는 윗사람들에게 전화해 트럼프의 계정을 정지하기로 결정했음을 알릴 시간을 벌었다. 저커버그는 "이 시국에 그 대통령이 우리 서비스를 계속 이용하도록 두기에는 리스크가 너무 크다. 따라서 우리는 그의 페이스북과 인스타그램 계정 차단 조치를 무기한 연장하거나 최소한 평화로운 권력 이양이 완료될 때까지 앞으로 2주간 연장하겠다"라고 설명했다. 플랫폼들이 강력하게 단속하니 안도감이 들었다. 그럼에도 아직은 미국의 공식 대통령인 그에게 조치를 단행할 결정을 내리는 사람들이 소수에 불과하다는 게 신경 쓰였다. 본질적으로 우리는 공적 담론을 사유화했고, 이제는 억만장자들이 통행 규칙을 정하도록 허용하고 있었다.

그때 머스크가 자신은 절대 그런 짓을 하지 않겠다는 인기 없는 견해를 밝혔고, 심지어 트럼프를 차단하는 것이 '도덕적으로 잘못된 일'이라고도 주장했다. 머스크는 곧 자신의 담화에 '도덕적'이라는 단어를 엄청나게 끼워넣기 시작했다. 나는 여기에 작용하는 표현의 자유 문제가 있고 이게 다루기 까다로운 문제라는 점을 인정한다(1970년대 말 신나치 집단이 일리노이주 스코키를 행진할 권리를 옹호한 미국시민자유연맹을 참고하라). 하지만 그때부터 표현의 자유가 의미하는 바에 대한 확신이 머스크의 피드에 엄청난 생기를 불어넣기 시작했다. 그는 트위터가 우파 성향의 패러디 뉴스 사이트인 바빌론 비를 정지시킨 것에는 더 화를 냈다. 가끔은 웃기고 대체로는 보기 고통스러울 만큼 유치한 바빌론 비는 트랜스젠더 혐오 농담이 포함된 뉴스 기사를 링크했다는 이유로 트위터 운영진에게 정지를 먹었다. 그 기사는 『USA투데이』가 '올해의 여성'으로 뽑은 미국 보건복지부 차관보 레이철 러빈에게 '올해의 남성'이라는 칭호를 수여하는 내용이었다.

천박하고 바보 같은 농담이었지만, '비'에 불쾌한 트윗을 당장 피드에서 내리라는 요구와 함께 해당 계정을 24시간 정지한 트위터의 조치는 더 바보 같았다. 유머 분야를 들쑤시는 것은 좋은 생각이 아니었고, 실제로 그 조치는 저속한 '비' 녀석들에게 우위를 내준 꼴이 되었다. 바빌론 비의 CEO 세스 딜런은 성인군자인 양(분명 아니면서도) "물론 트위터는 트윗을 직접 삭제할 수 있어요. 그런데 그렇게 안 하죠. 그냥 삭제해버리는 걸로는 충분하지 않거든요. 그들은 우리가 무릎 꿇고 혐오 행위에 가담했다고 인정하길 바라니까요"라고 썼다. "그런 일은 없을 거라 약속합니다. 진실은 혐오 표현이 아니에요. 진실을 말하는 대가가 트위터 계정을 잃는 거라면, 그러라고 하죠. 우리는 고작 계정을 지키기 위해 타협하지는 않을 겁니다."

진실? 대체로 재미없는 코미디 사이트의 유치한 연극에 가깝지만, 어쨌든 바보 같은 팬들의 욕구를 충족시켜줄 자유를 가질 권리는 있었다. 아마 그 유치함이 대의에 대한 머스크와 날로 커지는 그의 독선적 성향을 부추겼을 것이다. '비'가 정지되고 사흘 만에 머스크가 자신의 팔로워들에게 다음과 같은 질문으로 트위터 여론조사를 했다. "표현의 자유는 민주주의가 기능하는 데 필수요소입니다. 트위터가 이 원칙을 엄격하게 준수한다고 생각하시나요?" 머스크는 나중에 혼자 생각했다. "새로운 플랫폼이 필요한가?"

그 무렵 머스크는 이미 트위터 주식을 사들이고 있었고 한 달도 채 안 되어 440억 달러 전액 현금 지급이라는 충격적인 제안을 했다. "표현의 자유를 위한 폭넓은 장이 있는 게 아주 중요할 것 같습니다." 입찰하고 며칠 뒤 한 인터뷰에서 그가 말했다. 그는 그 기술을 더 투명하게 하고 스팸 봇을 제거하고, "모두 인간임을 인증"하겠다고 약속했다. 또한 자신을 비판하는 사람들이 이 플랫폼에 남아 계속 그래주길 바란다고 말했다. "그것이 바로 표현의 자유가 의미하는 것"이기 때문이라면서.

머스크의 고상한 미사여구는 고전적인 테크 억만장자가 어쩌고저쩌고하는 헛소리로 느껴졌지만, 개인적·직업적 이유로 그 플랫폼을 적극 활용하는 사용자로서 나는 어떤 회사나 사람이 트위터를 변화시켜주기를 오랫동안 바라왔다. 만약 내가 그런 일을 할 수 있는 누군가의 이름을 떠올려야 한다면, 그 짤막한 목록에는 마이크로소프트 같은 회사와 머스크처럼 위험을 감수하는 사람이 포함될 것이다. 그는 트위터의 팬이었고 그 플랫폼을 더 유용하며 사용하기 쉬운 것으로 변화시킬 비전과 역량을 가지고 있었다. 나는 트위터가 무엇이 될 수 있었을지에 대해 긴 목록을 작성해봤다. 세계적인 인스턴트 한 줄 뉴스, 실시간 협업 엔진, 『스톤 수프Stone Soup』의 디지털 버전, 그리고 즐거운 엔터테인먼트 장소까지 다양했지만, 이런 것들로 변화될 기미는 보이지 않았다. 틱톡과 인스타그램 같은 다른 서비스들이 트위터를 대체하고 능가하는 순간까지도 말이다.

어쨌든 나는 '어쩌라고' 마인드, 무한한 부, 미디어 변혁에 대해 깊은 관심을 가진 머스크가 소유주가 되면 트위터가 잠재력을 실현하도록 도울 수 있으리라는 희망을 갖고 있었다. 지금 돌이켜보면 내 생각은 완전히 잘못되었다. 그리고 당시에도 머스크가 거래에서 빠져나오기 위해 취하는 각종 이상한 익살들 때문에 점점 짜증이 났는데, 그 모든 기행은 그를 가해자보다는 피해자로 보이게 만들었다. 처음에는 그런 행동에 신경 쓰지 않았다. 이상하고 바보 같은 행동은 언제나 머스크 성격의 사소한 부분이었기 때문이다. 그를 알고 지낸 여러 해 동안 나는 장난기 있는 모습부터 유치한 모습, 매우 불쾌한 모습까지 다 봤다. 2019년 『뉴욕타임스』의 발행인 A. G. 설즈버거와 함께 머스크를 만나러 실리콘밸리에 있는 그의 테슬라 사무실에 갔고, 아무래도 진지한 논의를 하겠거니 생각했다. 그런데 머스크는 작은 봄베이 사파이어 진 한 병을 끌어안고 있는 원숭이 인형을 안고 나타났다. 머스크는 신시내티 동물원에서 우리에 떨어진 세 살짜리 소년의 손을 잡고 끌고 다니다가 총에 맞아 죽은 고릴라의 이름을 따서 원숭이의 이름을 하람베로 지었다고 말했다. 그는 하람베를 테이블 위에 올려놓고 회의 내내 거기에 놔두었으며, 심지어 그 동물 인형에게 말을 걸기도 했다. 머스크는 이것이 굉장히 웃기다고 생각하는 듯했지만, 머스크와 정반대 성향인 설즈버거는 신경도 안 쓰는 듯했다.

나는 머스크의 많은 행동이 아슬아슬한 줄타기를 해야 하는 사업적 스트레스와 개인 생활로부터 오는 화를 발산하기 위한 거라고 느꼈다. 그러나 그가 점점 더 유명해질수록 그의 짜증과 편집증은 더 확연해졌다. 그는 늘 인터넷에 떠도는 음습한 밈에 깊이 빠져 있었고, 슬픔이나 짜증, 기쁨을 표현하며 자기감정을 쉽게 그리고 어쩌면 너무 드라마틱하게 드러내곤 했다. 그는 자기 나이보다 한참 더 어리게 행동하는 걸 좋아했다. 그의 무해한 재미있는 행동들은 시간이 지나면서 덜 무해하고 덜 재미있어졌다.

확실히 그런 징후는 있었다. 2017년 월트 모스버그가 저널리즘에서 은퇴하면서 그의 '레코드' 동료들은 월트가 지난 47년 동안 인터뷰한 몇몇 사람에게 보복할 기회가 주어진다면 재미있을 거라고 생각했다. 셰릴 샌드버그, 마크 큐번, 팀 쿡 등 내가 월트에게 하고 싶은 질문을 녹음하는 것과 관련해 연락받은 모든 사람은 알겠다고 답했다. 나는 머스크에게도 전화해 마찬가지 요청을 하며 전화로 빠르게 녹음할 수도 있으니 월트에게 뭐든 물어보라고 했다.

대답은 충격적이었다. 그는 "이 사람이 트위터에서 나를 공격했던 그 월트인가요?"라고 대답했다. 머스크가 때로 유난히 예민하게 반응했지만 이번에 나는 크게 놀랐다. 그리고 최대한 친절하게 반박했다. "나야 모르죠! 아마 평소처럼 당신이 오해했던 게 분명해요. 이 사람은 당신과 두 차례 멋진 인터뷰를 했던 월트예요. 마음을 넓게 가져요. 맙소사. 내 말은, 트위터에 있는 사람들은 쉽게 오해한다는 뜻이에요. 건강한 소통을 하기엔 정말 거지같은 미디어예요. 저기, 이런 질문해서 미안해요. 난 당신이 월트의 트윗 때문에 기분 상한 걸 몰랐어요. 상처받았다니 유감이에요." 공격적이었다는 월트의 트윗을 보고 나니 나는 한층 더 혼란스러워졌다. 그 트윗은 월트가 테슬라를 아주 좋아한다는 말로 시작됐다.

월트는 테슬라의 주가를 생각하면 그 회사가 더 많은 수익을 올린 여러 자동차 회사를 전부 합친 것보다 더 가치 있다고 정확하게 지적하며 말을 이었다. 그는 분명히 주식시장에 대해 코멘트한 것이었고, 심지어 테슬라의 전망에 대한 코멘트도 아니었다. 주가가 과대평가되었다고 반복적으로 말하던 일론 머스크라는 남자를 포함해 대부분의 합리적인 사람이 이 혁신적인 자동차 제조사가 과대평가되었다고 생각했는데도 불구하고 말이다. 테슬라의 공장 노동자 처우나 느슨한 안전 조치, 오해의 소지가 있는 마케팅 혐의에 대해 월트가 타당한 의문을 제기했던 것과는 달랐다. 2016년 코드 콘퍼런스에서 머스크는 월트와 내가 있는 무대에 앉아 테슬라 모델 X가 "지금 당장 사람보다 더 안전하게 자율주행할 수 있다"고 주장했다. 이렇게 주장하는 영상은 3년 뒤 모델 X

를 타고 가던 중 고속도로 가드레일을 들이받고 사망한 애플 직원 월터 황의 유족이 제기한 소송에서 인용되었다. 이에 대해 테슬라의 변호인들은 '코드' 영상의 유효성에 의문을 제기하며 그것이 딥 페이크일 가능성을 암시했다. 저 사람이 정말로 '코드'에 있는 머스크 맞습니까? 그걸 누가 알겠습니까?

내가 안다. 그 사람 맞다. 그 변호사의 술수는 황의 변호인들이 진실을 밝히는 가장 쉬운 방법은 머스크가 직접 영상을 인증하는 것이라고 말하면서 역효과를 냈다. 판사는 이에 동의해 머스크에게 증인 출석을 요구했다. 요점은 월트가 할 수 있는 공격이 아주 많았지만 그가 한 말이라고는 테슬라가 진짜 기본적인 것들에 신경 쓰기보다 미래의 희망과 꿈을 이용하고 있다는 것뿐이었다. 머스크의 과잉 반응은 그가 아주 예민한 사람임을 입증했다.

보아하니 더 예민해진 그는 월트를 변호하는 내 말에 이렇게 대답했다. "'평소처럼'이라고요? 카라, 다시는 나한테 이메일 보내지 말아요." 그래서 안 보냈다. 그건 지나치게 예민한 7학년 학생과 말다툼하는 것처럼 너무 황당할 정도로 유치했으니까. 실제로 나의 두 아들도 7학년일 때 그렇게까지 반항적이진 않았다.

또한 그건 은혜를 원수로 갚는 행동이었다. 머스크가 나를 손절한 그해 테슬라는 다음과 같이 언급하며 미국 증권거래위원회 연례 보고서를 마무리했다. "자동차 매출에 있어서 지금까지 미디어 보도와 입소문이 잠재적인 고객을 움직이는 주요 원동력이었고, 그것이 전통적인 광고 없이 비교적 낮은 마케팅 비용으로 매출을 달성하는 데 도움이 되었다."

어쨌든 나는 '또 다른 거물이 이렇게 가는구나' 하고 생각했다. 하지만 1년쯤 지나 머스크는 내게 다양한 주제로 메시지를 보냈다. '평소처럼' 그에게 아직도 화났냐고 물었는데 내가 무슨 말을 하는지 전혀 모르는 듯했다. 공격이 아닌 것의 고통으로부터 회복한 걸까? 잘못 알고서 생떼 부렸던 걸 잊었나? 정말로 화가 난 것도 아닌데 새벽 3시에 잠결에 메시지를 보냈던 걸까? 누가 알겠는가? 누가 신경 쓰겠는가. 그동안 머스크의 이상한 익살들은 대체로 일촉즉발의 트위터에서 계속되었다. 2018년 머스크는 타이 남학생들을 구조하는 동안 자신의 작은 잠수함 투입 제안을 거절한 영국의 잠수 전문가를 '페도pedo*'라고 불렀고, 이것은 명예훼손 소송으로 이어졌다. 머스크는 법정에서 남아프리카공화국에서 '페도 가이'라는 표현은 흔하다면서 어느 정도 스스로를 변호했다. 배심원들은 머스크 편을 들었다.

같은 해 머스크는 "테슬라를 420달러에 비상장 전환할까 생각 중이다. 자금은 확보됐다"라는 그 악명 높은 트윗을 올렸다. 많은 사람은 그것이 마리화나 농담**이라고 생각했지만, 미국 증권거래위원회는 웃지 않았다. 나도 마찬가지였다. 인류 역사의 현시점에서 420 농담이 웃기려면 모든 청중이 약에 취해 있어야 한다.

규제 당국은 머스크의 트윗이 주주들을 오도했는지 조사에 착수했다. 최종적인 합의 결과는 벌금과 머스크의 의장직 사임을 포

---

* 소아성애자를 뜻하는 페도파일pedophile의 줄임말.
** 420은 미국에서 마리화나 소비를 뜻하는 은어로도 사용된다.

함한 테슬라의 기업 경영 구조 개혁이었다. 투자자들 또한 사기당했다고 주장하며 소송을 제기했다. 재판에서 머스크는 420을 언급한 것은 우연히 숫자가 겹쳤을 뿐 마리화나 농담이 아니었다고 주장했다. 물론 그렇겠지, 친구야. 궁극적으로 배심원들은 머스크가 투자자들의 손실에 책임이 없다고 판단했고, 이에 머스크는 "다행히 국민의 지혜가 승리했다!"라고 공표했다.

이 두 번의 승리가 머스크로 하여금 유치함을 폭발시켜도 자신을 건드릴 순 없다고 여기며 대담해지도록 만들었을 가능성이 높다. 슬프게도 인터넷 업계 사람들의 이런 예민한 행동은 드문 일이 아니다. 한번은 내가 단순하게 숀 파커의 450만 달러짜리 「반지의 제왕」 스타일 숲속 결혼식에 대한 서로 다른 두 가지 의견을 리트윗했는데, 그가 한밤중에 내게 폭언을 쏟아낸 일이 있었다. 벤처 투자자 론 콘웨이는 나와 월트가 무기력하고 불운한 마크 저커버그를 무대에서 땀 흘리게 만든 것을 야단치며 '어떻게 네가 감히' 느낌의 이메일을 보내기도 했다. 그래도 나는 저널리스트로서 머스크가 내게 아무 말 않는 것보다는 무슨 말이든 하는 것을 선호했다. 그래서 '밤도 늦었고 손가락도 근질근질하니 아무럼 어때랴' 하는 마음으로 나를 손절했던 그의 기행은 잊어버리고 교류를 잘 이어나갔다. 2020년에도 여전히 코로나19가 너무 부풀려졌다는 머스크의 주장(그가 틀렸었다)을 두고 사소한 언쟁이 있었고, 그는 이 주제에 대한 원격 인터뷰를 중단하겠다고 협박했다.

"카라, 나는 코로나19에 대한 논쟁에 끼어들고 싶지 않아요." 그가 자신과 자녀들이 백신 접종을 거부했다고 주장한 후 갑자기 이렇게 말했다. "지금 팟캐스트를 끝내고 싶으면 그렇게 해도 돼요." 물론 그는 그 인터뷰를 끝내지 않았다. 1년 뒤, 머스크는 로스앤젤레스에서 열린 2021년 코드 콘퍼런스에서 나와 무릎을 맞대고 앉았다. 그는 서부극 악당처럼 검정 반다나를 착용하고 제프 베이조스 로켓의 남근 모양에 대해 끝없이 농담을 던졌다. 또한 머스크는 암호 화폐(그는 이것이 자신의 '세이프 워드safe word*'라고 말했다), 자신의 뉴럴링크 회사를 통해 인간 두뇌에 컴퓨터 지능을 이식하려는 노력, 그리고 인상적인 스타링크 위성통신 네트워크(머지않아 러시아의 우크라이나 침공에서 핵심적인 역할을 한다)의 발전에 대해서도 이야기했다. 좋은 인터뷰였고 청중도 좋아했다. 머스크도 만족했고, 내게 좋은 시간 보내게 해주어 고맙다고 인사했다.

2022년 10월, 트위터 거래가 마무리되었을 때 나는 머스크에게 이메일을 보내 인터뷰를 요청했다. 이메일에서 언급했듯이 그가 트위터 인수 과정에서 일으킨 먼지구름이 진정된 후였다. "하하, 그렇죠. 먼지가 엄청 많았죠!" 머스크가 예전 일론의 말투로 답장했다. "언젠가 트위터를 어떻게 개선할 수 있을지에 대한 당신의 생각을 듣고 싶네요." 나는 그가 그 소셜미디어 플랫폼의 많은 파워 유저와 오랜 관찰자들에게 연락을 취하고 있다고 생각했다. 나는 재빨리 답장했다. "공개적인 '토크'라면 언제든지요! 나한테 아이디어가 많거든요. 그중 두 개가 이거예요. 초점을 일론이 아닌

---

* 특히 BDSM 같은 성적 행위 시 중단 의사를 표시하기 위해 말하는 단어.

트위터에 맞춰요. 당신은 '당근' 흥미로운 사람이지만, 트위터는 좌파와 우파의 분노 머신을 넘어 흥미롭게/재미있게/유용하게 만들 필요가 있어요(실제로 틱톡을 보라). 훌륭한 CEO를 얻으면 기존 직원들을 쫓아낼 필요가 없어요."

머스크가 답장했다. "(나는) 전혀 나한테 초점을 맞추려고 하지 않아요. 알다시피 인터뷰도 거의 하지 않고요." 나는 명백한 그의 망상을 그냥 흘려넘겼다.

"사람들의 시선은 일상적으로, 훨씬 더 즐거운 방식으로 트위터에 고정될 필요가 있어요." 내가 대답했다. "그런데 당신은 인터뷰에서 실제로 트위터에서는 사라진 비전과 논리를 더 많이 이야기하는 편이죠." 나는 바보 같은 농담이 줄고 불쾌한 모욕이 늘면서 점점 더 광적으로 변해가는 머스크의 트윗에 대해 걱정했다. 그는 너무 자주 비판이나 공격을 했고, 그가 자신의 팔로워 군단을 활성화할 때마다 그들이 (특히 여성들에게) 얼마나 끔찍하게 행동하는지 전혀 모르는 듯했다. 백인 우월주의자를 리트윗하는 것과 불쾌한 가슴 농담 중 하나를 선택해야 한다면, 나는 후자를 선택할 것이다. 그럼에도 나는 머스크가 자신이 원한다고 말하는 것, 즉 해로운 쓰레기 구덩이가 아니라 시간을 보낼 만한 행복한 장소가 되는 서비스를 원한다고 (또다시 부정확하게) 생각해버렸다. 도대체 누가 변기에 440억 달러나 쓰고 싶어한단 말인가? 아니면 "받아들입시다Let that sink in"라는 캡션과 함께 사진을 게시하기 위해 첫날 그가 트위터 본사로 들고 간 싱크대라든가.

더 나은 플랫폼을 위한 내 해결책 중 하나는 2020년 말 인기 있는 음성 채팅방 스타트업을 뒤쫓기 위해 출시된 기능인 트위터 스페이스를 이용한 대화를 늘리는 것이었다. '클럽하우스'는 팬데믹 중에 급격하게 인기를 얻긴 했지만 곧 벤처 투자자들이 모여서 미디어를 욕하는 장소가 되었다. 테크남들이 나와 내 직업을 말로써 괴롭히는 그런 곳을 내가 과연 후원하고 싶었을까? 고맙지만 사양이다! 미디어 기관들은 트위터에 매우 중요한 역할을 해왔고, 뉴스는 이 사이트가 가진 유용성의 핵심이다. 지속적인 결점들에도 불구하고 트위터 스페이스는 가능성을 보여주었고, 나는 유명 인사들이 출연해 오늘의 뉴스를 다루는 라이브 인터뷰를 시작했다. 청취자가 늘면서 한 시간 동안 진행되는 나의 주간 스페이스 후원에 한 대형 광고주가 관심을 보였다. 나는 머스크에게 개념 증명*에 대해 써서 보냈다. "우리가 그걸 팟캐스트와 함께 하는 거예요. 그런 다음 그것도 피드에 올리는 거죠(트위터 쪽 사운드에 문제가 있는데 우리가 작업 중이에요). 우리는 그쪽 청취자들을 좋아하고, 우리가 미디어로서 그것을 완벽하게 해나가는 동안 그때그때 아주 중요한 대화를 나누기 때문에 그들도 우리를 좋아해요. 트위터를 진정한 일상적 습관으로 만들고 비용을 절감하기 위해서는 사소하지만 중요한 단계예요. 어쨌든 그건 서비스 전반에 걸쳐 반복되어야 하고요."

나는 그를 위한 마지막 조언을 추가했다. "재미있고(틱톡), 유용하고(페이스북, 하지만 점점 덜 유용해지는 중), 반드시 필요한(다

---

*　새로운 기술이나 제품을 도입하기 전 타당성을 검증하는 일.

른 데서는 찾아볼 수 없어야 해요) 플랫폼이 되어야 해요. 안 그러면 바보들이 지배하는 시끄러운 장소가 될 뿐이에요. 아수라장을 만들고 싶다면 어쩔 수 없지만, 그건 사업이 아니죠. 또한 비상장 전환하거나 공공 신탁도 괜찮아요. 더 나은 수준의 이사회를 끌어모을 수 있을 거예요." 그보다 나는 머스크와의 인터뷰를 확보하고 싶었다(평소처럼). "아이디어가 하나 있어요." 나는 그에게 이렇게 썼다. "실제로 유용하고 미래지향적으로 만들어 당신의 관점(소유주)과 내 관점(오데오 시절부터 트위터를 지켜봐온 사람)에서 트위터가 무엇을 할 수 있고 해야 하는지에 대한 현실적인 논의를 하고 토론이 뒤따르게 하면 어때요? 당연히 거래와 기타 등등에 대해서도 이야기할 수 있지만, 트위터가 무엇을 할 수 있고 또 해야 하는지는 많은 사람에게 큰 관심거리잖아요. 당신의 의도를 의심하는 이들을 포함해 많은 사람이 정말로 설명을 듣고 싶어해요. 비록 이른 감은 있지만요."

'당신의 의도를 의심하는'은 점점 더 꼬여가는 그의 날카로운 태도에 대한 내 걱정을 정중하게 표현한 것이었다. 나중에 그가 이 일로 나를 비난하는데, 그 덕에 머스크가 나를 "재수 없는 인간"이라 부른 것이 다시 기억나게 된다. 이런 모욕을 촉발한 것은 머스크의 스타링크 위성통신 시스템이 우크라이나에서 중요한 통신에 사용되고 있다는 『워싱턴포스트』 기사에 링크를 연결한 내 게시글이었다. 그 기사는 "익명을 요구한 한 미 국방부 고위 관계자는 스타링크에 필적하는 시스템은 없고 내년에는 그 비용이 수억 달러에 달할 가능성이 높다고 말했다. 이 관계자는 머스크에 대해 '수백만 명의 머리 위에 희망을 걸어놓고, 아무도 요구하지 않았지만 지금은 많은 사람이 의존하게 된 시스템의 비용 청구서를 국방부에 들이밀고 있다'고 강하게 말했다." 기사의 마무리 부분은 "관계자는 '일론이 일론 한다'고 말했다"로 끝맺었다.

나는 그 링크와 함께 "'일론이 일론 한다'가 모든 걸 말해준다"라고 썼다. 내 트윗은 오전 10시 9분에 올라갔고, 10시 22분에 일론의 남동생 킴벌이 답글을 달았다. "좋은 일을 해봤자……." 나는 그것이 우크라이나에 무상으로 스타링크를 제공하며 중요한 시기에 중요한 도움을 준 것을 두고 하는 말이라 생각했다. 그것은 그 나라에 진정한 선물이었고, 머스크는 그 관대함으로 칭찬받아 마땅했다.

그런데 머스크가 나를 재수 없는 인간이라고 부르는 것이다. 글쎄, 이유는 모르겠다. 나는 이틀 뒤 머스크에게 다시 메시지를 보냈다. 그때는 아직 '당신은 재수 없는 인간이야' 이메일을 못 봤던 것이다. 그러니까, 누가 요즘 이메일을 쓴단 말인가? 수년 동안 우리는 의견이 달랐을지 몰라도 '재수 없는 인간'은 너무 과민 반응 같다는, 특히나 그 트윗을 완전히 오해한 거라는 말을 공정하고 사려 깊게 느껴지게끔 쓰느라 답장하는 데 시간이 조금 걸렸다.

나는 "나는 이 말에 '동의'하지 않아요"라고 썼다. "사실 당신이 진짜로 내 팟캐스트를 듣거나(듣지 않는 것 같아서요) 내 트윗들을 보면, 나는 당신이 돈을 받아야 하고, 방산 업체들이 돈을 받아야 하고, 스페이스X도 마찬가지이며, 스타링크 서비스가 자선 사업도 아니고 제 할 일을 다 하지 않은 정부가 잘못하고 있는 건데 왜 비용을 요구하지 않느냐고 썼어요. 그리고 당신을 헤로인 딜러에 비교하는 말도 안 되는 사람들에게 강하게 반발했고요. 그것 때문에 내가 재수 없는 인간이 되는 거라면, 그러라고 하죠."

이게 끝이 아니었다. "그나저나 전반적으로 '일론이 일론 한다'는 말은 내 짧은 식견으로는 모욕이 아니에요. 카라도 카라 하죠. 게다가 우크라이나 지원 찬반 여론을 확인하는 당신을 두고 모든 사람이 정신 놓고 있을 때, 나는 당신이 하고 싶은 말은 뭐든 할 수 있어야 하며 당신이 실제 관계자들 같은 권력을 갖고 있는 건 아니니 원하는 만큼 트윗을 올릴 수 있어야 한다고 꾸준히 말해왔어요. 비록 당신 의견에 내가 동의하지 않더라도요. 그게 바로 건강한 정치 토론이고, 우린 그런 걸 더 많이 해야 해요. 그 말 때문에 많은 사람에게 융단 폭격을 받았지만, 나는 진짜로 그렇게 믿어요. 당신을 '마담 세크리터리Madam Secretary*'라고 부르기는 했지만 그건 농담이었고 재미있잖아요. 테아 레오니가 잘생긴 여자니까 칭찬이기도 하고요. 그나저나 어느 순간 사람들, 나처럼 당신에게 동의하기도 하고 하지 않기도 하면서 언제나 당신을 온전히 존중하는 사람들이 당신에게 공정할 때, 그건 칭찬이에요. 스티브 잡스는 내가 그의 의견에 종종 공개적으로 동의하지 않아도 화내지 않았어요. 그건 어차피 계속 있는 일이고, 나중에 보니 슬프게도 토론은 평생 지속됐으니까요. 우리는 그가 죽기 몇 달 전까지도 논쟁을 멈추지 않았죠. 나는 그런 식의 존경심을 당신에게도

* 여성 국무장관을 주인공으로 하는 미국의 정치 드라마.

표하고 있어요. 하지만 당신 동생의 답글처럼, 좋은 일은 해봤자 화를 부르는 법이에요⋯⋯. 나는 보통 당신에게 공정하다는 이유만으로 당신의 집착적인 팬들과 집착적인 비방자들에게 폭격을 당해요. 그런데 당신이 그렇게 극단적인 완고함을 갖고 있을 줄은 몰랐어요.

나는 이렇게 끝마쳤다. "재수 없는 인간 드림!"

그는 답장하지 않았다.

알고 보니 머스크는 다시 한번 계획을 세우고 있었고, 2주 안에 루비콘강을 건널 예정이었다. 2022년 10월 말, 한 큐어넌QAnon 음모론자가 전 하원의장 낸시 펠로시의 샌프란시스코 자택에 침입해 그녀의 남편 폴 펠로시를 망치로 난폭하게 공격했다. 이 충격적이고 정치적 동기가 다분한 행위는 선량한 시민들에게 불안과 공포를 안겨주었고, 힐러리 클린턴이 "공화당과 그 대변자들이 이제 정기적으로 증오와 정신이상적 음모론을 퍼뜨리고 있습니다. 그 결과가 폭력이라는 것은 충격적이지만 놀랍지는 않네요. 우리는 시민으로서 그들에게 말과 행동에 따르는 책임을 물어야 합니다"라고 트위터에 올렸다. 머스크는 클린턴의 트윗에 답하기로 마음먹었다. 그리고 새로운 트위터 소유주는 자신의 1억 1200만 팔로워들과 클린턴의 3000만 팔로워들에게 뭐라고 말했을까? 그는 "이 이야기에 눈에 보이는 것 이상의 무언가가 있을 일말의 가능성이 있죠"라고 트윗하며, 펠로시에 대한 망치 공격이 일종의 동성애 섹스 스캔들이라는 잔인한 허위 추가 정보를 제공하고 있는 경멸받는 웹사이트의 기사 링크를 연결했다.

기괴했다. 머스크는 몇 시간 후 그 동성애 혐오적이고 잘못된 정보를 담은 트윗을 삭제했지만 이미 널리 퍼진 상태였다. 나중에 내가 머스크와 가까운 사람에게 메시지를 보내 혐오감을 드러냈을 때 그 사람은 그 트윗이 실수고 머스크가 펠로시에게 사과했다고 주장했다. 내가 폴 펠로시에게 그런 일이 있었냐고 물으니 폴은 머스크에게서 연락 온 적이 없다고 말했다. 당연히 없겠지. 브레이크는 테슬라에서 떨어져 나갔고, 머스크는 학교 양아치 버전의 '표현의 자유' 명목 아래 트위터를 알 수 없는 곳으로 인도하고 있었으니까. 그리고 그는 더 많은 피해를 일으킬수록 더 신경을 안 쓰는 듯했다. 게다가 테크 분야의 많은 사람이 그의 행동이 도리에 어긋나기는 하지만 변명할 여지는 있다며 옹호했다. 왜냐하면 마크 베니오프가 내게 말한 것처럼, "그는 서핑보드 위에 로켓을 착륙시킬 수 있는 사람이니까" 말이다.

여러 해가 지나는 동안 실리콘밸리는 온라인 세탁 서비스와 음식 배달 앱, 이상한 데이팅 소프트웨어 등 바보 같은 것을 만드는 똑똑한 사람들로 가득 찼고, 이게 너무 심해져서 나는 그들이 창조하고 있는 세상을 "밀레니얼 세대를 위한 생활 지원 시설"로 묘사하기 시작했다. 이와 대조적으로 머스크는 전기차와 태양 에너지, 우주여행, 그렇다, 거기에 우리를 데려다줄 재사용 가능한 로켓까지 굵직한 아이디어를 다루고 있었다. 우주를 향한 머스크의 꿈이 가장 흥미로웠다. 특히 그가 "화성에서 죽고 싶다고 말하곤 했지만, 충돌로 그렇게 되고 싶다는 건 아니에요"라는 매력적인 농담을 했을 때 그랬다. 2018년 그와의 인터뷰에서 나는 이렇게 말했다. "그런 식으로 가야 하는 거죠? 이게 일론 머스크가 죽는 방식이어야 해요. 화성에 착륙해서 죽어야 하는 거죠."

머스크는 웃으며 여기에 동의했고, 「메멘토」의 각본을 쓰고 「웨스트월드」를 공동 제작한 그의 친구 조너선 놀런의 생각을 언급했다. "(놀런은) '오컴의 면도날' 변형 같은 생각을 갖고 있어요. '가장 아이러니한 결과가 가장 그럴듯한 결과'라고 생각한다더군요. 저는 그 말이 어느 정도는 맞는다고 생각해요." 머스크는 놀런이 그 시나리오에 '가장 재미있는 결과'를 더했다고 말했다. "내가 화성에서 충돌로 죽는 게 가장 재미있는 결과는 아니길 바라요."

그런 아이디어들은 사람들을 즐겁게 해주었다. 고무적이면서, 애초에 내가 그를 취재하는 데 흥미를 갖게 된 이유였다. 당시 많은 사람은 스티브 잡스가 남긴 선지자의 자리를 머스크가 자연스레 이어받을 거라고 생각했다. "우리는 어떤 면에서는 비슷하지만 또 다른 면에서는 크게 차이가 나요." 언젠가 내가 두 사람을 비교하는 이야기를 꺼냈을 때 머스크가 이런 메시지를 보내왔다. "나는 확실히 나 스스로를 차기 스티브 잡스로 생각하지 않아요. 다른 사람들도 절대 그렇게 되지 않을 거고요." 머스크의 말이 옳았다. 그 또한 때로 재수 없는 인간이라는 비난을 받는 만큼 스티브 잡스도 2023년 버전의 머스크를 혐오했을 것이기 때문이다.

나? 바보짓이 쌓이고 또 쌓이고, 어느 것 하나 트위터를 더 나은 사업이나 제품으로 만들지 못했기 때문에 나는 모든 구원의 희망을 버렸다. 이제 남아돌 만큼의 문제가 분명하게 있는 남자를 돕기에는 너무 멀리 와버렸다. 머스크의 초기 결점은 더 커졌고, 그는 자기 성격의 최악인 부분으로 굳어져버렸다. 내가 테슬라의 일론이나 스페이스X의 일론에게 항상 동의한 건 아니지만, 트위터의 일론은 실질적인 피해를 끼치고 좋은 일은 거의 하지 않았다. 실제로 트위터의 일론은 진짜 재수 없는 인간이었다. 너무 오랜 시간이 걸려 깨달은 슬픈 사실이었다. 나는 머스크가 큰 문제를 해결하는 큰 아이디어를 향해 나아가는 방식을 존경했다. 태양 전지판과 우주 로켓, 전기차, 진정으로 놀라운 이 모든 개념에 대해 마음에 안 드는 점이 뭐가 있었겠는가?

알고 보니 아주 많았다. 마크 저커버그가 테크업계에서 가장 해로운 사람이었다면, 머스크는 가장 실망스러운 사람이었다. 머스크와 내가 아직 친하게 연락하고 지내던 2015년 10월, 이메일을 주고받으며 나는 이렇게 썼다. "내가 진짜 궁금한 건 당신이 말하는 모든 게 왜 늘 그렇게 주목을 받느냐는 거예요."

그의 대답은 이랬다. "나는 회사에 대한 의무가 허용하는 한 대중의 시야에서 사라지고 싶어요."

그랬다면 좋았을 텐데. 대신 몇 달이 흐르면서 머스크는 2023년 말 그 플랫폼에 명백히 반유대주의적 정서를 조장하는 트윗을 올린 일을 포함해 논란의 여지가 있는 트윗을 줄줄이 게시해갈수록 다 큰 아기(그것도 아주 잘못 키운 아기) 모드로 퇴행하고 문제 많은 성향을 드러냈다. 그로 인해 대형 마케터들이 플랫폼을 떠나면서 광고 수익은 빠르게 손실로 기울었다. 11월 『뉴욕타임스』 앤드루 로스 소킨(알 수 없는 이유로 '조너선'이라 불린다)과의 라이브 인터뷰에서 머스크가 광고주들에게 "가서 엿이나 먹으세요"라고 말하면서 상황은 걷잡을 수 없는 지경에 이르렀다. 또한 그는 디즈니의 아이거를 특정해 공격했는데, 많은 사람은 그의 유치한 기행에 크게 놀란 듯했다. "난 그들이 그만했으면 좋겠어요. 광고하지 마세요." 머스크가 말했다. "만약 광고 가지고 날 협박할 거라면, 돈 가지고 협박할 거라면, 엿이나 먹으세요. 가서 엿이나 먹으라고요. 알아들었어요? 알아들었길 바라요." 한 가지 확실했던 건 머스크가 맥락을 거의 완전히 상실했고, 그를 부추기는 아첨꾼과 조력자들 때문에 상황은 더 악화되었다는 점이다. 머스크는 잡스의 테크닉을 비틀어 '현실왜곡장'을 만들었지만, 그의 현실왜곡장은 음습하며 타인을 멋대로 가지고 노는 장소였다.

머스크가 명석한 기업가, 어쩌면 이 시대에 가장 명석한 기업가라는 점에는 의심의 여지가 없다. 하지만 그는 내게 가망 없는 사람이 되었고, 현시점에서 이걸 뒤집기 위해 그가 뭘 할 수 있을지 잘 모르겠다. 그는 헌터 S. 톰프슨이 미국에 대해 했던 말을 떠올리게 한다. "미국의 정신은 치명적인 부패병에 걸려 있다. 그러한 정신 지배가 어리석고 무력한 공포의 광란 속에서 미쳐 날뛰게 되는 건 시간문제일 따름이다." 가령 머스크가 하워드 휴스(지독하게 부패한 또 다른 명석한 재벌)가 되는 건 그저 시간문제 같다.

그리고 머스크가 극악무도하게 변한 만큼 그 결과는 테크 분야에 대한 나의 긴 사랑 이야기에서 가장 슬픈 전개 중 하나다.

14장
좋은 사람들

만약 사랑이 정답이라면, 질문을 바꿔서 해줄래요?

_릴리 톰린

고백할 게 있는데 나는 '낙관적' 비관주의자다. 아무에게도 말하지 마라. 달리 말하면 나는 최악을 예상하면서도 최선을 희망한다. 나는 종종 사람들의 더 나은 본성에 기쁘게 놀라곤 하는데, 머스크는 차트를 심하게 망쳐놓아 여기서 제외되었다.

그런 의미에서 나는 '별종 대비 생산성Prick to Productivity Ratio, P2P'이라는 측정 기준을 만들었다. 과학적이지도 않고 특별히 공평하지도 않다. 하지만 여러 해 동안 취재해온 권력자들에 대한 내 판단을 정량화할 수 있다. 흠 있는 사람들(어떤 면에서 우리 모두는 흠이 있다)에게는 약간의 여지를 준다. 간단히 말해 나는 혁신적인 제품, 비전 있는 아이디어, 경영 능력, 멋진 발명품, 방향 전환 능력, 전반적인 유연성 등 어떤 사람의 성취라 생각하는 것들을 고려한다는 말이다. 그런 다음 이러한 성취를 나와의 상호작용을 기반으로 하는 성격에 대한 매우 주관적인 평가와 맞춰본다. 누가 나에게 그런 걸 판단하고 평가할 자격을 주었느냐고 묻는다면, 내가 그랬다.

좋은 P2P는 첫 번째 숫자보다 두 번째 숫자가 더 높은, 즉 혁신이 성격을 능가하는 것이다. 스티브 잡스는 의심할 여지 없이 별종이었다. 동료들에게 상처 주고, 때로는 자신이 하려는 일에 대해 솔직하지 않았으며, 아주 불쾌한 불법 주차 상습범이었고, 장애인 주차구역에 주차하는 성향도 있었다. 그러나 그의 생산성은 매우 높고 영향력이 커서 나는 그를 많이 봐주었다. 잡스는 별종 점수 8점, 성취 점수 10점을 받아 최종 P2P 비는 8/10이다.

커리어 대부분을 다작해온 일론 머스크의 행보는 그에게 피해 갈 명분을 충분히 제공했다. 세월이 흐르면서 그는 느려지다가 갑자기 트위터 인수와 함께 우리가 매일 대처해야 하는 해로운 생물로 변해버렸다. 대놓고 성차별적이며, 유치하고, 트랜스젠더 혐오적이고, 동성애 혐오적이고, 음모론에 푹 빠져 있고, 재미없는 밈을 트윗하는 머스크는 별종 점수를 11, 아니 12, 아니 무한대로 올리며 비율을 완전히 망가뜨렸다. P2P 비율은 '∞/에라 모르겠다'이다.

빌 게이츠는 한때 공격적인 비즈니스 행위로 다스베이더 같은 인물로 간주되었다. 이러한 관점은 미국 정부가 반경쟁적 관행으로 마이크로소프트를 고소했을 때 그의 발목을 잡았다. 독점 금지 판결 이후 게이츠는 CEO 자리에서 물러나 자신의 자선 재단에 힘을 쏟는 데 집중했다. 자선 활동에 대한 그의 엄청나고 존경스러운 노력은 그런 이야기를 바꾸는 데 도움이 되었다. 대체로는. 게이츠의 명성은 최근 성매매범이자 강간범인 제프리 엡스타인과의 지나치게 잦은 만남(아주 나쁘고 납득 불가능한 실수)과 코로나19 기간에 일어난 그를 겨냥한 이상한 음모론들(부당하다. 빌 게이츠는 백신 접종을 통해 당신 몸에 칩을 주입하지 않아요, 여러분)로 더럽혀졌다. 그래도 여전히 말라리아, 아동 실명, 기후변화 등 미래지향적인 그의 노력에 마지못해 존경심을 갖게 되었다. 사람들의 말처럼 그는 진화했다. 최종 P2P 비는 7/10이다.

한동안은 이런 식으로 계속할 수 있었지만, 그것은 주로 나 자신이 즐겁자고 하는 일이었고 이 디지털 선구자들이 아주 짧은 시간 내에 축적한 엄청난 부를 파악하려는 시도였다. 사우디 아람코와 LVMH를 제외하면, 테크 기업들은 지구 역사상 가장 가치가 큰 기업들이다. 나는 예측 가능한 미래에 이것이 변할 거라 생각하지 않는다. 이 문장을 쓰는 동안 세계에서 가장 가치 있는 상장 기업 애플의 시가 총액은 3조 달러를 돌파했다. 마이크로소프트도 그 가치에 근접하고 있다. 그리고 LVMH의 명품 황제 베르나르 아르노와 버크셔 해서웨이의 워런 버핏을 제외한 상위 10대 부자(전부 백인)는 모두 테크 분야 출신이다.

테크계 거물들이 전용기에서 방탄차와 섬에 있는 홈 오피스까지, 그들이 가질 수 있는 마찰 없는 세상을 돌아다니는 동안 이러한 부가 필연적으로 이 거물들을 뒤틀리게 만든다는 데는 반박의 여지가 없다. 그리고 이 과잉 교배된 푸들들은 지금 이 순간 이 행성에서 더 이상 운이 좋을 수 없는데도 자신들이 만든 파멸의 순환에 끊임없이 휩쓸리며 스스로를 곧잘 피해자로 묘사한다. 그들은 더 낮은 가치의 우리 같은 인간들이 왜 자신들의 천재성을 이해 못 하는지 의아해하는 것 같다. 그들은 지독한 행동에 대해 무제한 패스를 기대하고, 자신들의 범법에 대해서는 악마를 탓한다.

유명인 주위를 맴돌며 알랑거리는 온갖 사람 덕분에 가능한 일이다. 그들 대부분은 아첨의 대가를 받는다. 그들이 무시하는 것은 테크계 거물들이 실수한다고 해서 그들의 천재성이 빼앗기진 않는다는 사실과 그들이 문제에 대해 듣지 않는 게 문제라는 사실이다. 테크계 거물들은 자신들의 의견에 사람들이 동의하지 않는 일이 너무 드물다보니 이제는 타당한 이의 제기를 공격으로 받아들인다.

나는 커리어 내내 힘 있는 사람들에게 엄격하게 대해왔다. 그렇게 한 이유는 그게 정중한 것이라 여기기 때문이고, 큰 힘에는 큰 책임이 뒤따른다고 믿기 때문이다. 이 대사와 정서는 특히 역사 수업을 선택 과목으로 빼곤 하는 많은 테크인에게 종종 「스파이더맨」에서만 나온 대사처럼 오해받지만 실은 오랜 역사를 거슬러 올라간다. 막대한 영향력과 부를 가진 사람들이 도전에 나서지 않는 것은 부끄러운 일이다. 누군가 그렇게 하는 것은 고무적인 일이다. 수십 년 동안 나는 올곧고, 오만하지 않고, 산만할 정도로 자기애가 너무 강해서 훨씬 더 많은 걸 잃어버리는 일이 없는 그런 좋은 사람을 많이 만났다. 지금까지 읽은 내용을 보면 그 사실을 받아들이기 어려울지도 모르겠지만 나는 실제로 내가 취재해온 그런 많은 사람을 좋아하고 존경한다. 테크 분야에도 진정 사려 깊은 사람들이 있다. 나는 테리 세멜, 딕 코스톨로, 스티브 케이스, 수전 워치츠키, 스티브 잡스, 짐 박스데일, 팀 쿡, 리드 헤이스팅스, 제리 양을 포함한 일부 사람에 대해 이미 강조해서 이야기했고, 강조하지는 않았지만 AMD의 리사 수 박사, 크레이그 뉴마크, 멕 휘트먼도 있었다.

그 밖에도 많은 사람이 기술과 인류에 긍정적인 방식으로 기여했다. 이것이 완전한 목록은 아니지만, 우리가 기술 발전의 다음 단계이자 아마 가장 중요한 단계에 진입하고 있는 지금 미래에 희망이 있다는 걸 보여주는 지표다. 기술은 생성형 인공지능, 보건 문제에 있어 중요한 돌파구, 자율주행 차량, 기후위기에 대한 혁신적인 에너지 솔루션을 탐구하고 있고, 따라서 이런 문제들이 인류의 생존을 위협하는 도전을 제시하는 심각한 상황이므로 사상가들이 나서서 주도해야 한다고 말하는 것은 불안을 조장하는 일이 아니다. 여기 이 사람들은 내게 희망을 준 좋은 테크인이자 내가 그리워하는 테크인들이다.

착한 두 명의 마크, 구체적으로 마크 큐번과 마크 베니오프로 시작하겠다. 두 사람 다 저명한 기업가로, 필요 이상으로 훨씬 더 장황하게 시작했지만 사색적이고 복합적 사상가들로 변모했다. 둘 다 실수를 명예의 훈장으로 삼기보다는 실수로부터 배우려고 노력한 테크계 리더들의 모범이다.

물론 큐번은 이제 대단히 호감 가는 스포츠팀 소유주이자 리얼리티 쇼 「샤크 탱크」의 스타다. 나는 그가 인터넷 라디오 스타트업인 브로드캐스트닷컴을 운영하던 1990년대에 만났다. 그 회사는 캐머런 크리스토퍼 제이브가 오디오넷으로 설립한 회사지만 큐번과 그의 파트너 토드 와그너가 지배권을 가지고 스포츠 외의 분야로까지 확장한 것이다. 그들은 1998년에 기업 가치 10억 달러로 상장해 웹 1.0 붐을 타고 1999년 최고치인 57억 달러로 야후에 매각했다. 같은 해, 당시 영리했던 큐번은 자신의 야후 주식을 10억 달러에 팔고 조기에 승자로 빠져나왔다. 그 후 몇 년 동안 대부분은 영화관, 암호 화폐, 미디어와 프라이버시 등 다양한 분야의 투자자로 활동하면서 최소한 기술의 장단을 따져본 사람이 되었다. 내가 그의 의견에 동의하지 않는 일이 아주 많았음에도 불구하고 그런 의견 불일치 때문에 그가 자극받는 일은 결코 없었다. 최근 제네릭 처방약의 가격을 낮추기 위한 그의 시도인 '코스트 플러스 드러그 컴퍼니Cost Plus Drug Company'는 칭찬할 만하다.

또한 나는 큐번을 좋아하고 그의 의견을 듣고자 자주 전화하는데, 그는 늘 나를 놀라게 하고 주제에 대해 더 깊이 파고들게 만든다. 내가 그에게 전화해 엘리자베스 워런 상원의원의 '억만장자 세금' 제안에 대해 이야기했을 때, 나는 그가 욕할 거라고 예상했다. 그런데 그는 기업가에 대한 지나친 과세의 부정적 결과와 혁신이 받는 후속 영향에 대해 훨씬 더 설득력 있는 사례를 제시했다. 부유한 사람들이 일반적으로 더 많은 세금을 내야 한다는 내 생각을 바꾸지는 못했지만, 큐번이 흑백 논리로 시작하지 않은 것에 고마움을 느꼈다. 큐번은 중립보다는 색이 더 다채로워서 언제나 좋다.

베니오프도 비슷한 발전을 이루었다. 그는 래리 엘리슨의 열성적인 시종으로 커리어를 시작했고, 그 밑의 오라클에서 미끄러운 사다리를 오르는 데 13년을 보냈다. 엘리슨의 도움으로 베니오프는 세일즈포스를 설립하고, 어쩌다보니 CRM이라는 고객 관계 관리 소프트웨어를 흥미롭게 발전시켰다. 우리는 세일즈포스의 논란 많은 미국 관세국경보호청 일 같은 모든 주제를 두고 언쟁을 벌였지만, 그는 늘 토론에 열려 있었고 약간의 유머 감각을 가지고 임했다.

"내가 잘못했던 모든 일에 대한 일람표라도 가지고 있나요?" 언젠가 그가 인터뷰 중 농담으로 물었다. 나는 그렇다고 대답했다. 하지만 테크업계 리더 중 누구도 소셜미디어 네트워크의 행위에 대해 당연한 소리를 하지 않던 때에 그가 페이스북을 '담배 회사'에 비유했던 것처럼 그가 잘한 일에 대한 일람표도 가지고 있었다. 큐번과 마찬가지로 베니오프는 테크업계의 불행에 대해 태만하게 미디어를 탓하지 않고 제자리, 즉 산업 자체에 책임을 돌린다. 그는 여전히 혼자서 떠드는 걸 좋아하긴 하지만, 나는 그의 이야기를 많이 좋아한다.

더 상냥한 두 CEO, 알파벳의 순다르 피차이와 마이크로소프트의 사티아 나델라에 대해서도 마찬가지다. 두 사람 다 인도에서 이민 온 후 테크 분야에서 승진하며 올라왔다. 피차이와 처음 만났을 때 그는 크롬 브라우저의 프로덕트 매니저였고, 특히나 그가 불쾌한 경쟁자들에게 둘러싸여 있었던 터라 나는 그의 승진을 응원했다. 2015년 그가 최고 자리에 올랐을 때는 놀라움과 안도감을 모두 느꼈다. 피차이는 내부적으로 선호되던 다른 경쟁자들에 비해 더 신중한 성격이었고, 특히 AI 기술 상용화와 관련해서 그랬다. 구글은 꽤 일찍 AI 분야를 개척했지만 상품화하는 데는 느렸다. 마이크로소프트의 나델라는 오픈AI와 그들의 챗GPT에 투자하며 빠르게 그 틈을 파고들었다. 내가 나델라를 만났을 때 그는 마이크로소프트 온라인 서비스 부서의 최고 임원이었는데, 클라우드에 중요한 투자를 강행하고자 그 진창에서 재빨리 빠져나왔다. 이것이 그가 모든 경쟁자를 물리치게 된 주요 이유다. 이후에는 혁신과 성장을 추진하고 회사의 발목을 잡는 불필요한 사업을 잘라내면서 마이크로소프트의 팀 쿡임을 스스로 증명했다. 그와 피차이는 가장 좋은 방식으로 자신의 나이에 걸맞은 행동을 한다는 특징을 공통되게 가지고 있다.

이 네 사람은 모두 50세가 넘었고, 이들 중 정신 연령이 가장 어린 큐번은 이제 65세다. 더 어린 다른 세 명, 스냅의 CEO이자 공동 창업자 에번 스피걸, 에어비앤비의 CEO이자 공동 창업자 브라이언 체스키, 전 인스타그램 CEO이자 공동 창업자 케빈 시스트롬은 성숙함을 드러내 나를 놀라게 했다. 그렇다, 그들은 모두 백인이다. 나도 안다. 하지만 이것이 테크 세계다. 그렇다 하더라도 나는 그것을 받아들일 것이다. 왜냐하면 이 세 사람은 모두 진짜 사람처럼 행동하고, 매우 불안정한 우상을 코스프레하고 있지 않기 때문이다. 이제 알아차렸겠지만, 나는 더 나은 리더십으로의 변화와 발전을 존중한다.

샌타모니카에서 같이 점심 식사를 했을 때의 스피걸은 영락없이 대학 사교 모임의 남학생 같은 모습이었다. 그는 스탠퍼드 시절 여자들에 대해 자신이 썼던 천박한 이메일들을 취재한 미디어에 화를 냈다. 나는 그 이메일에 대해 한마디도 쓰지 않았는데, 누군가 대학에서 바보같이 굴었다는 건 내게 뉴스거리가 아니기 때문이다. 어쨌든 스피걸은 나를 미디어의 오점으로 싸잡아서 화풀

이를 했다. 나는 그에게 바보 같은 이메일들을 인정하라고 말하면서 반발했다. 점심 식사는 많은 뒤끝을 남겼지만 그와 나는 계속해서 이야기를 나누었다. 나는 제품과 디자인을 향한 그의 애정을 존경했고, 페이스북이 지속적으로 스냅챗의 기능을 훔치기에 그에게 '페이스북 최고 제품 책임자'라는 별명도 붙여주었다. 더 중요한 건 자신의 실수를 자신의 책임으로 보는 스피겔의 능력이 향상되고 있다는 점이었다. 항상 성공적인 것은 아니었지만 그는 스냅챗의 영향력 있는 자리에 더 많은 여성을 앉히려고 끈질기게 노력했다. 그리고 AI 봇이 도입되었을 때 제대로 작동되지 않았던 상황처럼 나쁜 상황에 대해서도 방어적인 태도 없이 대응했다.

심지어 감정이 더 풍부하고, 아주 멋진 제품을 만든 브라이언 체스키도 마찬가지였다. 나는 에어비앤비가 아주 작은 스타트업이었을 때 샌프란시스코의 한 커피숍에서 그와 그의 많은 공동 창업자를 만났다. 체스키는 오로지 자신이 만들고 있는 것에 대해서만 이야기했고 돈에 대해서는 한마디도 하지 않았다. 그걸 보는 순간 내게는 흔치 않은 일로 다가왔다. 나는 충분히 빠르게 사용자의 안전에 초점을 맞추지 않았던 것을 포함해 그동안 체스키가 저지른 실수들에 대해 많은 이야기를 할 수 있었다. 그러나 그는 언제나 그 실수들을 바로잡으려 노력했고 결코 변명 뒤에 숨지 않았다. 또한 그는 부의 위험성과 부가 어떻게 비판으로부터 사람들을 보호하는지 이해하고 있었다. 나와 했던 인터뷰에서 그는 이렇게 질책했다. "저는 2015년에 이곳에 왔는데, 그때 우리는 덩치만 아주 큰 청소년들 같았어요…… 그리고 어느 날, 우리가 하는 모든 일이 중요하지 않다고 느껴졌죠. 회사가 너무 커져서 전혀 다른 방식으로 회사를 운영하기 시작해야 했거든요." 체스키는 자신의 외로움과 돈이 관계에 미친 뒤틀린 영향에 대해서도 수줍음 없이 말했다. 그에게 따뜻하고 지원을 아끼지 않는 가족이 있기 때문에 놀라운 이야기는 아니었다.

인스타그램의 케빈 시스트롬은 제품 부문에서 내가 가장 좋아하는 사람으로, 우아한 단순함에 초점을 맞춘 잡스를 떠올리게 하는 완벽한 디자인 감각을 가지고 있다. 처음에는 버븐Burbn이라 불렸는데, 나는 2010년에 그것을 사용하는 순간 사진 공유 소셜 네트워크를 이해했다. 나는 그와 직원 여섯 명을 만나러 급히 달려갔다. 회사는 많은 자금을 빠르게 유치했고, 순조롭게 트위터와 페이스북으로부터 인수 제안도 받았다. 그 인수 싸움에서 저커버그가 10억 달러의 현금 및 주식 제안(페이스북의 IPO 직전이었다)과 인스타그램을 계속 독립적으로 운영하겠다는 약속을 해 승리를 거두었다. 초기에는 대박이었지만, 나는 당시 시스트롬에게 그의 훌륭한 창조물에 비해 너무 헐값이라고 말했다. 왜냐하면 그의 앱이 창의성을 잃어버린 페이스북을 더 많이 도울 것이고, 저커버그는 시스트롬이 인스타그램을 빛내거나 운영하도록 놔두지 않을 것이기 때문이었다. 그러나 그건 아주 큰돈이고 독립적인 회사로 남아 있는 데는 리스크가 컸기 때문에 시스트롬에게는 다른 선택지가 없었다. 실제로 1년 뒤 페이스북은 스피걸이 30억 달러 제안을 거절하자 스냅챗을 상대로 전쟁을 벌이기도 했다. 시스트롬은 한참 후에 화가 나서 페이스북을 떠난 뒤에야 인터뷰를 통해 내 말에 동의하며 앱이 "영혼을 잃었다"고 말했다. 그리고 "인스타그램에서 가장 후회되는 것은 앱이 너무 상업적으로 변한 것"이라고 덧붙였다.

자본주의를 욕하는 억만장자는 많지 않은데, 시스트롬이 바로 그런 사람이었다. 세상을 바꾼다는 온갖 진부한 말에도 불구하고 여전히 돈은 이 생태계의 중심에 있다. 그런 맥락에서 보도를 하다보면 종종 돈다발로 업계를 굴러가게 만드는 벤처 투자자들을 만나게 된다. 사실 그들은 좋은 기삿거리고, 정보가 풍부하며, 변호사들과 달리 말을 멈추지 않고 스스로 사건의 중심에 서 있다. 대부분의 벤처 투자자는 상호 대체가 가능하고 업계를 굴리는 그 과정에 거의 아무런 가치도 더하지 않는다.

전 클라이너 벤처 캐피털 투자자이자 카우보이벤처스의 공동 창업자인 에일린 리 같은 주목할 만한 예외도 몇몇 있다. 그녀는 2013년에 10억 달러 가치의 스타트업에 '유니콘'이라는 용어를 처음 사용했다. 리는 항상 사려 깊었고, 벤처 캐피털 업계가 캡 테이블에 더 많은 여성을 확보할 필요가 있다는 데 공감했다. 메리 미커가 리의 뒤를 이었다. 나는 전설적인 월가의 애널리스트인 미커를 일찍이 그녀가 업계 바이블의 역할을 하는 『인터넷 트렌드 보고서』를 쓰던 모건 스탠리에 있을 때 만났다. 2000년 닷컴 붕괴 이후 그녀가 업계를 너무 띄워놓았다는 비난을 받기는 했지만, 그녀가 일부 진짜 패배자들(이토이스!)을 지지했을 때는 인터넷의 중요성을 처음으로 이해한 사람 중 한 명이자 인터넷이 창출하는 가치에 대해 정확히 파악하고 있었다. 그녀는 2010년에 클라이너로 이직했고, 2018년에는 스핀 아웃을 통해 자신의 회사 본드캐피털을 설립했다.

리드 호프먼은 별난 기업가(페이팔, 링크드인)이자 예리한 투자자(페이스북, 에어비앤비, 오픈AI)이면서, 어떻게든 자신의 영혼을 지키는 데 성공한 인물이다. 나는 새로운 기업이나 아이디어에 대해 들으면 그에게 가장 먼저 연락하곤 한다. 테크세계를 그보다 더 잘 아는 사람은 드물고, 호프먼은 대부분의 벤처 투자자처럼 끊임없이 지긋지긋하도록 저서를 팔아대지도 않는다. 그는 종종 자신이 가장 똑똑한 사람인 곳에서도 자신이 가장 똑똑한 사람이라는 걸 증명하려 애쓰지 않는다. 한결같이 친절한 호프먼은 자유지상주의 횃불의 바다에 있는 진보적인 유니콘이다. 테크업계에서는 정치적 이념을 심사숙고하거나 복잡한 정치적 이념을 가진 사람이 아주 드물지만, 호프먼은 기부, 노력, 시간에서 리더십을 발휘해 정치적 이념을 다지고 이를 뒷받침했다. 실리콘밸리의 한 억만장자가 E. 진 캐럴이 도널드 트럼프 전 대통령을 상대로 승리를 거둔 성폭행 소송의 법적 비용을 지불했다는 소식을 들었을 때, 나는 그 사람이 틀림없이 호프먼일 거라고 생각했다. "자선 활동, 정치, 비즈니스에서 진보와 정의를 위해 싸우는 여성들을 지원하는 것은 트럼프의 위협에 맞서 미국을 지원하는 일만큼이나 오래 계속된 나의 우선순위였습니다. 나는 이런 입장을 공개적으로 취하고 있을 뿐만 아니라 최근 여러 해에 걸쳐 우선순위로 두고 있습니다." 그는 이렇게 썼다. "나는 법정이 사실과 법을 이용해 유무죄를 판단해야 한다고 생각합니다. 트럼프는 법정에서 많은 날을 보냈고, 미국과 그 시민들도 당연히 발언권을 가져야 합니다. 그렇기에 나는 트럼프와 그의 동료들로부터 공격받고 괴롭힘을 당한 이들이 법정에서 공평한 위치에 서도록 돕는 게 자랑스럽습니다." 역시 실리콘밸리의 유니콘이란.

아직까지 테크업계를 통제하기 위한 중요한 미국 법률이 한 번도 통과된 적은 없기 때문에 나는 최근 몇 년 동안 정부 관계자 및 입법자들과 대화하는 데 점점 더 많은 시간을 보냈다……. 실제로, 많이 논의되었던 통신품위법 230조가 테크 분야를 이상하리만치 과하게 보호하고 있음*에도 불구하고 여전히 대부분의 규제 당국과 정치인은 이런 상황을 해결하는 데 제 역할을 못 하고 있다. 유럽은 실리콘밸리의 골칫거리인 유럽연합집행위원회 경쟁총국을 이끄는 덴마크 정치인 마르그레테 베스타게르 덕분에 대체로 훨씬 더 역할을 잘해냈다. 베스타게르는 위원회의 수석 부집행위원장으로서 현재 '디지털 시대에 부합하는 유럽Europe Fit for the Digital Age'을 책임지고 있다. 그녀는 구글, 애플, 아마존, 페이스북 같은 기업들을 상대로 조사를 벌이고, 벌금을 매기며, 소송을 제기해왔고, 유럽연합은 사용자들의 개인 정보를 보호하고 혐오 표현과 잘못된 정보에 대해 엄격한(때로는 과도한) 법률을 채택해왔다. 베스타게르는 때로 일처리 방식이 반미주의적이라는 비난을 받기도 하지만, 미국의 많은 정부 지도자가 기꺼이 테크업계의

---

* 가령 온라인 플랫폼 회사들이 제3자가 생성한 콘텐츠에 대해 법적 책임을 지지 않도록 규정하는 일.

종이 된 반면 그녀는 모든 소비자를 옹호한다.

미국에서는 연방거래위원회 위원장 리나 칸이 「아마존의 반독점 역설」이라는 경쟁에 대한 획기적인 논문을 쓰고, 이 분야에서 뒤늦게 소송을 거듭했다. 의회 대부분이 이 주제에 대해 계속 뇌사 상태에 있거나(작고한 오린 해치 상원의원님에게는 미안합니다!) 멍청하게 떠들고 있긴 하지만(조시 홀리 상원의원을 끈질기게 쓸모 없다고 묘사한 것에 대해서는 전혀 안 미안합니다), 나는 변화를 끌어내기 위해 최선을 다하는 입법자도 많이 취재했다. 그런 인물로는 상원의 마크 워너, 에이미 클로버샤, 마이클 베넷, 하원의 데이비드 시실리니와 켄 벅 등이 있다. 클로버샤 상원의원은 반독점 규제와 다른 중요한 법안들을 통과시키는 데 가장 단호한 인물이었는데, 이 모든 법안은 테크 기업 로비스트들과 의지박약한 지도부로부터 방해를 받았다.

이러한 정부 개혁가들은 중요한 문제를 조명하기 위해 기꺼이 다양한 시도를 하는 학자와 테크업계 종사자들의 지원을 받았다. MIT 미디어랩의 컴퓨터과학자 조이 부올람위니는 안면 감시와 알고리즘 편향에 관심을 끌기 위해 '알고리드믹 저스티스 리그'를 만들었다. 야후와 페이스북의 전 최고 보안 책임자이자 현재 스탠퍼드 인터넷 감시소의 소장인 앨릭스 스타모스는 악의적인 해외 디지털 침입을 인식하는 데 느린 플랫폼들에 지속적으로 반발해왔고, 구글의 '윤리적 인공지능' 팀의 전 공동 책임자 팀닛 게브루는 모든 사고를 장악하고 잘못된 정보를 끝없이 토해내는 대규모 언어 모델의 위험성 등 중요한 문제들을 강력하게 지적했다. 페이스북 시민 청렴 팀의 프로덕트 매니저 프랜시스 하우건은 그 소셜 플랫폼으로 인한 잠재적 사회 피해를 보여주는 다수의 내부 문건을 유출한 후 실리콘밸리에서 가장 유명한 내부 고발자가 되었다. 트위터의 신뢰 및 안전부서 전 책임자 요엘 로스는 머스크가 제기한 잘못된 비난 때문에 살해 위협을 받아 자신의 집을 떠나야 했을 뿐만 아니라 콘텐츠 중재에 대한 근거 없는 혐의를 받았다. 그는 불가사의할 정도로 침착하고 사려 깊은 태도를 유지했다.

기술 제품 출시에 대한 책임을 진지하게 받아들이는 사람들에 대해 더 많이 쓸 여유가 없었다는 게 아쉽다. 그들은 실수했을 때 이를 인정하고, 오용을 보면 신고한다. 그렇게 하는 것이 어려운 일은 아니어야 하는데, 판돈이 계속해서 빠르게 불어남에 따라 점차 어려운 일이 되었다. 나처럼 스포트라이트를 비추는 사람들은 모두 기술을 사랑하지만, 이익과 권력을 추구하기 위해 이뤄진 일부 행위, 정말로 탐욕에 불과한 그런 일들은 질색한다.

어떤 대단한 규제가 목표라고 말하려는 게 아니다. 나는 그저 모든 사람을 더 안전하게 해주는 좋은 가드레일을 바랄 뿐이다. 내 본심은 자본주의자이고 나는 분명 창업을 좋아한다. 나는 대부분의 저널리스트가 감수하지 않는 위험을 감수하고 변화에 대한 두려움 없이 새로운 분야로 나아가며 계속해서 그렇게 해왔다. 나는 변화를 좋아한다. 우리가 여기서 보내는 시간이 제한적이라는 사실을 대부분의 사람보다 더 잘 인지하고 있기 때문이다. 인생은 덧없기에 그 시간을 낭비하지 말아야 한다. 이것은 뇌졸중과 나중에 심장 문제 때문에 받은 수술 덕분에 다시 떠올리게 된 사실이다. 다시 말해, 얼마나 부유하고 얼마나 많은 특권을 누리든, 얼마나 보호받든, 누구에게도 시간은 무한하지 않다는 말이다.

슬프게도 세상을 떠난 재포스의 창업자이자 CEO인 토니 셰이도 마찬가지였다. 나는 요즘 그에 대해 많이 생각한다. 토니는 지나친 창의성과 기업가 정신이 마약과 알코올 남용에 혼합되면 무슨 일이 벌어지는지에 대한 교훈적인 이야기가 되었다. 커다란 성공은 알랑거리고 이기적인 아첨꾼들의 반발 없이 마음껏 하고 싶은 것을 할 수 있는 무한한 능력을 토니에게 주었다. 팬데믹으로 인한 고립이 그 혼합에 보태졌을 때, 그것이 다른 식으로 끝날 수도 있었다는 것에 대해 누군가는 의문을 가져야 한다.

나는 그가 획기적인 이커머스 신발 회사를 시작했을 때 라스베이거스에 있는 그 본사에서 별난 기업가를 만났다. 그러나 그의 마음속에서 토니는 단지 신발을 팔고 있는 게 아니라 '행복'을 팔고 있었다. 심지어 『딜리버링 해피니스』라는 책을 쓰기도 했다. 그는 "재포스에서 우리 목표는 직원들이 자기 업무를 그저 일이나 경력이 아닌 소명으로 생각하도록 하는 것입니다"라고 썼다. 토니는 내가 '강요된 즐거움'이라 생각하는 그 아이디어에 매료되어 있었다. 그의 인식은 회사의 지침이 되었고, 사무실은 우스꽝스러운 장식들이 걸려 있거나 유치한 콘테스트로 가득했으며, 당연히 간식들이 쌓여 있었다. 나는 그가 기쁨조의 윌리 웡카라도 되려는 줄 알았다. 또한 토니는 직장 안에서 진짜 감정을 드러내는 것이 중요하다고 믿었고, 끊임없이 커다란(그리고 확실히 플라토닉한) 포옹을 나눴다. 당연히 나는 그것을 이해하지 못했고, 어떤 식으로든 나를 안으려 하면 팔을 부러뜨리겠다고 농담으로 협박하곤 했다.

그는 "당신 안에도 마음 여린 사람이 있다는 걸 난 알아요"라며 지분댔다. 그런 건 없었다. 실제로 2010년에 나는 이렇게 썼다. "밴쿠버에 있는 동안 나는 행복을 연료로 삼는 온라인 소매 기업 재포스의 CEO 토니 셰이의 스토킹을 피하려 애썼다. 소용없었다." 지난해에 토니는 재포스를 아마존에 12억 달러에 매각했다. 억만장자가 된다는 것은 더 나은 세상에 대한 자신의 비전을 현실로 바꿀 수 있음을 의미했다. 적어도 그는 그렇게 되기를 바랐다. 나는 토니의 이론들이 대체로 터무니없다고 생각했다. 그가 그 이론들을 한 단계 더 발전시켜 새로운 경영 이론으로 회사를 완전히 바꿔놓은 다음 라스베이거스 시내 일부를 유토피아적인 스타트업 도시로 변화시키려고 하기 전까지는. 최소한 토니는 마음이 가는 곳에 돈을 투자했고, '홀라크러시Holacracy*'라 부르던 것을 만드는 데 3억5000만 달러를 쏟아부었다.

그러나 토니가 최고 수준의 고객 서비스를 제공하기 위해 자신의 행복 원칙을 적용했을 때는 그가 옳았다. 그것은 웹에서 흔치 않은 일이었다. "우리는 '와우'라는 단어를 많이 사용해요." 언젠가 코드 커머스 시리즈 행사 무대에서 그가 내게 말했다. "무료 반품은 엄청나게 '와우' 소리 나는 아이디어였죠. 그러다가 우리가

---

*   별도의 관리자 없이 모든 조직 구성원이 동등한 위치에 있는 수평적 조직 모델.

고객들에게 수신자 부담 전화로 전화하도록 권장했을 때, 그것도 엄청난 '와우'였어요. 모든 사람이 더 많은 첨단 기술을 더 많이 지향하기 때문에 우리는 실제로 인간화를 더 지향하고 있어요. 그 일을 제대로 해냈을 때 우리에게는 평생 고객이 생기죠."

내가 토니를 만날 때마다 그는 많은 고통에 시달리고 점점 더 불건강한 도구를 이용해 그것을 절박하게 누그러뜨리려 애쓰는 아주 다정한 남자라는 인상을 주었다. 그의 한 가지 대응 기제는 우리 모두가 시뮬레이션, 본질적으로 우리 지식이나 능력을 훨씬 넘어서는 존재가 플레이하는 비디오 게임 속에서 살고 있다고 믿는 것이었다. 이것은 테크인들 사이에서 드물지 않게 볼 수 있는 논쟁이지만 토니는 그걸 실제로 믿는 듯했다. 그가 라스베이거스에서 열린 행사 무대에서 이 이야기를 꺼냈을 때 나는 그냥 웃어넘겼다. 그런데 무대 뒤에서 그가 내 손을 잡더니 눈을 바라보며 평소의 명랑함은 온데간데없이 이렇게 말했다. "난 진지해요. 이건 진짜가 아니에요. 우리는 진짜가 아니에요."

나에게는 정말 슬픈 순간이었다. 그 모든 돈과 재능을 그는 도저히 감당하지 못했다. 나중에 라스베이거스를 방문했을 때 토니는 어느 때보다 더 제정신이 아닌 것 같았다. 연례 코드 콘퍼런스 포커 파티(그는 에이스 플레이어였다)에서 그는 더 공허해 보였고, 마리화나, 케타민, 웃음가스, 그가 늘 끼고 다니던 페르넷 브랑카리큐어, 뭐가 됐든 무언가에 취한 듯했다. 많은 테크계 사람이 지금 환각제에 빠져 있고 종종 내게 권하기도 했기 때문에 그를 함부로 판단하지 않으려 했다. 다행히 토니는 내게 권하진 않았다.

'코드'에서 토니를 마지막으로 봤을 때, 그는 심지어 나를 포옹하려는 시도도 하지 않았고 영구적으로 휴가 중에 있는 사람치고는 지쳐 보였다. 2020년 코로나19가 사람들을 분리시키자 그는 다시 전국을 떠돌았고, '아니요'보다 '네'라고 말하며 그에게서 월급을 받는 사람들만 가까이 두는 듯했다. 토니가 창고에 난 이상한 화재로 연기에 질식해 사망했다는 소식을 들었을 때 나는 놀란 척할 수 있었다. 수사관들 말로는 그가 창고에서 초에 불을 붙이고 프로판 라이터를 만지작거렸다고 했다. 한 보고서에는 초를 보면 "더 단순했던 시절이 떠오른다"라는 이유로 토니가 항상 초에 불을 붙였다는 친구의 말이 언급되어 있었다.

하지만 무에서 놀라운 회사를 창조하고, 그만두기 전까지 오랫동안 잘 운영했던, 너무나 지루하고, 너무나 부유하고, 전혀 행복하지 않았던 토니에게는 결코 단순하지 않았다. 보고서에는 "셰이의 부주의나 심지어 고의적인 행동으로 화재가 발생했을 가능성이 있다"라고 되어 있었다. 어느 쪽인지는 결코 알 수 없을 것이다. 어느 쪽이든 비극이고, 비록 그의 말에 따르면 우리는 진짜가 아닐지라도, 토니가 더 이상 이곳에 없다는 사실이 슬프다.

그러나 내게 가장 큰 충격과 엄청난 놀라움을 준 실리콘밸리의 죽음은, 비록 내가 더 유명한 그의 다른 친구들과 배우자를 주기적으로 취재했음에도 불구하고 인터뷰 대상 이상으로 나와 죽이 잘 맞았던 사람의 죽음이었다. 그는 데이브 골드버그로, 온라인 음악 외 여러 분야의 오랜 기업가이자 투자자, 어드바이저이고 셰릴 샌드버그의 남편이었다. 그의 죽음은 우리 모두를 작아지게 만들었다.

왜냐고? 나는 데이브(애칭은 골디였다)에게 전화를 걸 때마다 그가 내게 진실을 말할 거라 믿었기 때문이다. 내가 취재하는 많은 사람에 대해서는 그렇게 말할 수 없다. 그런 '멘시mensch'에게는 애정을 느끼지 않는 게 더 어려운 일이다. 나는 그를 위한 추도문에서 이렇게 말했다. "'멘시'는 그야말로 데이브를 설명할 때 사용할 만한 단어입니다. 진실되고 명예로운 사람, 든든한 사람, 존경하고 본받을 만한 사람, 인류의 바위를 의미하는 '이디시어'*죠."

물론 데이브는 내가 레드우드시티에 있는 '구르메 하우스 스타우트'에 가서 가벼운 보도 업무를 하고 '바이엔슈테파너 비투스' 맥주를 마실 때 데리고 갈 유일한 사람이었다. 그곳은 독일 맥주를 너무 많이 마시고 취한 애플 엔지니어가 아이폰4 프로토타입을 놔두고 갔던 곳이다. 그는 리포터 역할을 하게 된 데 신이 났고, 나는 그저 관심을 끌기 위한 단순하고 바보 같은 기사를 쓰고 있었던 것뿐인데 그는 밥 우드워드와 칼 번스틴을 합쳐놓은 것처럼 메모를 하고 식당 고객들에게 질문을 던졌다. 우리는 결국 커다란 나무 테이블에 앉아 몇 시간 동안 이 모든 게 얼마나 황당한지 이야기하며 웃었다. "당신은 최고의 직업을 가지고 있네요." 그가 내게 말했다. 맞는 말이었다.

데이브가 죽기 일주일 전, 우리는 그의 사업(그는 당시 서베이몽

* 아슈케나지 유대인들이 사용했던 서게르만어군 언어.

키라는 온라인 설문 회사의 CEO였다)에 대해 이야기를 나누고 다가오는 나의 콘퍼런스에서 그가 주최하고 싶은 만찬 계획을 논의하기 위해 몇 차례 전화 통화를 주고받았다. 그래서 그가 진단되지 않은 심장병으로 갑작스럽게 사망했다는 소식(처음에는 러닝머신에서 떨어져 머리 부상과 출혈 때문에 사망했다는 오보가 있었다)을 들었을 때, 그에 대한 글에도 썼던 것처럼 내가 처음에 보인 반응은 '안 돼요'였다.

중요한 시기(나중에 보니 그랬다)에 사랑하는 파트너이자 중요한 자문을 잃은 샌드버그에게는 배우자이자 자문으로서, 그들의 두 자녀에게는 아버지로서 중요한 역할을 하고 있던 걸 포함해 수많은 이유에서였다. 나는 그와 함께 보냈던 어느 한순간을 다음과 같이 묘사했는데, 심지어 지금도 그 순간이 완벽하게 그려진다. "나는 실리콘밸리의 여성들을 위한 셰릴의 행사 전에 자신의 주방에 앉아 두 아이와 함께 숙제를 하던 데이브의 모습이 생생하게 떠오릅니다. 말해두자면, 나는 내 두 아들의 숙제를 도울 때 인내심이 큰 편이 아닙니다. 반면 데이브는 차분하게 아이들을 도왔고, 압력밥솥 같은 실리콘밸리 세계의 아주 많은 부모가 하듯 강압적인 모습이라곤 눈곱만큼도 보이지 않았습니다. 당시에 내 태도와 일정에 대해 정말로 정신을 바짝 차릴 필요가 있다고 생각했던 기억이 납니다. 왜냐하면 거기 있던 아주 바쁜 남자는 전혀 바빠 보이지 않았고 아이들과 함께 있는 동안 분명히 그런 분위기를 풍겼으니까요."

이는 내 양육 방식을 더 좋게 변화시켰다. 또한 데이브는 명백히 실리콘밸리의 생태계에서 중요한 역할을 했고, 나는 이렇게 언급했다. "데이브는 우리가 여기서 더 많이 필요로 하는 유형의 리더이자 커뮤니티와 그 구성원들을 더 나은 우리 자신으로 변화시키는 데 중요하고도 조용한 양심입니다. 우리는 옳은 일을 하는데 곧잘 실패하기 때문에 데이브처럼 존경할 만한 행동의 아이콘이 매우 중요하지만 슬프게도 너무 부족하지요. 그는 진실하되 비난은 하지 않았고, 희망을 보되 착각은 하지 않았습니다. 이는 웹과 그 많은 특성의 진화에 관여한 누구에게든 드문 일입니다. 이세계에서 겸손은 당신이 상상하는 것만큼 흔하지 않습니다. 그는 자신이 진심으로 좋아하는 게임인 포커에서 다른 플레이어들을 이겼을 때조차 친절했습니다. 언젠가 한 플레이어가 가까이에서 플레이하면서 내게 '데이브를 조심해요'라고 말했습니다. '그는 허풍과 블러핑 없이 이기지만, 언제나 이겨요'라면서요."

그가 그렇게 떠났을 때 우리 모두는 진 것이다. 일론 머스크가 실리콘밸리의 과오 덩어리로 변하고, 일상적인 잔학 행위가 쌓이고 또 쌓이는 동안 데이브는 정반대였다. 과거를 무시하지 않고 우리 모두를 함께 미래로 데려가고자 하며 미래를 받아들였던 좋은 사람. 데이브가 죽은 후 그를 많이 생각했다고 말하는 것으로는 그가 내게 끼친 영향을 다 설명할 수 없다. 이 일은 다시 한번 내 인생을 변화시키는 데 확실한 자극제가 되었다.

15장
방향 전환

나는 나 자신에게 모순인가?
그렇다면, 내가 나 자신에게 모순이라면
(나는 크고 내 안에는 많은 이가 있다.)
_월트 휘트먼, 「나 자신의 노래」

나는 스파이가 되었어야 했다. 아니면 해군 제독이라든가. 하지만 그 대신 나는 매력, 호기심, 전술적이고 전략적인 사고 등 꽤 비슷한 역량들이 요구되는 저널리스트가 되었다. 그래도 나는 그 꼬리표에 주저하며, 내가 선택한 직업이 '애매하게 재능 있는 사람들의 마지막 피난처'라는 의견에 유머러스하게 동의했다. 세월이 흐르면서 나는 덜 우쭐거리는 느낌의 전문 리포터를 선호하게 되었다.

나의 출세 궤적은 타이밍과 재능, 그리고 아마 약간의 운에 의해 추진되었다. 그러나 내가 성공할 수 있었던 이유 두 가지를 꼽으라면, 다음의 둘을 들겠다. 나는 누구보다 열심히 일했다. 그리고 시나리오를 잘 만들어냈는데, 이는 추측을 잘한다는 말을 멋지게 포장한 것이다.

실리콘밸리를 취재하면서 나는 아침마다 뉴스를 터뜨리길 열망하며 눈을 떴다. 탐사 보도 리포터와 달리 전문 리포터beat reporter의 직무는 무슨 일이 일어나고 있는지, 이상적으로는 일어나고 있는 그대로 파악하는 것이다. 일단 독점 기삿거리를 찾아내면 사실을 확인하고, 사실을 재확인하고, 맥락과 배경을 더하고, 가능한 한 빠르게 기사를 써서 업로드한다. 시간이 지나면서 미디어의 속도가 사이버 속도로 빨라지고, 가장 빠른 기사가 되는 일의 가치는 감소했지만, 나는 끝없이 반복되는 뉴스 업무에 지칠 줄 몰랐다.

기업들의 머릿속을 들여다보는 능력은 오랫동안 나의 중요한 자산이었다. 내가 낳은 많은 특종 기사 가운데 가장 좋아하는 것을 고르라면, 나는 아마 앞서 언급했던 기사 중 다라 코스로샤히가 멘토인 배리 딜러로부터 우버 CEO로 임명될 거라는 소식을 듣기 전에 내가 보도했던 기사를 택할 것이다. 딜러는 코스로샤히에게 내가 그렇게 말했다면 그런 거라고 했다. 친절한 말이긴 하지만 실제로 나는 보도 실수를 거의 하지 않는다. 두 번째로 좋아하는 특종 기사는 아마 당시 야후 CEO였던 스콧 톰프슨이 이력서상 학력을 위조한 일에 대해 터뜨렸던 연속 기사다. "사라진 컴퓨터 과학 학위 사건을 해결하기 위해 백과사전 브라운*을 부를 것"이 올싱스D 에디터로서 내가 내 기사에 붙인 부제목이었다.

특종에 관해서 누가 정보를 유출하는지 알면 당신은 놀랄 것이다. 대부분의 저널리스트가 절대 말하지 않을 비밀이다. 왜냐하면 거의 모든 사람이 유출하기 때문이다. 내 정보원은 학생 인턴과 하급 직원들부터 그 위로 CEO에 이르기까지 다양했고, 누구보

---

* 백과사전이라는 별명이 붙은 똑똑한 소년이 마을에서 일어나는 사건들을 해결하는 동명의 어린이 소설 속 주인공.

다 CEO가 많았다. 때로 종업원과 운전기사 등 이쪽 세계에서 일하고 있는 외부인이 거들기도 했다. 야후 사람들은 내가 덕트 안에서 진을 치고 있다고 농담했다. 내가 이 이야기를 확인해줄 수도 부정할 수도 있지만, 한번은 공동 창업자였던 제리 양이 이사회 회의에 참석해 있는데 다른 사람이 방금 결정된 사안을 내게 문자 메시지로 보낸 일이 있었다. 나는 사실을 확인하기 위해 곧바로 제리에게 문자 메시지를 보냈고, 그의 반응은 대략 "방금 회의실에서 있었던 일이에요. 누가 유출하고 있는 건가요?"였다.

내 답장은? "왼쪽을 보고, 오른쪽을 봐요. 회의실 전체가 그래요."

그럴듯하게 둘러대기는 했지만, 여러모로 나는 사람들을 말하도록 설득하는 능력에 있어 경쟁력을 가지고 있었다. CEO들에게는 그들이 무엇을, 언제 논할 수 있는지를 결정하는 기업 원칙이 있었다. 다행히 나는 그런 제약을 따를 필요가 없었고, 대개는 최소한 자신들의 입장을 터놓고 이야기하고 싶어하는 누군가를 찾을 수 있었다. 시간이 흐르면서 나는 전화해서 "무슨 일 없어요?" 하고 물을 만한 신뢰할 수 있는 다수의 정보원을 두었고, 특정 정보원들이 내게 솔직하게 "아, 있어요, 지금 엉망이에요" 또는 "그 사람들이 말하는 게 이번에…… 근데 실제로 하고 있는 건 이래요"라고 말하는 데 의지하게 되었다.

물론 언제나 조작의 가능성이 있었기에 나는 누가, 왜 나에게 정보를 유출하는지 극도로 의식했다. 언젠가 내가 TV 뉴스 스타 케이터 커릭이 야후로 옮긴다는 최신 정보를 확인하고 있었는데,

ABC의 한 임원이 내게 그녀를 '앵커 괴물'이라 부르며 익명의 제보로 실어달라고 했다. 그는 그녀를 모욕하는 게 회사를 위한 최선이고 내가 기꺼이 그것을 실어주리라 생각했던 게 분명하다. "그 말을 공식적으로 해줄래요?"라고 묻자 그는 안 된다고 했다. 나는 그 표현을 사용하는 걸 거절했다.

좋은 보도에는 공정함이 요구된다. 나는 상대측에도 대응할 기회를 주는 데 강박적이었다. 나는 CEO에게 연락해 내가 가진 정보를 개략적으로 설명하고 "내가 보도하려고 계획하는 게 이런 거예요. 틀린 게 있다면 알려주세요. 하지만 내가 틀렸을 것 같진 않네요"라고 말하곤 했다. 또한 이에 대응할 적절한 시간을 주되 너무 많이 주지는 않으려 했다. 그래야 상황을 알게 된 홍보 담당자들이 더 친분 있는 매체에 특종을 흘려 나를 열받게 할 일을 막을 수 있었다. 이런 행동은 성가시기는 했지만 쉽게 상황을 뒤집을 수 있었다. 나를 저지하기 위한 다른 수법들은 그렇지 않았다. 내 특종 기사 때문에 너무 짜증이 난 한 임원이 회사에서 유출자를 함정에 빠뜨리려고 약간 변경된 내부 메모를 내놓기 시작했던 것처럼 말이다. 당연히 누군가는 그 계획을 내게 유출했고, 그때부터 나는 게재 전에 메모상의 아주 사소하고 중요치 않은 내용들을 수정하곤 했다. 내용 자체를 바꾸는 것은 아니고 그저 바보 같은 음모를 무용지물로 만들기 위해서였다.

직원들은 계속해서 내게 회사 문건들을 넘겨주었다. 페이스북의 셰릴 샌드버그가 한번은 이런 말을 했을 정도다. "사람들이 '이건 카라가 절대 보지 않길 바란다'라는 메모를 쓴다는 이야기는 실리콘밸리에서 계속되고 있는 농담이죠."

하지만 나는 언제나 모든 것을 봤다. 한번은 야후 사장이었던 수전 데커가 내게 단순한 질문을 던졌다. "왜 사람들이 정보를 유출하는 걸까요? 그냥 불만을 품고 그런 걸까요?"

나는 데커를 좋아했기 때문에 그녀에게 솔직하게 털어놓기로 마음먹었고, 이렇게 대답했다. "그 사람들이 불만을 품었다거나 교활한 거라고 말하기 쉽지만, 그들은 당신이 자신들의 이야기는 들어주지 않아도 내 말은 듣는다고 느끼기 때문에 유출하는 거예요. 따라서 직원들은 필요한 변화를 일으키기 가장 좋은 방법이 정보 유출이라고 생각하는 거죠. 나한테 유출하는 거요."

그녀는 "앞으로는 내가 더 잘 들어서 당신을 업계에서 쫓아내야겠네요"라고 농담했다. 그녀는 전혀 그렇게 하지 않았고, 이후 데커는 매일 반복되는 단조로운 자신의 직무를 떠났지만 나는 여전히 업계에 있다.

정보가 나오는 또 다른 훌륭한 출처는 사직했거나 해고당한 전 직원들과의 접촉이었다. 나는 나 스스로를 사람들이 정보를 유출할 준비가 되자마자 퇴사 면담을 진행하는 실리콘밸리의 인사 부서라고 생각하곤 했다. 시간 소모는 컸지만 그런 노력은 계속해서 성과를 거두었다. 사람들은 언제나 자신의 입장을 이야기하길 좋아한다는 걸 기억하라.

또한 나는 항상 인터뷰 대상자들에게 내 질문의 의도를 숨김없이 말하려고 했다. 1990년대에 많은 저널리스트가 '유혹하고 배신하는' 인터뷰 스타일을 택했는데, 인터뷰 대상이 경계를 늦추길 바라는 마음으로 안전하고 친근한 관계를 형성하고자 대상자를 띄워주었다가(어떤 때는 심지어 추파를 던지기도 했다) 나중에 기사를 게재하며 신뢰를 배신하는 것이다. 내 스타일은 전혀 아니었다. 내가 기사에 썼던 사람 대부분은 내 기사 때문에 놀란 적이 없었을 거라고 생각한다.

때로는 나조차 놀라지 않았다. 내가 가장 좋아하는 일 중 하나는 기사를 리버스 엔지니어링하는 것인데, 나는 다양한 정보 조각을 종합하는 데 능숙하고(고마워요, 잔혹한 새아버지!) 고전적인 CIA 스파이 기술로 시나리오를 만들곤 한다. 예를 들어 2013년에 야후가 10억 달러로 '무언가'를 매수하려 한다는 제보를 받았다. 그게 내가 받은 정보의 전부였지만 난 그것만으로도 작업할 수 있었다. 우선 처음에 든 생각은 '(당시 CEO였던) 머리사 마이어가 뭘 사고 싶을까?'였다. 그녀는 대서특필을 원한다. 튀는 걸 좋아하는 여자다. 흥미로운 인수에는 뭐가 필요할까?

그런 다음 나는 그 설명에 맞아떨어지는 회사들의 목록을 작성하고 어떤 회사에 10억 달러 상당의 가치가 있을지 평가하려 했다. 어떤 화젯감은 너무 크고 어떤 화젯감은 너무 작았지만, 페이스북이 관심을 준 덕분에 10억 달러까지 몸값이 부풀어 오른 텀블러가 딱 적당해 보였다. 이런 논리에 따라, 나와 기꺼이 이야기를 나눠주곤 하는 벤처 투자자들에게 연락해 허세를 부렸다. "저기, 텀블러를 야후한테 10억 달러에 판다면서요."

처음 몇몇 벤처 투자자는 알고 보니 내게 노골적으로 거짓말을 했고, 내가 틀렸다고 말했다. 나는 "아, 내가 잘못 알았나봐요"라고 대답하고는 전화를 끊었다. 아무런 해도 없었다.

내 질문은 다섯 번째 벤처 투자자와의 통화에서 비로소 원하는 반응을 얻어냈다. "이럴 수가, 그걸 어떻게 알았어요?" 세세한 이야기를 모조리 쏟아놓고 싶어하던 이 벤처 투자자는 당당하게 내게 정보를 제공했다. 그러고 나서 나는 야후에 연락해 코멘트를 요청했는데 거절당했다. 그래도 어쨌거나 회사 내부에서 거래 세부 사항을 확인했다. 사흘 뒤, 마이어가 트위터에 이렇게 발표하며 내 보도 내용을 전부 공식화했다. "움직이는 gif 이미지로 발표하는 최초의 인수 :) @Yahoo가 @Tumblr를 인수합니다 #침착하게계속하라."

가끔은 복잡한 분석을 위한 시작점으로 소문을 이용했다. 2016년 나는 디즈니가 트위터 인수를 검토하고 있다고 보도했고 이것은 사실이었다. 그러나 그 특종은 디즈니가 7억 달러로 클럽 펭귄을 인수한 이후 소셜미디어 플랫폼을 필요로 한다는 내 이론에서 시작된 것이었다(또한 나는 단순히 디즈니의 역사에 대한 지식을 바탕으로 그 회사가 트위터의 유독성 때문에 결국 매수를 완수하지 못할 거라고도 예측했다).

몇 년 뒤 밥 아이거가 2022년 마지막 코드 콘퍼런스 무대에서 내 직감을 사실로 확인해주었다. "솔직히 배포와 관련해서는 경이로운 해결책이 됐을 겁니다. 그때 우리는 디즈니 이사회와 트위터 이사회에 전체 콘셉트를 납득시켰고, 협상을 시작할 준비가 정말 다 된 상태였어요…… 집에 가니 내가 이 건을 필요한 만큼 신중하게 살펴보고 있지 않다는 생각이 들더군요. 맞아요, 그건 배포 관점에서 훌륭한 해결책이에요. 그런데 거기에는 다른 어려움과 복잡한 문제가 너무 많이 따를 겁니다…… 당연히 그 온갖 혐오 표현과 장점이 되는 만큼이나 해가 될 가능성을 고려해야 하죠. 우리는 디즈니에서 재미를 만드는 사업을 하고 있어요…… 회사의 CEO로서 나는 그 인수가 무책임한 일이 될 거라 생각했습니다."

이 CEO들처럼 생각하는 것은 내 일의 큰 부분이고, 그들과 직접 만나 시간을 보내는 것도 도움이 되었다. 테크업계에 있는 대부분의 사람은 직접 만나는 걸 좋아하지 않았는데, 그건 팬데믹 전에도 그랬다. 그럼에도 여전히 누군가를 알아가고 다양한 자극에 어떻게 반응하는지 보는 데는 아무 목적 없이 어울리는 것을 대체할 수 있는 게 없다(유용한 팁: 나는 상황이 좋을 때 연락처로 항상 휴대폰 번호를 요구한다. 그래야 상황이 나빠졌을 때 연락 수단을 가지고 있을 수 있다). 나 자신을 거물들의 친구라고 생각한 적은 없지만, 그들이 파티에 초대하면 나는 집에서 아이들과 있고 싶을 때조차 파티에 갈 기회로 뛰어들곤 했다. 파티는 관찰 거리가 풍부한 기회였다. 누가 누구와 친한가? 누가 누구를 싫어하는가? 누가 구석에서 자기네끼리 속닥거리는가?

파티는 처음에 꽤 평범하게 시작된다. 구글의 공동 창업자 중 한 명인 세르게이 브린의 생일 파티에서 세이프웨이* 케이크가 플라스틱 용기째 그대로 나왔던 것처럼 말이다. "더 나은 것을 살

---

* 미국의 슈퍼마켓 체인.

수는 없었나요?" 내가 가까이에 서 있던 브린의 어머니에게 말했다. 그녀는 농담에 응하지 않았다. 사실 나는 그녀가 약간 시무룩해 보인다는 데 놀랐다. 이렇게 행복한 날에 왜 그렇게 슬퍼하냐고 물었다. 그녀가 곧 그녀와 구소련에서 가족들을 데리고 이민온 NASA 연구원이자 수학 교수인 자기 남편은 아들이 박사 학위를 따야 한다고 생각한다며 불평했다. 구글이 그 아들을 억만장자로 만들어줄 IPO를 준비하고 있음에도 불구하고 말이다. 형편없는 케이크 한 조각을 앞에 둔 이 순간이 브린의 정신 상태와 무엇이 그에게 동기를 부여하는지에 대한 큰 통찰을 주었다(또 다른유용한 팁: 언제나 부모를 만나라. 일반적으로 그들은 새로운 것을 알게 해준다).

물론 가장 큰 유출은 운영 방식이 최악인 회사로부터 나왔다. 야후 CEO 캐럴 바츠는 내가 너무 많은 최신 정보를 얻는 걸 싫어했고, 한번은 내게 정보를 넘겨주었다고 의심되는 직원을 해고하겠다고 위협하기까지 했다. 그 직원은 내 정보원이 아니었기 때문에 나는 홍보 책임자에게 연락해 사실을 바로잡았다. "난 원래 이런 일은 절대로 안 해요." 내가 설명했다. "하지만 그는 나한테 정보를 유출한 사람이 아니에요. 만약 해고하면 나는 당신들이 그 직원을 얼마나 부당하게 해고했는지에 대한 기사를 쓸 거예요. 그나저나 당신네 CEO는 야후를 개선할 생각은 않고 이런 일에 시간을 쏟는 거예요?"

바츠는 사업에 집중하라는 내 조언을 들었어야 했다. 그랬다면 아마 나는 얼마 후 그녀가 해임될 거라는 기사를 보도하지 않아도 됐을 것이다. 바츠는 그 특종 기사 역시 싫어했고, 내게 전화해 이렇게 주장했다. "난 해고되지 않아요."

"지금 이사회가 모였어요." 내가 대답했다. "당신은 내가 미리 알려준 걸 기쁘게 생각해야 해요." 몇 시간 뒤 그녀가 이런 공지를 게시했다. "모두에게: 방금 야후 이사회 의장과의 통화를 통해 제가 해고되었다는 소식을 전해드리게 되어 몹시 슬픕니다."

일부 임원이 직장에서 만드는 골치 아픈 문제들은 개인 생활 문제로 더 악화되었는데, 나는 이런 행동들을 기록하기는 해도 직접적으로 보도하는 일은 드물었다. 본업 이외의 활동이 사업에 영향을 주지만 않는다면 경영진이 직장에서 무엇을 하는지에만 계속 집중했다. 내가 그들의 엄마는 아니니 말이다. 그래도, 수집한 많은 정보를 이용하지 않아도 그 정보들은 종종 유용한 통찰을 제공했다. 또한 그 정보들은 내가 절대 잊고 싶지 않은 심오한 진실, 즉 그 반대의 증거가 있음에도 불구하고 테크업계 거물들 또한 인간이라는 사실을 상기시켜주었다.

이 점은 2014년 잡지 『뉴욕』의 내 인물 기사를 위해 데이브 골드버그가 벤저민 윌리스와 이야기를 나누며 완벽하게 강조한 부분이었다. 골드버그는 이렇게 설명했다. "(카라는) 그녀가 쓰는 것 이상으로 훨씬 더 많은 걸 알고 있어요. 전부 기사로 쓰지 않는 이유는 그녀가 신중하게 확인하지 못한 정보이거나 누군가에게 개인적으로 고통이 될 수 있지만 비즈니스 관점에서는 상관없는 내용은 쓰길 원치 않기 때문이죠."

이어서 윌리스는 머리사 마이어가 유럽에서 늦잠을 자느라 광고주들과의 만찬에 두 시간 늦게 도착했다는 정보가 내게 유출됐던 때를 예로 들었다. 마이어가 사람들을 기다리게 만드는 것으로 악명 높긴 했지만, 나는 광고주들과의 트러블이 증거로 뒷받침되는 대형 기사의 일부라도 되는 게 아니라면 굳이 그런 문제를 기사화하는 것은 거부했다. 어쩌면 시차 때문에 피곤했던 것일 수도 있고, 알람이 울리지 않았던 것일 수도 있다. 누가 알겠는가? 다른 저널리스트들은 그것을 기회로 이용했지만, 내가 관찰한 바에 따르면 수많은 남성 임원은 회의에 지각해도 전혀 문제 되지 않았고 그에 대한 질책 기사도 나오지 않았다. 케이티 커릭과 마찬가지로 나는 마이어의 적들을 위해 그런 일을 하는 것은 사절했다.

사실 사람들이 어떻게 사는가는 각자의 몫이고, 나는 그들이 누구를 사랑하고, 무엇을 피우고, 어떤 옷을 입는지에는 전혀 관심이 없었다. TV 진행자 빌 마허가 「리얼 타임」에서 마크 저커버그를 공격하기 시작했을 때 나는 그와 논쟁을 벌였다. 그를 공격하는 이유가 타당하지 않아 보여서였다.

"미안하지만, 마크 저커버그는 진짜 괴짜예요. 꼴이 엉망이잖아요. 패션은 끔찍하고요." 마허가 의견을 밝혔다. 아마 누군가의 외모를 조롱하면서 웃음을 자아내려는 듯했다. "그는 부자연스러워요. 이 사람 옆에 있으면 빌 게이츠가 케리 그랜트*처럼 보일 정도라니까요. 그는 비호감이에다, 내 생각에는……"

마허인들 사람들이 케리 그랜트로 착각할 것 같지는 않지만, 그

* 잘생긴 외모와 멋진 스타일로 큰 인기를 누렸던 할리우드 배우.

런 사실은 제쳐두고 나는 중간에 끼어들어 이렇게 말했다 "저기요, 빌. 그 사람의 외모를 욕하면 안 되죠. 그 사람의 서비스 전체와 그 서비스가 민주주의를 파괴하는 방식을 욕할 수는 있지만, 외모는 욕하지 말아주세요."

'개인의 삶은 대부분 개인의 것으로 유지되어야 한다'라는 내 규칙에 하나의 커다란 예외도 있었다. 그 기삿거리는 내가 찾은 것이 아니라 기삿거리가 나를 찾아왔다. 프로빈스타운의 어느 아름다운 8월의 저녁, 나는 드래그 쇼를 보러 가던 중 23앤미 CEO 앤 워치츠키로부터 전화를 받았다. 앤은 자신과 남편 세르게이 브린을 대표해 자신들이 6년의 결혼생활 끝에 별거 중에 있고 이혼할 가능성이 높다는 것을 알리려 전화했다고 설명했다. 내가 좋은 특종 거리를 얼마나 좋아하는지는 이미 분명히 밝혔지만, 앤의 소식은 그 부부와 어린 두 자녀를 생각하면 슬픈 일이었다.

그럼에도 구글의 복잡한 주식 소유권을 고려하면 이번 결별에는 명백한 사업적 영향이 있었던 터라 나는 이 기삿거리를 기업 전문 리포터인 올싱스D 리포터 리즈 갠스에게 배정하고 나도 계속해서 보도 작업을 했다. 조사해보니 더 문제가 되는 자세한 사정이 곧 드러났다. 최근에 나는 한 행사에서 구글에서 안드로이드 팀을 이끌던 매력적인 임원 휴고 바라와 대화를 나누었다. 바라는 내게 자신의 여자친구이자 구글 글래스 마케팅 매니저인 어맨다 로젠버그에 대한 이야기를 했다. 월트도 최근에 그들과 디너파티에 참석했기 때문에 그들은 확실히 사교적인 커플이었다. 그런데 놀랍게도 지금 내가 듣고 있는 것은 로젠버그와 브린이 사내 불륜을 시작했고 바라는 곧 구글을 그만두고 경쟁사인 중국 스마트폰 대기업 샤오미로 옮긴다는 이야기였다.

갠스는 이 두 가지 기사를 연달아 신속하게 실었고, 이것은 우리 사이트에서 즉각적인 센세이션을 일으켰다. 그 기사는 브린과 워치츠키가 구글의 복수 의결권 주식 소유를 보호하는 내용의 혼전 계약서를 작성했다는 점을 언급하며 재정적인 면에 초점을 맞추었다. 또한 우리는 브린이 곧 전처가 될 아내의 의공학 기업에 투자했던 투자금과 당시 앤의 언니 수전이 구글에서 광고 및 커머스를 담당하는 SVP라는 점 등 추가적인 비즈니스 문제를 언급했다. 바라의 사임과 그에 따른 영향도 다루었다. 나중에 『배니티 페어』가 브린/로젠버그 불륜에 대한 흥미진진한 이야기를 실었는데, 의심할 여지 없이 많은 조회 수를 올렸고 물론 나도 그 내용을 전부 읽어봤다. 그러나 그것은 내가 올싱스D에 싣고 싶은 그런 종류의 이야기가 아니었다.

여러 해 동안 테크업계 거물들이 일뿐만 아니라 소셜미디어에도 자신을 갈아넣는 경향이 늘어나면서 이들의 개인적인 문제를 무시하는 것은 점점 더 어려워졌다. 일론 머스크가 하루 종일 트위터에 중독되어 있는 것을 고려하면, 그의 의견이 얼마나 무지하든, 해롭든, 우스꽝스럽든, 그냥 이상하든 우리가 모르고 있는 의견이 있을까?

제프 베이조스도 유명 인사처럼 되었는데, 아마 가장 유명한 것은 그가 현 약혼녀 로런 산체스에게 보낸 곤란하리만치 사랑이 넘치는 성적인 메시지를 비공개로 유지하는 데 실패했던 때일 것이다. 타블로이드 신문이 이 은밀한 메시지를 공개한 후, 나는 우리 모두가 소셜미디어의 감시로부터 안전하지 않다는 사실을 논의하는 데 이번 교훈을 이용했다. 2019년 『뉴욕타임스』 칼럼에서 나는 미국에 정말로 깐깐한 개인정보보호법이 없다는 점을 지적하며 "우리는 개인 정보가 보호되어야 하는 것이라고 생각하는 척조차 하지 않는다"라고 덧붙였다. 5년이 지난 지금도 나는 여전히 그런 법을 기다리고 있다.

이러한 유명인들의 기벽은 원래 겉으로 잘 드러나지 않았다. 그런데 지금 우리는 자기 권력을 확대하려는 사람들이 거의 모든 것을 구실 삼아 아무나 맹비난하려드는 비방물 문화에 둘러싸여 있고, 무엇보다 내가 인터뷰했던 많은 사람이 이제 내 도움 없이 직접 야단스럽게 방송을 한다. 어떤 사람들은 재미있고 훌륭하며(예를 들어 마크 큐번과 박스Box의 에런 레비), 어떤 사람들은 더 많은 부를 얻기 위한 자신의 방식을 열심히 포장하고(벤처 투자자 차마스 팔리하피티야와 스팩SPAC*) 그리고 어떤 사람들은 알 수 없는 이유로 여러 해에 걸쳐 그저 시끄럽고 끈질긴 불만 모드에 빠져 있을 뿐이다(마크 앤드리슨 외 다수).

저널리스트, 정부, '깨어 있는' 문화, 캘리포니아주, 특히 그들 대부분이 부를 축적한 샌프란시스코를 겨냥해 온갖 신랄한 말을 던지는 이 욕설가들은 나한테 가장 성가신 사람들이다. 그들은 스스로 자기 팬들에게 진실을 말하는 포퓰리스트로 자리매김한다.

* 기업의 인수 합병을 목적으로 설립 및 상장되는 페이퍼 컴퍼니.

당신은 어떤지 몰라도, 나는 세계에서 손꼽히는 부자들이 권력자에게 불만을 토로하라고 사람들을 촉구하는 모습을 보는 게 우습다. 그들이 바로 그 권력자이니 말이다. 대체로 그들은 자주 부정확한데 여기에는 전혀 신경 쓰지 않는다.

그럼에도 어쨌든 그것은 그 사람들이 세상을 어떻게 인식하는지 이해하는 데 도움이 된다. 그들이 투사하는 수많은 부분이 보여주기식이고, 종종 깊은 불안과 외로움에 기인하며, 야망으로 연결된 고통의 숨겨진 역사가 있더라도 말이다. 내 생각에 투지는 언제나 고통에 의해 촉진되진 않는다. 위대함이 내면의 악마로부터 나온다는 말은 자신의 악행과 일상적인 잔학 행위를 변명하려 애쓰는 이들이 종종 사용하는 극단적으로 단순한 표현이며, 이는 모두 증가하는 혁신가 숭배와 내가 '기업가 외설물'이라 부르는 것의 일부다. 더 조용하게 친절을 베풀어도 그만큼 성공할 수 있을 텐데.

하지만 그들이 말도 안 되는 분노를 분출하게 놔두자. 내가 개인적으로 그들을 참아낸 만큼 모든 사람이 그들의 터무니없는 행동을 공개적으로 보고 있기 때문이다. 그리고 진실을 밝히는 것은 그들의 목표가 아니며(보통은 돈벌이가 주된 목표이고 치졸한 보복 행위가 그다음이다), 그들이 자신의 불평과 분노에 대한 책임을 재빨리 저널리즘에 묻기 때문에 우리는 반드시 그들에게 책임을 추궁해야 한다. 그들의 코멘트가 정확했는가? 그들이 하고 있는 행위가 혼란을 일으키는 것인가, 혹은 어떤 문제에 대한 진정한 우려인가? 의도가 투명한가? 동기는 무엇인가?

나는 대부분의 저널리스트가 이 광대들과는 다르게 최선을 다하기 위해 최선을 다한다는 것을 깨달았다. 나는 여러 해 동안 수십 명의 리포터를 고용했고, 디지털 미디어 회사에서 일하는 데는 질과 속도가 모두 필요하다는 점을 각인시키려 노력했다. 내 주문은 '틀리면 안 된다, 틀리면 안 된다, 틀리면 안 된다'와 '게으르면 안 된다, 게으르면 안 된다, 게으르면 안 된다'이다. 우리는 우리가 취재하는 회사와 사람들에게 최선을 다해 일해야 할 의무가 있고, 실수하면 정정해야 할 의무도 있다.

나를 가장 짜증나게 하는 것은 테크업계 사람들이 단순히 조회수를 위해 리포터들이 자신들을 비난한다고 반응하는 것이다. 웃기는 일이다. 특히 저널리즘은 이제 전반적으로 돈벌이도 안 되는 사업이니 말이다. 한때 나는 좋은 저널리즘의 가치를 알아보는 일부 괜찮은 벤처 캐피털들이 지원을 해줄 수도 있지 않을까 하는 말도 안 되는 생각까지 했다. 애리조나에서 열린 1999년 어젠다 콘퍼런스에서 일류 테크 리포터 무리가 테크 저널리즘계의 '드림팀'을 결성하는 상상을 했고, 나는 액셀의 벤처 투자자 짐 브라이어에게 페니키아 호텔에서 칵테일 냅킨 뒤에 제안 내용을 적어달라고 요구했다. 거기에는 이렇게 쓰여 있었다. "우리가 '드림팀' 40퍼센트 지분 매수→액셀 40퍼센트, 경영진 60퍼센트(미할당 20퍼센트, 드림팀 40퍼센트)에 1000만 달러의 투자금을 지원하겠습니다." 난 부자다! 적어도 냅킨에서는 부자다!

드림팀은 하나의 꿈으로 남았다. 벤처 캐피털들은 돈을 위해 저널리즘에 뛰어드는 사람은 아마 한 명도 없다는 걸 깨달았던 것이다. 작지만 영향력 있는 이 분야에 절실하게 필요했던 자금은 나중에 로린 파월 잡스(『애틀랜틱』), 제프 베이조스(『워싱턴포스트』), 마크 베니오프(『타임』) 같은 억만장자들이 제공했다.

콘퍼런스와 팟캐스트가 훨씬 더 수익성 좋고 많은 걸 전달하긴 했지만, 내가 운영했던 광고 사업 딸린 웹사이트 대부분은 중간중간 성공을 거두었다. 내 경험상 파트너들과 금전적 이해관계가 일치하고, 수익이 공유되며, 콘텐츠가 광고주나 구독자에게 가치 있는 소규모 수익 사업을 만들면 성공할 가능성이 있다.

그리고 그게 월트와 내가 『월스트리트저널』을 떠난 직후 우리가 해야 한다고 생각했던 것이다. 우리에게 1000만 달러의 여유 자금이 있었음에도 불구하고 나는 콘텐츠 회사들의 가격이 갑자기 치솟는 것을 가만히 지켜봤다. 버즈피드, 비즈니스 인사이더, 복스 미디어, 모두가 수십억 가치를 가진 기업이 되었다. 직원을 끌어들이고 우리를 쉽게 무너뜨릴 온갖 인수 합병 거래를 성사시킬 만한 주식과 현금을 가지고서. 초호화 요트들 틈에 낀 '레코드'는 우리의 작은 미디어 돛단배에서 출렁거리고 있었다. "우리, 더 큰 보트가 필요하겠어요." 내가 월트에게 말했다.

회사를 차리고 거기서 사업을 만들어내는 데 지친 그는 한숨을 쉬었다. 하지만 우리는 충분히 민첩하지도 않았고 실패하지 않을 만큼 규모가 크지도 않았기 때문에 경제가 위축되면 망할 게 분명했다. 고맙게도 우리 투자자들과 이사회가 이런 평가에 동조했고, 나는 그들의 전문 지식, 특히 마이크로소프트와 야후에서 일한 적 있고 당시 『샌프란시스코크로니클』의 높은 자리에 있던 조앤 브래드퍼드의 전문성에 의지했다.

우리는 『크로니클』을 인수하고 이를 디지털 조직으로 강화하는 계획을 포함해 다양한 창의적 사업 계획을 떠올렸다. 또 '레코드'의 투자 기업이었던 NBC에 합병하는 방안도 생각해봤고, 잡지를 창간해 행사 분야에 뛰어들고 싶어하는 『폴리티코』와 합병하는 것도 논의했다. 그러나 샌프란시스코에 있는 '주니 카페'에서 저녁 식사를 하는 동안 『폴리티코』의 소유주 로버트 올브리튼과 공동 창업자 짐 반데히가 너무 심하게 다투는 바람에 그 식당에서 유명한 로스트 치킨조차 제대로 먹지 못했다. 나중에 반데히가 미팅을 제안했는데, 나는 그와 올브리튼이 서로 갈라서는 방향으로 가고 있어 거기에 끼어들고 싶진 않다고 말했다. 두 사람의 관계는 2년 뒤에 무너지고 말았다.

나는 심사숙고 끝에 회사보다는 제품에 더 초점을 맞춘 '버지 The Verge'라는 훌륭한 테크 분야 사이트를 보유하고 있는 복스 미디어에 매각하는 편이 좋겠다고 판단했다. 두둑한 현금과 윤리 규범을 가진 복스의 가장 큰 장점은 그 리더인 짐 밴코프였다. 나는 밴코프가 AOL의 콘텐츠 사업을 운영하던 때에 처음 만났고, 그가 복스를 구축하는 여러 해 동안 서로 연락을 유지했다. 밴코프와 월트, 내가 잘 통한다는 것은 분명했다. 브래드퍼드는 이에 동의했고 나는 그녀의 의견을 신뢰했다. 2015년 5월, 다음 코드 콘퍼런스에서 우리는 '레코드'를 복스에 매각한다고 발표했다. 미디어 사업의 우여곡절에도 불구하고 그 후로는 가장 끝내주는 보트 타기였다.

복스와의 계약과 내가 새로운 아이디어를 시도하도록 기꺼이 도와준 밴코프 덕분에 나는 나 자신을 1인 미디어 기업으로 보게 되었다. 테크업계의 영향력이 커짐에 따라 내 영향력도 커졌다. '브랜드'라는 단어를 붙이니 땅콩버터통이 된 기분이지만 나는 내 이름을 붙인 무언가를 만들고 있었고, 이전에 모든 게이트 키퍼 gatekeepr*가 함께할 때보다 더 쉬워진 방식으로 내 목소리를 낼 수 있었다.

2015년 7월에 그렇게 '레코드 디코드' 팟캐스트가 시작되었다. "테크업계에는 1년 내내 질문 공세를 받아 마땅한 사람들이 가득해요"라는 간단한 말로 밴코프를 설득하고, 주당 인터뷰 3회면 그가 광고주에게 팔 수 있는 에피소드가 150편이라는 의미라고 지적했다. 이 팟캐스트는 행사들과 마찬가지로 모든 회차에서 시작부터 확고한 수익을 올렸다.

또한 '레코드 디코드' 덕분에 실리콘밸리의 엘리트들과 계속 대화를 나누며 새로운 목소리를 선보일 수 있었다. 2017년 나는 독일에서 열리는 디지털라이프디자인DLD이라는 테크 행사에 참석해 뉴욕대 스턴경영대학의 브랜드 전략 및 디지털 마케팅 교수 스콧 갤러웨이가 가발을 쓰고 조지 마이클의 「프리덤! '90」을 아주 오랫동안 립싱크하며 괴상한 프레젠테이션 발표를 하는 걸 지켜봤다. 스콧의 오만함은 익히 알고 있었지만, 그의 통찰력은 신선하고 새로웠다. 나는 그에게 '레코드 디코드'에 출연해달라고 요

---

* 　신문이나 방송에서 대중에게 전달할 정보를 선택하고 검열하는 역할.

청했고 그는 그러겠다고 말했다.

팟캐스트에서 스콧은 거의 나만큼이나 빨리 말했다. 그는 자신을 모건 스탠리의 채권 부서에서 2년을 보낸 기업가라고 소개했는데, 그는 모건 스탠리를 영혼을 짓밟는 "끔찍한 사람들을 위한 끔찍한 곳"이라고 했다. 그러고는 "큰 회사에서는 성공할 수 없다는 걸 깨달았어요"라고 덧붙였다. 어디서 들어본 말 같지 않은가? 스콧은 MBA를 취득한 후 레드엔벨로프라는 인터넷 소매 회사를 공동 창업했다. 그가 그 회사에 문제가 있다고 넌지시 이야기해서 나는 구체적인 내용을 요구했다. 대화를 시작해 3분이 채 지나기도 전에 스콧은 "이런, 초반에 치부를 드러내게 되네요"라고 했다.

"네, 해주세요." 내가 말했다. 그는 주저하지 않고 레드엔벨로프 이사회가 회사를 망쳤다고 생각한다고 말했고, 나는 그의 솔직한 의견이 마음에 들었다. 나중에 그에게 다른 테크 사업들을 어떻게 평가하는지 물었을 때 나는 그의 통찰이 예리하다는 걸 깨달았다. 특히 다음과 같은 대화에서 더 그랬다.

스콧: 내 생각에 페이스북과 구글은 모두 같은 문제에 직면해 있어요. 콘텐츠를 통해 광고를 팔고 싶어하면서 "하지만 우리한테는 전통적인 미디어 회사에 대한 책임이 없어"라고 말한다는 거죠.

카라: 맞아요. 그들은 책임을 저버렸죠.

스콧: 그들이 하는 말은 완전히 개소리거든요.

카라: 그렇게 말해줘서 고맙네요.

스콧: 만약 내가 맥도널드인데, 선거일 전에 내가 제공하는 소고기의 80퍼센트가 가짜 소고기라서 사람들이 뇌염에 걸려 나쁜 결정을 내리게 된다면 어떻게 될까요?

카라: 그렇군요. 고소당해서 망하겠죠.

스콧: 근데 내가 이렇게 말하는 거예요. "잠깐, 잠깐, 잠깐. 기다려요. 난 패스트푸드 식당이 아니라 패스트푸드 플랫폼이에요. 그러니까 내가 제공하는 소고기에 대해 책임질 수 없어요."

카라: 지금 당신이 그 말 하는데 호감이 확 느껴졌어요.

청취자들도 우리의 케미를 알아차렸고, 이 에피소드는 내가 일론 머스크와 했던 여러 인터뷰보다 더 높은 점수를 받았다. 그래서 스콧과 나는 계속 이야기를 나눴고 멈추지 않았다. "정신 나간 교수하고 팟캐스트를 만들고 싶어요." 내가 밴코프에게 말했다. 포커스 그룹도, 피치덱도, 스프레드시트도 없이 그렇게 2018년에 우리의 '피벗Pivot' 팟캐스트가 시작되었다. 그 후로 스콧은 약 1만 5000번의 남근 농담을 했는데, 나는 정확히 두 번 웃었다. 우리는 즉각적으로 수익을 내기 시작해 시간이 지나면서 점점 더 많은 수익을 올렸다. 그리고 우리는 미디어 리포터(대부분은 미디어 사업을 운영해본 적이 없다)들이 팟캐스트가 돈벌이가 안 된다는 분석 기사를 쓸 때마다 함께 비웃었다. 설명하자면, 팟캐스트는 돈이된다.

중요하게 깨달은 것은 내가 리포터이자 사업가, 말하자면 '리포트러프러너reportrepreneur*'가 될 수 있다는 것이었다. 나는 비즈니스 마인드가 없는 저널리스트는 매초 위축되고 있는 시장의 풍파에 부딪힐 것이고 그들이 필요로 하는 통제력을 얻을 수 없을 거라고 오랫동안 주장해왔다. 그게 내가 위험을 감수해야 하는 테크 분야의 일부를 받아들였던 이유다. 이제 나는 건강한 생활을 하게 되었고, 더 중요하게는 내가 원할 때 하고 싶은 일을 하게 되었다. 스콧처럼 나 또한 나쁜 직원이기에 직원이 되는 것은 오래전에 그만두었다.

이 사업에서 내가 하게 되는 것은 내가 가장 사랑하는 일, 즉 질문을 던지는 일이다. 내가 본 것 중에서 가장 모범이 되는 라이브 인터뷰는 스폴딩 그레이의 쇼 「청중 인터뷰Interviewing the Audience」였는데, 나는 1990년대에 케네디센터에서 그 쇼를 다섯 번 봤다. 쇼마다 그레이가 청중 세 사람을 무대로 올려 이야기를 나누기 때문에 쇼는 실제로 몇 번이든 볼 수 있었다. 그는 약간의 탐색으로 그들의 이야기를 끄집어냈고, 그 이야기들은 종종 예상 밖이면서도 보편적이었다. 쇼와 그레이의 종합적인 관점으로부터 얻은 중요한 사실은 올바른 질문을 던지면 모든 사람이 흥미로워진다는 것이다. 이것이 지금껏 인터뷰에 대한 나의 접근 방식이었다.

특별한 비결이랄 것은 없지만 나는 모든 인터뷰에 대해 다음 세

---

*   기자를 뜻하는 '리포터reporter'와 기업가를 뜻하는 '안트러프러너entrepreneur'
     를 합성한 말.

가지 목표를 가지고 접근한다. 1)대화처럼 하기 2)모든 사람이 생각하고 있는 질문을 던지길 두려워하지 않기 3)마치 다시는 이 사람을 인터뷰하지 않을 것처럼 각을 잡고 토론 진행하기.

인터뷰에 앞서 프로듀서들과 나는 연구 결과를 바탕으로 일련의 질문지를 작성한다. 어떤 저널리스트들은 인터뷰 마지막까지 불편한 질문들을 아껴두지만, 나는 시작을 그런 질문들로 하는 경향이 있다. 한번은 테크 저널리스트 에릭 뉴커머가 「코드 예찬An Ode to Code」에서 이렇게 말했다. "스위셔에게는 인터뷰 대상을 상냥하면서도 적대적으로 대하는 독특한 재능이 있다. 그녀는 기꺼이 그들을 무력화하고 당황스러운 대답을 끌어낸다. 하지만 그녀는 계속해서 인터뷰를 원활하게 진행하고 게스트가 잘되기를 바라는 듯하다."

그는 나를 꿰뚫어봤다. 그리고 나는 사람들이 늘 나를 너무 '터프'하다고 생각하는 게 싫었다. 코미디계의 전설 존 스튜어트와의 인터뷰를 누군가 '무심한 듯 잔인하다'고 표현했을 때는 나도 웃었지만. 스튜어트는 내가 오피니언 칼럼니스트로 4년을 보낸 『뉴욕타임스』의 '스웨이Sway' 팟캐스트에 출연했는데 나는 그에게 아직도 현역이냐고 물었다. 솔직히 그건 좋은 질문이었고, 그도 그 질문에 대답하는 게 좋은 듯 보였다(그렇다, 대답은 그는 여전히 현역이라는 것이다).

테크업계 백인 남성이 내 전문이기는 했지만, 나는 (특히 코드에서의) 레퍼토리를 다양화하기 시작했다. 한 인터뷰는 심지어 진행되기도 전에 청중의 반발을 샀다. 2014년에 있었던 그 인터뷰에서 나는 무대 위에 있는 게스트에게 이렇게 말했다. "우리가 콘퍼런스에 킴 카다시안을 초대하겠다고 발표했을 때 트위터에 흥미로운 반응이 많이 올라왔어요. 왜 그런 짓을 하냐는 반응 같은 거요. 모든 사람이 저마다 다른 의견을 가지고 있고 그중 일부는 썩 친절하진 않지만, 그냥 통계를 조금 알려주자면요. 카다시안은 인스타그램에 2050만 팔로워, 트위터에 2480만 팔로워, 페이스북에 2400만 팔로워가 있어요. 당시 그녀의 모바일 게임은 아이폰에서 최상위 게임 중 하나였고, 개발사인 글루에 수천만 달러의 이익을 안겨주었죠. 그녀는 분명 모바일 분야에 대해 뭔가를 알고 있었던 거예요."

명백하게 카다시안은 비즈니스 리더이자 소셜미디어 천재로 인터뷰할 자격이 있었지만, 그녀가 내게 전화했을 때는 누군가 자신의 생각에 관심을 가질 거라는 데 놀라워했다. 나는 그녀에게 "킴, 당신은 과잉 공유에 있어서 올림픽감이라고요"라고 말했다.

'코드' 인터뷰에서 래플러의 CEO 마리아 레사와 이야기를 나눈 것은 더 중요했다. 그녀는 수년 전에 내게 온라인에서의 잘못된 정보 확산에 대해 경고한 적이 있었다. 레사는 나와 마찬가지로 소셜미디어의 프로파간다로 인한 피해에도 불구하고 테크 분야를 좋아했다. 레사는 거침없는 발언 때문에 필리핀에서 끊임없이 구속 위협을 받았지만, 그래도 자기주장을 밀어붙였다. "래플러의 기본 아이디어는 이 새로운 기술과 저널리즘을 이용해 행동 공동체를 구축하는 거예요. 우리는 제도가 극도로 취약하고, 지도층은 개인주의적이며, 부패가 만연한 나라에 살고 있고, 이 나라의 모든 사람은 더 나은 삶을 바라고 있어요. 이 기술을 이용해서 행동 공동체를 구축하지 않을 이유가 뭔가요?”

이 아이디어는 저널리즘보다는 액티비즘처럼 들렸기 때문에 젊은 리포터였던 카라 스위셔에게는 거슬렸을 수도 있다. 그러나 특히 테크세계의 위험과 무한한 그들의 권력이 계속 확대되어왔기 때문에 이제는 훨씬 더 나이 든 카라 스위셔가 그 아이디어에 동의하고 있다.

16장
살고 싶다면 나를 따르라

지금까지의 자신은 죽었다고 생각하라.
이전의 삶은 다했다.
이제는 여생을 시작해 올바르게 살아라.
섭리를 거스르는 것은 스스로 어둠을 만드는 것이다.

_마르쿠스 아우렐리우스, 『명상록』

내 삶에 대해 말하자면 경력만 끊임없이 발전한 게 아니었다. 60년 인생 한가운데서 나는 내가 취재한 많은 사람과 마찬가지로 위험을 감수하며 아날로그적이고 개인적인 삶을 완전히 파괴했다.

7학년 때 데이트(남자애들!)를 시작한 이래 솔로로 지낸 가장 긴 기간이 고작 몇 개월일 정도로 나는 한 관계에서 다른 관계로 빠르게 옮겨갔다. 그래서 메건과의 이혼이 마무리되고 그 후에 가진 또 다른 관계까지 끝나고 나서는 1년 동안 일에 집중하고 두 십대 아들의 양육권을 공유하며 혼자 지내보려 노력하리라 스스로 다짐했다.

메건이 워싱턴 D.C. 오바마 행정부에서 최고기술책임자를 맡으면서(그녀는 마땅히 자격이 있었다) 나는 비행기에서 많은 시간을 보내게 되었다. 샌프란시스코로 돌아오는 야간 비행기에서 나는 드물게 찾아오는 사색의 시간을 가졌고, 내가 직업을 신중하게 선택한 데 비해 개인적인 삶에서는 얼마나 본능적이었는지 생각해보기 시작했다. 나는 테크업계 임원들이 'OKR(목표objective와 핵심 결과key results의 줄임말)'이라 부르는 것의 카라 버전을 만들기로 했다. 그래서 나는 내 여생 동안 지속되었으면 하는 관계에서 내가 원하는 것과 정말로 필요한 것을 목록으로 작성했다(물론 아이폰에 작성했다).

친절함

너그러움

감정적인 소통

타협할 수 있음

직관력

내 자식들에게 친절함

아이들을 좋아함/원함

친구들을 공유할 수 있음

가족을 공유할 수 있음

훌륭한 커리어

지적인 대화가 가능함

대화

여행을 좋아함

유연함

짧은 목록이지만 어려운 요구였다.

얼마 지나지 않아, 친구인 캔디 파이트와 리디아 폴그린이 파티를 주선했다. 캔디가 나한테 딱 맞는다고 생각한 두 명 중 첫 번째 사람을 나와 엮어주려는 것이었다. 두 번째 사람은 만나보지도 못했다. 왜냐하면 어맨다 캐츠를 만난 지 몇 분 만에 그녀가 내 목록에 있는 모든 항목을 가지고 있다는 걸 깨달았기 때문이다. 어맨다는『보스턴글로브』에서 다양한 역할을 맡고 있었고, 지금은 CNN닷컴의 탐사 보도 부서에서 에디터로 일하고 있었다. 하지만 정말로 인상 깊었던 것은 그녀가 파티에 앞서 미리 브루클린의 한 바에서 만나자고 제안했다는 것이다. 어째서?

"미혼인 사람들은 기혼자들을 위한 TV 같아요." 그녀가 말했다.

나는 그 말에 크게 웃었고, 그녀의 재치에 바로 반해버렸다. 재치도 목록에 있었어야 했다. 뿐만 아니라 그녀의 시 전공 석사학위도 이점을 더했다. 섹시하니까. 우리는 금방 진지한 관계가 되었고, 그녀는 자신이 이별을 겪은 후 혼자서 아이를 가지려 하고 있다는 이야기를 했을 때 내가 도망가지 않은 것을 기뻐했다. 그래도 괜찮았냐고? 그걸 말이라고 하는가? 그건 'OKR'이었는걸!

내 인생에서 몇 안 되는 후회 중 가장 큰 것은 한 번밖에 임신하지 않은 것이었다. 나는 많은 아이를 원했지만 서른아홉 살이 되어서야 겨우 루이를 가졌다. 의사들은 그것을 '고령' 임신이라 불렀는데 나는 그 말에 화가 났다. 그렇지만 내가 임신을 좋아하는 만큼이나 출산 이후의 회복은 정말 힘들어했기 때문에 굳이 다시 임신하진 않았다. 나는 두 아들을 낳은 후 딸도 원했다. 무엇보다 다른 사람과 보내는 시간보다 내 아이들과 보내는 시간이 더 좋았고 더 많은 시간을 함께하고 싶었다.

한 인터뷰에서 당시 이런 변화를 어떻게 받아들였는지 질문받았는데, 나는 이렇게 설명했다. "직장에서 나쁜 일이 생기면 나는

'네가 나를 좋아할 필요는 없어. 나한테는 개들이 있어. 아이들도 있어. 그들이 나를 좋아하기만 하면 돼'라고 생각하는 편이에요. 부모 역할을 하는 데 실패하는 건 기분이 안 좋지만, 일에서 뭔가 실패하면 '그럴 수 있지' 하는 거죠. 뭔가가 잘못되면 많은 사람은 '이제 어쩌지?!'라고 생각해요. 나는 '다른 걸 하면 되지'라는 식이고요."

이제는 '다른 것'을 할 때였다(그리고 분명히 말하자면, 아이와 개들은 여전히 나를 좋아한다. 대부분의 날에는).

1년이 지나지 않아 어맨다는 클라라를 낳았고 우리는 팬데믹 와중에 나의 두 아들과 더 가까워지기 위해 함께 워싱턴 D.C.로 이사했다. 2020년 10월, 우리는 야외에서 스몰 웨딩을 했다(마스크와 거리두기가 있는 팬데믹 스타일). 그 모든 혼란 속에서 나는 '조금 더 보태진들 어떠랴'라고 생각했다. 그래서 2021년 초 어맨다는 다시 임신했고 11월에 아들 솔로몬을 얻었다. 또 그녀는 오래전 내 구역이었던 『워싱턴포스트』 오피니언 섹션의 에디터로 취직했다.

테크 분야를 둘러싼 많은 활동이 정치와 규제(또는 규제의 부족) 쪽으로 움직였기 때문에 워싱턴 D.C.로 이사한 것은 실로 행운이었다. 정부 관계자들이 드디어 테크업계를 통제할지도 모른다는 희망 때문에 내게는 정부 관계자들과의 관계를 구축하는 것이 점점 더 중요해졌다. 나는 여러 문제에 대해 많은 경력을 다져왔고, 내 주장을 거듭 펼칠 수 있는 탄탄한 플랫폼을 찾고 싶어 근질거렸다. 이민, 허위 정보, 특히 재임 중인 트럼프 같은 다양한 문제를 둘러싼 테크업계의 묵인을 조명하고 싶었다. 2018년 3월, 나는 텍사스주 오스틴에서 열린 '사우스 바이 사우스웨스트South by Southwest(SXSW)'에 참석해 『뉴욕타임스』의 샘 돌닉(『타임스』의 소유주 중 한 명이자 현재의 부편집장)과 만날 기회가 있었다. 우리의 논의는 주간 칼럼을 써달라는 그의 제안으로 이어졌는데, 그게 바로 내게 꼭 필요한 일이었다.

나의 습격은 폭발적인 굉음처럼 시작되었다. 앞서 언급했던 바와 같이, 주간 칼럼을 시작하자마자 나는 페이스북, 트위터, 구글을 '디지털 무기 거래상'이라 부르며 계속해서 강한 표현으로 트럼프에 의해 뒤틀린 트위터, 디지털 시대에 와서 오래 지속되고 있는 할리우드의 패닉, 인터넷 권리장전의 필요성에 대한 기사를 써나갔고, 중국 공산당의 틱톡 감시 위험에 대한 최초의 기사들 중 하나(나도 틱톡 앱을 좋아하긴 하지만 저가 선불 폰에서 사용한다고 말했다)를 쓰기도 했다. 이것들은 많은 논란을 불러일으켰지만 사람들을 다른 방식으로 생각하게 만드는 논란이었다. 나는 칼럼 작성은 오래 할수록 생각이 얄팍해지고 거드름은 비대해지기 때문에 손해 보는 장사라는 확신을 늘 가지고 있었다. 그래서 진전을 꾀하기 위해 나 자신에게 최장 4년의 시간을 주었다. 그리고 실제로 그 일정에 따라 2022년 『타임스』 일을 그만두었다. 나는 내가 딱 그때까지 전 세계 독자들에게 커가는 테크 분야의 위험과 때로는 일부 즐거움을 주는 요소인 ASMR(Autonomous Sensory Meridian Reaction, 감각적 자극에 대한 반응으로 나타나는 심리적 안정감) 영상들에 대해 경고하면서 효율적이고 열정적인 태도를 유지할 수 있다는 것을 알고 있었다.

동부로 이사하면서 나는 확실히 인터넷 시대에 대해 기록하는 사람이라기보다는 화를 잘 내는 카산드라에 가까워지고 있었다. 『타임스』에 재직한 기간은 코로나19 팬데믹 유행과도 겹쳤는데, 나는 팬데믹이 테크 산업에 크게 도움이 될 거라고 단정했고 한 칼럼을 통해 사회적 거리두기가 커뮤니케이션, 쇼핑, 교육, 직장 등을 둘러싸고 이미 존재하고 있던 디지털화 트렌드를 어떻게 가속화할 것인지 간략하게 설명했다. "권력은 부패하는 경향이 있고, 절대 권력은 절대적으로 부패한다면, 코로나바이러스 위기가 끝났을 때 빅 테크가 휘두를 권력은 어떻게 설명하는 것이 최선일까?" 2020년 5월에 나는 이렇게 썼다. "이건 어떤가. '테크 대기업들은 모든 권력(최소한 정말로 중요해질 모든 권력)을 다 가졌지만 책임은 어떤 것도 결코 짊어지지 않았다.'"

나는 내가 잘 알게 된 테크인들을 진심으로 걱정했고, 그런 이유로 실리콘밸리를 물리적으로 떠나게 되었다. 여러 해 동안 나는 테크업계 신들의 뒷마당에 서 있었다. 나는 셰릴 샌드버그의 거실에서 이베이 CEO 맥 휘트먼과 동성 결혼 반대 발의안 8호를 두고 논쟁을 벌였다. 신흥 테크 재벌들이 단지 존 도어의 넥타이를 자르기 위해 경매에서 1만2000달러를 부르고 심지어 메리 미커를 수영장에 빠뜨리는 데는 그보다 더 많은 금액을 불렀다는 이야기를 듣고 놀라기도 했다. 호화로운 호텔 로비에서 마크 큐번과 함께 닷컴 버블의 절정이 2000년 7월이었다고 말하는 동안 작은 스타트업이 비용을 지불한 불꽃놀이 쇼가 서던캘리포니아의 해변 위로 펼쳐지는 것을 구경하기도 했다.

　그게 일이었지만, 한곳에 너무 오래 발을 담그다보면 언제나 대가가 따른다. 테크인들의 최선의 이익에 대체로 부합하지 않는 많은 특종 기사와 터프한 리포터라는 명성(맞는 말이었다)에도 불구하고 나는 내가 너무 그곳의 인간이 되어버렸다는 걸 깨달았다. 그 점은 2014년 벤저민 월리스가 작성한 "카라 스위셔는 실리콘밸리가 가장 두려워하면서도 가장 좋아하는 저널리스트다. 그것이 어떻게 가능한가?"라는 이상한 제목의 『뉴욕』 인물 기사에서 분명하게 지적되었다.

　그런 설명은 제아무리 똑똑하게 병치해놓아도 내게 들러붙어 골칫거리가 되었다. 그러나 월리스가 말한 한 가지가 내 머릿속에 남았다. "실리콘밸리에서 스위셔가 하는 역할에 대해 가장 궁금한 것은 그녀의 인맥과 콘퍼런스가 그녀를 위태롭게 만드는지 여부가 아니다. (그녀와 구글의 갈등에 대해 불평하는 걸 넘어 그녀의 라이벌들조차 그녀가 중간에 그만둔 대형 기사를 집어낼 수 없고, 그녀는 다른 누구보다 많은 대형 기사를 터뜨렸다.) 궁금한 것은 어떻게 그녀가 실리콘밸리의 왕족들에 대해 종종 신랄하기까지 한 글을 쓰면서 스스로 실리콘밸리의 왕족 자리에 올랐는가 하는 점이다."

　그가 딱 맞혔다. 내가 그들이 된 것은 아니지만 그 환경의 일부가 되어 있었고, 그 방식이 슬슬 불편하게 느껴지기 시작했다. 나는 이따금 중요한 문제를 포착하는 카메라였지만, 그 사진들이 실제로 보여주는 것을 사람들에게 설명하기 위해 얻은 모든 지식은 이미 너무 오래된 것이었다. 그리고 내가 딱히 그들의 대변자는 아니지만, 실제로 내 역할이 진작부터 바뀔 필요가 있다고 느끼기는 했다. 나는 그해 SXSW 패널들에게 그렇게 말했는데, 기사에는 "우리의 새로운 시도에 대해 생각해볼수록 어느 시점에서는 우리가 사람들을 더 많이 화나게 만들어야 할 것 같아요. 그런 생각을 많이 합니다. 가끔은 사람들을 보면서 '조만간 내가 널 엿 먹일 거야'라고 생각해요. 정말 그래요. 그런 생각을 많이 해요…… 모든 게 조금 더 힘들어질 필요가 있을 거예요"라고 인용되었다.

완벽한 아내 목록을 작성했던 것처럼 나는 내가 향하고 싶은 곳을 드러내고 있었다. 심지어 이런 의도를 몸에 새겨 양 손목에 아이들 이름 앞 글자가 들어간 하트 문신 바로 아래에 문신 두 개가 추가되었다. 기본적인 아이디어를 엔트로피와 신트로피를 상징하는 기호로 압축했는데, 이는 바깥으로 향하는 화살표와 안으로 향하는 화살표가 있어서 기본적으로 혼돈과 질서를 나타내는 문양이었다. 나는 지금껏 혼돈(움직여 부순 것!)을 취재해왔고, 이제는 테크업계 권력자들이 부순 것을 다시 정리하기 위해 무엇을 할 것인가를 알고 싶었다.

1990년대에 신생 분야를 취재하기 시작했을 때, 나는 세상을 변화시키고, 수 세기 동안 우리를 괴롭혀온 문제들을 해결하며, 우리의 모든 차이점을 넘어 마침내 공통점을 찾게 해주는 기술의 능력을 진심으로 믿었다. 디지털화될 수 있는 모든 것이 디지털화될 것이라는 내 믿음은 현실이 되었다. 다른 사람들이 조롱했던 인터넷은 기적이나 다름없었다. 그러나 결과적으로 재앙이기도 했다.

끔찍한 상황은 인터넷 시대가 시작되고 25년 동안 사람들을 보호하기 위한 법안을 단 하나도 통과시키지 못한 선출직 관료들 때문에 더 악화되었다. 우리가 소중히 여기는 민주적 제도가 디지털 비즈니스가 초래한 이 모든 일, 즉 개인 정보 보호의 부재, 개정된 반독점법의 부재, 알고리즘 투명성 요구의 부재, 중독 및 정신적 영향에 대한 집중적인 연구 부재에 직면하면서 무너졌다. 이런 분야를 관리하는 중요한 지침이 없다는 것을 생각하면 숨이 막힌다. 아무리 결함 있는 법일지라도 모든 것에는 법이 있다. 테크 기업에 대한 법만 빼고.

그러나 예민한 테크인들(너무 많은 사람이 이상하리만치 미디어에 집착하면서 정당한 비판에는 저항한다)의 말을 들어서는 그 사실을 절대 알 수 없을 것이다. 그들은 신문과 잡지가 얼마나 시대에 동떨어져 있다고 생각하는지 이야기하는 것을 멈추지 않는다. 그리고 정기적으로 받던 아첨(때로는 여전히 한다)이 끝나자 저널리스트들을 거치지 않으려 했다. 미디어가 복잡하고 때때로 실패한다는 것은 사실이다. 또한 블록버스터 영화나 TV 방송 히트작이 아니라면 더 이상 특별히 수익성은 높지 않고, 그마저 스트리밍 같은 디지털 기술로 인한 경제적 타격을 받는다. 하지만 지금 미디어에 취미 삼아 손대고 있는 대부분의 테크인은 자신이 한 분야에 탁월하기 때문에 다른 모든 분야에도 정통하다고 생각하는 건방진 아마추어다. 실제로는 자신의 편협한 사리사욕 이상의 다른 어떤 통찰이나 이해를 제공하지도 못한다. 자신이 담론의 가치를 떨어뜨리고 있다는 걸 반성하지도 않고 전문 지식도 없이 큰소리로 떠들기만 하는 일부 벤처 투자자가 코로나19나 우크라이나, 2023년 가을 이스라엘에서 전개된 비극에 대해 어떻게 생각하는지 우리가 과연 알고 싶을까? 앉아보시게, 젊은이들.

불행히도 내가 이렇게 단순한 사실을 크고 분명하게 표현하기 시작한 탓에 이제는 나를 테크 혐오자라고 생각하는 사람이 많다. 한 사람은 최근에 나를 두고 이 분야에서 가장 '독설에 찬 목소리'라고 말하기도 했다. 다른 사람들은 감사해야 마땅한 이 굉장한 실리콘밸리의 혁신에 대해 내가 지나치게 부정적일 수 있다고 생각한다. 어떤 사람들에게 나는 '실망감을 주는 존재'다. 심지어 몇몇 사람은 나를 새로운 디지털 세계 질서의 적으로 보기도 한다. 2023년 '코드'에서 내가 요엘 로스를 인터뷰한 후, 머스크가 그는 '순수 악'이고 내 마음은 '증오로 들끓고 있다'고 트윗했다(참고 사항: 로스가 트위터를 그만둔 후 머스크는 그가 소아성애를 부추기고 있다며 부당하게 몰아갔다. 이로 인해 로스는 살해 위협을 받았고, 신상이 털린 후에는 집까지 팔아야 했다).

그리고 말해두자면, 내 마음은 그 무엇으로도 들끓고 있지 않다. 특히나 60세 생일 이후에 뇌졸중을 일으켰던 작은 구멍이 드디어 막혔기 때문에 그럴 공간도 없다. 이전에는 심장 절개 수술을 필요로 하던 것이 20분짜리 수술이 되었기 때문에 나는 확실히 다른 사람들보다 테크 분야의 혁신을 더 사랑한다. 그럼에도 머스크와 그의 충실한 지지자 다수는 끈질기게 나를 혐오자라며 모함했다. 그건 그저 터무니없는 소리다. 내가 혐오하는 것은 끈질기게 지속되는 유치한 행동과 그것이 야기하는 고통에 대한 무관심이며, 이러한 특성에는 흔히 이상한 개인적 불만과 깊게 자리한 불안감이 섞여 있다. 이들은 자신이 초래한 피해를 묵살하기 위한 구실을 찾는 성인 남성들이다.

그러면 왜 그들이 나(와 다른 많은 사람) 같은 이들을 공격하는지 그 이유를 이해하는 건 어렵지 않다. 추측건대 그들은 나를 자신들과 동류라고 생각했던 것이다. 실제로 내가 그들의 동류였던 적은 결코 없다. 내가 거기 있었던 건 그들을 취재하기 위해서였다. 내 일은 발명품으로 인한 결과를 예측하는 게 얼마나 중요한지 지적하는 것이었고, 안전과 혁신이 상충될 필요는 없다는 걸 논증하는 일이었으며, 이 모든 온라인상의 분노가 현실세계에 영향을 끼칠 수 있음을 알리는 것이었다. 그리고 그중에서 최악은 세상에서 가장 많은 부와 권력을 가진 일부 사람이 규칙에 구애받지 않는 전문적인 트롤이 되어 애어른의 유독한 행동들로 사회 담론을 약화시킬 수 있다는 것을 사실로 받아들이는 일이었다(실제로 어린 내 자녀들의 행실이 더 낫다. 솔로몬은 가끔 예외지만, 그는 고작 두 살이다). 그리고 더 있다. 나는 권력이 동질적인 사람들로 구성된 소규모 집단에 지나치게 집중되었고 돈이 일상적으로 그들을 타락시켜왔다고 언급했다.

그런 과실을 저지른 이들이 남을 비판할 수 있는 건 확실하니 스스로도 그것을 받아들일 수 있어야 한다. 내가 비판의 대상이 될 수도 있지만 확실히 사적인 문제는 아니다.

사실 아주 조금은 사적인 문제이기도 하다. 대학에 다니고 있는 두 아이는 우스꽝스러우면서도 굉장히 심각한 정보가 매일 24시간 넘치는 탓에 세상이 얼마나 낙담스럽게 보일 수 있는지 이야기한다. 그런 정보는 극복할 수 없을 것 같은 문제들과 해결할 수 없을 것 같은 원한을 만든다. 더 디지털화되고 감시가 만연하며 데이터가 궁극적인 권력이 되는 세상으로 나아가고 있기 때문에 이 모든 문제가 어디를 향하고 있는지에 대한 아이들의 걱정을 부정하기는 어렵다. 그로 인해 가장 크게 영향을 받는 건 바로 젊은 사람들이다.

이것이 바로 내가 그들에게, 그리고 내 말에 귀를 기울여줄 다른 모두에게 우리가 통제권을 되찾는 것이 그 어느 때보다 더 시급하다고 말하는 이유다. 다음에 어떤 일이 일어날지는 우리가 지금 내리는 선택에 달려 있기 때문이다. 이미 너무 많은 것을 쓰러뜨린 기술의 해일이 계속되는 것은 나 같은 사람들에게 별로 중요하지 않다. 우리는 다가오는 일의 무게를 견뎌낼 사람도, 가장 영향을 받을 사람도 아니기 때문이다. 내가 가장 걱정하는 일은 인터넷의 이 모든 편리함 앞에서 무관심한 것이다. 사회에 참여하기 위해 꼭 필요한 동시에 갈수록 중독적인 디지털의 홍수는 누구든 행동하기 더 어렵게 만든다. 이에 맞서 싸우는 데 투입되는 에너지가 너무 적다는 것이 가슴 아프다. 그러나 앨런 긴즈버그가 굉장히 설득력 있게 이런 말을 했다. "이제는 모든 사람이 상심해서 당신이 상심하는 것은 대단치 않다."

이러한 상심에도 불구하고 우리는 반드시 행동해야 한다. 그리고 반드시 긍정적인 영향을 끼칠 잠재력을 향해 기술을 빠르게 밀고 나가야 한다. 디지털은 마치 물처럼 모든 것이고 어디에나 있으며, 이것을 막을 댐이 없는 상태에서 흐르고 있다. 더욱이 우리가 캄브리아기 대폭발 같은 것과 함께 이번에는 생성형 인공지능을 중심으로 하는 테크기로 이동하면서 기술은 점점 더 강력해져 이전보다 훨씬 뛰어난 능력을 갖게 되었다. 그 기술은 머신러닝이라고 불리며 실제로 꽤 오랫동안 존재해왔다. 내가 지금 인터뷰하는 모든 사람 중에서 자신이 무슨 말을 하고 있는지 아는 이들은 우리가 선과 악의 중요한 변곡점에 와 있다는 데 동의한다.

그러면 앞으로 짧은 시간과 저렴한 가격으로 암을 치료할 신약을 발견하는 데 머신러닝이 이용될까? 오랫동안 실질적인 건강 정보에 접근이 허락되지 않았던 사람들에게 그 정보를 전해주는 데 AI가 이용될까? 전 세계 교육을 강화하기 위해 그 기술에 의지하게 될까? 동의하지 않는 것보다 동의하는 것에 유권자들을 모아 정치적 토론을 오염시키는 소란과 악의적인 사람들을 쫓아내는 소셜미디어를 설계하게 될까? 소수보다 다수에게 권력을 분산시키도록 우리가 미래 기술을 지휘하게 될까? 기후위기를 해결할 새로운 방법을 찾는 데 머신러닝에 의지하게 될까? '킬러 로봇'을 금지하게 될까? 착한 로봇들을 결합시키게 될까?

앞으로 다가올 더더 강력한 AI 기술로는 이 모든 것이 가능하고, 그렇기 때문에 나는 현재 디지털화된 모든 정보가 실제로는 우리 자신, 즉 테크 기업들이 인간의 의도뿐만 아니라 우리의 희망, 꿈, 지식, 무엇보다 세상을 향해 던진 우리 질문에 대한 데이터베이스를 수집해왔다는 사실을 깨닫게 하는 데 전념하는 것이다. 사실 처음부터 우리가 인터넷을 얻기 위해 지불한 대가인데 그로부터 이익을 보는 건 주로 테크 기업들이다. 그 데이터는 우리가 정당하게 소유하고, 인류의 가치를 낮추고 없애는 게 아니라 인류를 더 향상시키는 데 사용할 수 있는 우리 것이다. 충분히 주의를 기울이지 않는 사람들이 집을 태우도록 놔두기보다는 그것을 이용해 집을 따뜻하게 하는 게 어떨까? 조르주 상드는 이렇게 말했다. "이제 선동의 횃불이 아닌 등불을 들 때다."

그러면 이런 질문이 떠오른다. "AI가 우릴 죽일 것인가?"

지금 당장은 AI 자체가 아니라 착한 사람들보다 AI를 잘 활용할 나쁜 사람들이 더 두렵다고만 대답할 수 있을 것 같다. 이 질문은 우리 모두로 하여금 무엇을 만들 것인지에 대해 신중하게 생각하도록 만든다. 앞으로 무엇이 올지 상상하기 어렵기 때문에 내가 체득한 노하우를 혁신가들에게 알려주자면 이렇다. 당신의 발명품이 「블랙 미러」*에 나오는 모습을 상상할 수 있다면, 그럼 만들지 마라……. 단, 레즈비언들이 만날 수 있는 시뮬레이션 시스템은 예외다. 왜냐하면 시즌3 네 번째 에피소드 '샌 주니페로'(꼭 봐라!)는 환상적이었으니까.

하지만 다시 죽음 이야기로 돌아와, AI의 새로운 학습 반복 iteration이 결국에는 자기 인식으로 이어져온 인류를 몰살하게 될까? 그게 논리적인 일이니까? 이렇게 말하게 되어 유감이지만 짧게 대답하면 '그렇다'이다. '아니오'일 수도 있다. 어쩌면, 아마도. 농담은 그만하기로 하고, 내가 2023년 가을에 AI에 대해 쓴 모든

---

*   미디어와 과학 기술 발전의 부정적인 결과를 그리는 SF 앤솔러지 드라마.

글은 AI가 발전함에 따라 모든 관계 당사자와 지속적으로 논의해야 한다고 했던 글을 제외하고는 2024년 봄에 이미 무관한 글들이 될 것이다(내가 10년째 하고 있는 일이다). 사실 일론 머스크는 나한테 고급 머신러닝의 결과를 처음으로 경고하고 처음으로 우려를 드러냈던 사람이다.

머스크는 우리가 했던 모든 인터뷰에서 AI를 언급했는데, AI가 가진 잠재력에 대한 열정 때문이기도 했지만 그것의 위험성을 해결하고 싶었기 때문이다. 그가 스스로 오픈AI의 초기 투자자라고 말했던 이유이기도 하다. 오픈AI는 2023년에 획기적인 챗GPT를 내놓았다. 그는 우리가 빠르게 발전하는 기술을 따라잡아 우리를 감싸고 제한하는 '고기'를 보조하는 데 뇌 내장 기술을 활용해야 한다고 생각했다.

한 토론에서 머스크는 막 지구를 방문한 비트와 바이트로 이루어진 컴퓨터 기반 외계인 한 쌍에 대한 이야기인 테리 비슨의 라디오극「그들은 고기로 이루어졌다They're Made Out of Meat」를 인용했다. "이 생명체들은 이 구역에서 유일하게 지각이 있는 종족이고 고기로 이루어져 있다." 한 외계인이 근육으로 결합되고 피부에 싸여 있는 우리 내장이 하나의 기계를 이룰 수 있다는 데 놀라며 다른 외계인에게 말했다. 머스크가 매력적인 장난꾸러기 모드에 있었을 때는(예전에는 자주 그런 모드에 있었다) 사람들의 입술을 "파닥 고기", 목을 "고기 튜브"라고 부르기 시작했다. 그의 핵심 요점은 다가오는 인공지능 혁명에 맞출 필요가 있다는 것이었다. 그가 생각한 해결책은 뇌의 수행 능력을 개선하기 위해 업그레이드 가능한 칩 임플란트를 만드는 뉴럴링크라는 이상한 회사를 시작하는 것이었다. 그것은 흥미롭지만 실증되지 않은 방법이고, 실험동물의 취급을 둘러싼 충격적인 보도를 포함해 여러 이유로 논란이 많다. 머스크는 이러한 개선이 인간의 잠재력을 열어줄 수 있다고 주장해왔고, 개미탑을 뭉개고 굴러가는 고속도로 건설 기계처럼 AI가 결국 우리를 갈아엎을 것이기 때문에 우리는 빠르게 움직여야 한다고 생각한다. 그것은 적절한 은유였고, 나는 스웨이 팟캐스트에서 더 자세히 이야기해달라고 요청했다. "나는 그저 AI가 우리를 파괴하는 데는 증오가 필요치 않다는 걸 개미탑 비유를 통해 지적했을 뿐이에요. 어떤 의미에서, AI가 특정한 방향으로 갈 필요가 있다고 판단하면 악감정 없이 그냥 우리를 밟고 지나갈 거란 말이죠. 우리도 길을 막고 있는 개미탑을 그냥 밟고 지나가지만 개미를 증오하는 건 아니고 도로를 만들고 있을 뿐이잖아요. 이건 위험이지, 예측이 아니에요. 그러니까 지능이 특별하게 인간에게만 국한된 게 아니라고 생각할 필요가 있다고 봐요. 그리고 컴퓨터 지능의 잠재력은 생물학보다 훨씬 큽니다. 정말 훨씬 커요."

머스크는 그때도 옳았고, 지금도 옳다. 그 주장은 오픈AI의 CEO 샘 올트먼도 강조했는데, 그는 지배권과 방향 문제를 두고 회사의 미래에 대해 머스크와 다투었다. 그 다툼에는 자꾸만 액수가 늘어나는 마이크로소프트의 투자를 받아들이는 것도 포함되었다. 머스크와 오픈AI는 각자의 길을 갔지만 그는 공격을 계속했다. 특히 회사가 2023년에 100억 달러의 투자를 받고, 비영리 조직이 관리하는 '이익 제한capped profit' 회사를 만들었을 때도 그랬다. 챗GPT를 확대하는 데 드는 컴퓨팅 비용은 엄청났기 때문에 그럴 수밖에 없었겠지만 머스크는 그것을 "깨어 있다woke"고 모욕*한 뒤 자신의 AI 회사를 발표했다. 아, 아이러니여.

그의 요지가 이해되기는 하지만 확실히 머스크(낮은 기준!)보다는 올트먼에게 신뢰가 간다. 나는 2005년에 그 젊은 기업가를 만난 이후 그를 알게 되면서 좋아했다. 그는 당시에 겨우 열아홉 살이었고, 소셜 네트워킹 위치 앱인 루프트의 공동 창업자였다. 루프트는 나중에 매각되기 전까지 3000만 달러의 벤처 자금을 조달했다. 그는 인기 스타트업 액셀러레이터 와이콤비네이터를 경영하는 것을 포함해 다른 시도들을 했다. 그 기간에 나는 초기 인터넷 선구자들은 전혀 언급하지 않았던 AI의 부정적인 측면에 대해 올트먼과 이야기 나누는 데 많은 시간을 보냈다. 그 인터넷 선구자들과 마찬가지로 올트먼은 종종 지나치게 낙관적이었고, 2023년 인터뷰에서는 AI가 "우리가 아직 완전히 상상할 수 없는 방식으로 인류를 향상시킬 것이고, 우리의 자녀, 손주들은 이 시대 누구보다 더 나은 삶을 살게 될 겁니다. 그리고 우리는 근본적으로 개선된 세상에서 살게 될 거예요. 우리는 더 건강하고, 더 흥미롭고, 더 충만한 삶을 살게 될 것이며, 물질적 풍요를 얻을 겁니

---

*   woke는 불평등, 인종차별, 성차별 등에 대해 깨어 있는 태도를 지칭하는 단어인데, 머스크는 이런 사람들을 조롱하는 의미로 그 단어를 자기에게 갖다 붙였다.

다"라고 말했다.

나는 올트먼의 말이 그가 겨우 열두 살이던 25년 전에 내가 만났던 초기 인터넷 사람들의 말과 놀라울 정도로 비슷하다는 점을 언급했다. 나는 결국 그가 "우리는 진정으로 이해하지 못하는 것을 가지고 노는 중"임을 인정하게 만들었다. 다행히 그는 공개적으로 이런 메시지를 더 적극적으로 수용했지만, 이 분야가 여전히 유의미한 규제에 저항하고 있기 때문에 일부 사람은 이런 노력을 불신하고 있다.

업계의 저항은 2023년 11월에 올트먼이 '솔직하지' 않다는 불특정한 이유로 오픈AI의 비영리 조직의 이사회에 의해 갑작스럽게 해고되면서 극명하게 드러났다. 본질적으로 그들은 올트먼을 거짓말쟁이라 부르면서 그것이 의미하는 바는 전혀 설명하지 않고 있었다. AI 가속화를 지지하는 사람들과 감속화를 지지하는 사람들 간의 기술 성전聖戰을 둘러싸고 많은 소음이 일어나는 동안, 이사회는 일부 사람이 떠나면서 너무 작아져버렸고 단순히 올트먼을 저지하려고 시도했다가 실패한 AI 비관주의자들이 지배하고 있었다. 올트먼은 주말 사이에 일어난 온갖 우여곡절을 겪지 않은 채, 회사의 주요 투자자인 마이크로소프트와 이사회의 조치 때문에 퇴사하겠다고 위협하는 회사 직원 대부분의 지지 덕분에 빠르게 자신의 자리로 복귀했다. 이로써 최초의 1차 AI 파워 대결이 끝났고, 이제 구글, 아마존 그리고 당연히 일론 머스크 같은 수많은 플레이어가 패권을 두고 다투며 이 분야를 지배하기 위한 실질적인 경쟁이 시작되었다. 누가 승리할지 지켜보게 될 테지만,

나는 기계가 자의식을 가지고 인류를 말살하는 일은 없을 거라고 장담할 수 있다. 아직은 말이다. 그리고 혹시 그런 일이 벌어진다면 그건 적이 실제로, 그리고 언제나 우리이기 때문일 것이다.

나는 기술윤리학자이자 인도적기술센터Center for Humane Technology의 공동 설립자 겸 전무이사인 트리스탄 해리스의 태도를 더 선호하는 편이다. 전 구글 디자인 윤리학자(그렇다, 그런 직무가 있다)인 해리스는 이후 그 경험을 활용해 처음에는 소셜미디어, 현재는 AI 기술의 위험성을 대중에게 경고했다. 그는 2023년 인터뷰에서 내게 그 풍경을 명료하게 설명해주었다.

내가 생각하기에 사람들이 착륙하고 있는 장소에는 우리가 '전前 비극'이라 부르는 것이 포함됩니다. '전 비극'은 어떤 사람이 기후 문제든 우리가 직면하고 있는 AI 문제든 부정적인 측면을 가진 소셜미디어든 비극을 실제로 보는 걸 원치 않는 경우를 말해요. 우리는 비극을 입으로 발설하고 싶어하지 않기 때문에 순진한 낙관주의에 머무릅니다. '전 비극'적인 사람은 인류가 언제나 해낸다고 믿어요. 그러다 그 사람은 비극을 바라보고 꼼짝 못 하게 되지요. 비극이 일어나면 사람들은 우울해지거나 허무주의자가 되고 맙니다.

해리스는 또 다른 길을 정확하게 보고 있다.

우리가 '후後 비극'이라 부르는 세 번째 장소가 있습니다. 우리가 직면하고 있는 일부 현실을 실제로 받아들이고 슬퍼하는 경우죠. 영혼의 어두운 밤을 통과해 그 현실과 함께 있어야 합니다. 그래야 우리가 다루고 있는 문제의 실제 크기를 받아들이고 그것을 해결하는 데 무엇이 필요할지에 대해 솔직해질 수 있습니다.

나는 더 많은 테크업계 사람이 '후 비극' 자세를 수용하길 바란다. 대부분의 기업가가 '전 비극'에 있으면서 완전히 망상에 빠질 지경으로 자기 자신을 열정적으로 믿고 있기 때문에 '후 비극'을 수용하는 것은 출발점이 될 것이다. 그 믿음은 필수적인 동시에 치명적인 실리콘밸리 정신의 일부이고, 그들은 성공하기 위해서 모든 것이 제대로 되어 있으며 제품에는 아무런 문제가 없다고 말해야 한다고 생각한다. 혁신적인 저널리즘 비즈니스를 다수 꾸려온 사람으로서 이해는 하지만, 그것은 우리 모두에게 잦은 위험을 초래하는 완고한 태도이기도 하다.

특히 제품에 심각한 문제가 있으면 당연히 더 그렇다. 나는 증강 현실에 있어 첫 번째 주요 제품이라 할 수 있는 구글 글래스의 론칭 파티에서 얻은 그 교훈을 결코 잊지 않을 것이다. 그 회사는 나를 거대한 왕새우가 높이 쌓인 뷔페 테이블과 함께 리버보트에 태우고 샌프란시스코만으로 항해했다. 배에 타고 있는 모든 구글 직원이(그러니까 나는 제외) "헬로 글래스"라는 문구와 함께 활성화되어 있는 구글 글래스 스마트 안경을 받았다. 문제는 누군가 자신의 구글 글래스를 깨우려고 하면 의도찮게 목소리가 들릴 만한 거리에 있는 모든 사람의 구글 글래스를 깨웠다는 것이다. 그

탓에 끊김 없는 인간 상호작용이 불가능해진 터라 나는 산처럼 쌓인 왕새우 앞에 앉아 혼자서 '이걸로 끝이군' 하고 생각했다. 그리고 '갑각류 맛이 좋네!'라고도. 사람들 말처럼 그것은 한순간이었다. 왜냐하면 이 테크인들이 아무런 자각 없이 하고 있는 일은 완전히 디스토피아적이었고, 그들은 스스로 그런 일을 하고 있다는 사실을 모르고 있었기 때문이다.

이런 실패들을 지적하는 것은 내 명함으로 남았고, 내가 똑똑한 사람들에게 더 똑똑하게 생각하라고 말하는 것이 때로 무례해 보인다는 것을 나도 알고 있다. 나는 사과를 많이 하는 사람이 아니고, 사과할 필요가 없게 행동하려 노력한다. 이것이 아마 지난 수년 동안 내 성공을 구별 짓는 특징 중 하나였을 것이다. 다른 특징들로는 불쾌함, 까탈스러움, 거짓말 혐오, 헛소리를 하는 사람이 어떤 권력을 가졌든 상관없이 지적하는 성향이 있다. 사실, 특히 대단한 권력을 가진 사람일 때 더 지적한다. 이것은 가장 흔하게 '권력에 맞서 진실을 말한다'고 일컬어지고, 미국 같은 민주 국가에서는 훨씬 더 하기 쉬운 일이다. 다른 많은 사람은 이런 독특한 특권을 가지고 있지 않다. 따라서 만약 가능하다면 그 특권을 이용할 것을 강력하게 추천한다. 목소리를 내는 일은 위험할 수 있지만, 거기에는 정신적, 때로는 금전적 보상이 따른다. 적어도 내게는 그랬다. 나는 기본적으로 남들과는 다른 커리어를 쌓았는데, 거의 아무도 믿지 않는 '신생 산업'을 취재하려고 『워싱턴포스트』의 정치 전담 출입을 포기했을 때 그렇게 되었다.

이 여정은 러브스토리로 시작되었고, 많은 실망에도 불구하고 여전히 러브스토리로 남아 있다. 나는 여전히 기술을 사랑하고, 기술로 살아 숨 쉰다. 내가 이 책에서 이야기한 모든 것을 듣고도 이 말이 순진하게 들린다면, 이해한다. 하지만 분열, 무규칙, 절규, 환원주의적 특성, 분노, 시간 낭비, 폭동에도 불구하고 테크 분야는 여전히 광활한 약속의 캔버스로 남아 있다. 그리고 고양이 영상들도 여전히 좋다.

적어도 이제 우리는 문제를 알고 있다. 이것이 바로 내가 점점 여기에 공감할 수 있는 업계의 '어른들'에 초점을 맞추는 이유다. 내가 운영하고 진행했던 2022년 마지막 '코드' 무대에 초대한 사람들도 거기에 포함되었다. '코드'의 시작과 끝을 매듭짓는다는 의미에서 최초의 게스트였던 스티브 잡스를 회상하며 콘퍼런스를 마무리하고 싶었다. 나는 남편과 사별한 아내 로린 파월 잡스, 유명 디자이너 조니 아이브, 애플 CEO 팀 쿡과 앉아 스티브의 유산에 대해 논했다.

로린은 스티브가 살아 있었다면 어땠을지 이야기했다. "그는 정치 분위기에 굉장히 실망했을 거예요…… 쉽게 자주 거리낌 없이 말했겠죠." 쿡은 "이렇게 앉아서 '스티브가 무엇을 했을지' 이야기하면 안 돼요. 그 사람이 그러지 말라고 했잖아요"라고 언급했다. 그리고 아이브는 "창작 과정에 대한 잡스의 이해와 숭배가 비범"했다는 점을 사람들에게 상기시켰다.

아니, 스티브 잡스는 결코 완벽하지 않았다. 내가 환기하려고 했던 것은 리더들이 더 나은 선택을 했던(혹은 적어도 그러려고 노력했던) 시절이다. 그런 이유로 나는 우리에게 다르게 선택할, 말하자면 재도전할 기회가 아직 있다고 생각한다. 이 말이 회피처럼 들린다고 해도 상관없다. 하지만 그것이 우리의 거의 유일한 희망이다. 나는 이 모든 것이 어디를 향하고 있는지 전혀 모른다. 빈 칸 채우기 식의 미래에 대한 내 생각은 대부분 그저 추측에 불과할 것이다. 스트리밍? 많은 개척자가 새로운 길 위에서 죽을지언정 생활의 일부이자 필수품이다. 자율주행차? 나는 그것을 좋아한다. 운전석에서 인간을 몰아내지 않을 거라면 더 많이 만들지는 재고해봐야 하지만, 20년 동안 모든 자율주행차가 테스트를 거쳐 진정 유용한 단계에 도달하는 중이다. 일자리? 정보 산업 전반에 걸쳐 방대한 양의 직업들이 사라질 테지만 대신 인간이 창의적인 일에 집중할 수 있는 길이 열릴 것이다. 장수? 우리는 모두 더 오래, 더 나은 삶을 살 것이고, 래리 엘리슨이 애쓰고 있다(이런 기술에 크게 투자해왔다).

　모든 것이 유동적이므로 나는 이런 추측을 계속할 수 있고 할 테지만, 테크업계의 방향은 누가 결정을 내리는가에 달려 있다고 확신한다. 결정권이 계속 물정 모르는 소수의 테크업계 억만장자 집단에 남아 있는다면, 나는 우려스럽다고 말할 것이다. 기꺼이 경청하고 타협할 다양한 목소리를 가진 집단에게 돌아간다면, 나는 더 낙관할 것이다. '파닥 고기'(입술)를 가지고 있는 우리에게 내가 줄 수 있는 유일한 확신은 비록 디지털상의 존재가 오랜 세월 지속되더라도 어느 시점엔가 모든 사람의 아날로그적 삶은 언젠가 끝나리라는 점이다. 당연히 이것은 너무나 갑작스러운 아버지의 죽음을 봤던 어린 시절에 얻은 가장 중요한 교훈이었다. 아버지는 자신이 성공을 향해 가고 있다고 생각하다가 어느 날 쓰러져버렸다. 그리고 그 일은 이후 내가 해온 모든 일에 영향을 끼쳤다. 즉, 내게는 놀고 있을 시간이 없다. 당신에게도 없다. 누구에게도 없다.

시간을 아끼려고, 나는 챗GPT에게 이 책을 어떻게 끝맺을지 묻는 바보 같은 행동을 떠올렸다. 내가 쓴 프롬프트는 "인터넷을 취재하는 리포터로서 카라 스위셔의 인생에 대해 그녀 스타일로 회고록 결론을 작성하라"였다. 약 5초 후 챗GPT가 뱉어낸 말은 당신이 정확히 예상하는 그대로였다. 지나치게 달콤하고 환원적이고 괴로울 정도로 온건했다. 그래서 나는 덜 명랑하게 다시 써달라고 요청했고, AI는 이것을 모욕적으로 받아들이지 않았다. 이번에도 5초가 걸렸고 이전보다 조금 나아졌지만 그래도 여전히 끔찍했다. 그 일부를 아래에 옮긴다.

제목: "인터넷 회상록: 디지털 시대의 흐름을 탐색하다"
내 인생의 태피스트리에는 기술의 실 가닥들로 엮은 밝은 이야기와 어두운 이야기가 있다. 기회와 복잡성이 무궁무진하게 펼쳐진 광활한 인터넷은 나의 캔버스이자 소재, 나의 도전이었다.
"인터넷 회상록"에서 나는 디지털 시대의 오름세를 기록하려 했을 뿐만 아니라 그 복잡성을 해결하려고 고심했다. 나는 연결성의 시작부터 현재 디지털 기술의 최고조에 이르기까지 인간 독창성의 힘과 그것이 잘못된 방향으로 나아갈 가능성을 목격했다.

맙소사, 유감스럽게도 그것은 확실히 내가 지금까지 쓴 이 책이 아니었다. 이쯤에서 끊은 걸 다행으로 알라. 하지만 지난 25년을 지켜보며 내가 확신할 수 있게 된 것은 시간이 지나면서 나 자신의 많은 부분이 악화되어가는 순간에도 AI는 점점 더 나아질 거라는 점이다. 그래도 이 화창한 가을날, 결점 많고 느리고 아날로그 육체를 가진 나는 작고 약간 고장 난 내 뇌를 이용해 조금 더 나은 일을 하려고 노력할 것이다.

상상해보라. 집에 있는 내 책상에서 뒷마당이 내려다보이고, 식물들이 말라가는 걸 보니 추운 날씨가 오고 있는 게 분명하다. 그럼에도 봄에 큰 기대 없이 화분에 아무렇게나 채워둔 흙 위에서 밝은 주황색 국화들이 앞다투어 피고 있다. 이제 그 꽃들은 화분을 완전히 뒤덮고 있고, 이상하게도 나는 그 꽃의 의기양양한 자신감과 확연한 불굴의 의지로부터 용기를 얻는다. 나는 최근에 정원을 더 가꾸기 시작했다. 비록 잘하지는 못하지만, 고령에 아이를 더 갖기로 결심한 사람들이 조용히 찾을 수 있는 일이 정원 가꾸기이기 때문이다. 그리고 나는 비유를 좋아하는데, 정원 가꾸기가 가끔 즉각적으로 이해하기 어려운 방식으로 디지털 세상과 물리적 세상을 완벽하게 압축해 표현하기 때문이다.

마크 트레디닉이 시 「모여든 거리」에서 이것을 잘 표현했다. 그는 이렇게 썼다.

정원은 결코 끝나지 않는다, 그리고 당신도 그렇다
나는 생각한다, 다시 정원이 되어라,

그리고 정원처럼, 절대 멈추지 마라

　이것은 우리가 다음 단계로 나아가고 또 그다음 단계로 나아갈 때 도움이 될 조언이다. 인생은 다음 일들의 연속이므로 그에 대비하는 게 현명할 것이다. 그것이 내가 커다란 희망을 갖고 이렇게 말하는 이유다. 나는 이제 당신만의 수단에 당신을 맡기겠다. 여기서 수단이란 나의 오랜 절친인 아이폰 그리고 에어팟, 에어팟 맥스, 애플 워치, 아이패드 같은 디바이스를 말하는 것이다. 장난이고, 당연히 나처럼 되진 마라.

　하지만 부디 가벼운 제안 하나만 더 들어주길 바란다. 그런 디바이스들과 그들이 의미하는 바에 대해 대부분의 사람이 평생 알 것보다 더 많은 것을 잊어버린 사람으로서, 당신이 잠시 일시 정지 버튼을 누르고 디바이스들을 더 자주 내려놓기를 바란다.

　그리고 물론 항상 시선을 들어라.

주

간단히 설명하겠다. 이 책에는 각주, 인용, 참고문헌이 없을 것이다. 왜냐고? 난 밥 우드워드가 아니기 때문이다. 좋다, 알았다. 이 책에 실린 정보는 대개 내가 『워싱턴포스트』『월스트리트저널』, 올싱스D, 『뉴욕타임스』, 복스미디어의 '레코드'와 잡지 『뉴욕』을 위해 진행하고 작성했던 수백 건의 인터뷰 및 보도 기사를 포함한 나의 보도 인생 30년을 기반으로 하기 때문이다. 일부 다른 뉴스 기사를 참고해 해당 출처를 본문에 직접 인용하고 있긴 하지만, 전반적으로 이 책은 인쇄물, 올싱스D 콘퍼런스와 코드 콘퍼런스 무대, 팟캐스트를 통한 내 작업물들을 바탕으로 한다. 또한 내가 만났던 테크 및 미디어 분야의 가장 유명하고 중요한 관계자 다수와의 대화 및 만남을 바탕으로 하고 있기도 하다. 정확히 말하면, 그 경험들에 대한 '나'의 기억이다. 때로는 기억력을 최대한 발휘해 대화를 재현했고, 내가 작성했던 기사와 기록이나 관련된 사람들을 통해 그것을 확인하기도 했다. 의견이 서로 다른 부분은 언급해두었다. 그리고 내가 보관하고 있는 엄청난 양의 이메일과 문자 메시지를 활용했다. 무엇보다 이러한 것은 내가 가까이에서 지켜본 기업과 사람들에 대한 내 솔직한 의견이고, 책에도 그 내용이 반영되어 있다. 달리 말하면, 마크 저커버그나 일론 머스크, 스티브 잡스, 또는 수년 동안 내가 취재한 수많은 사람에 대한 내 생각이 마음에 들지 않는다면, 그냥 칭찬 일변도의 전기를 읽어라. 그런 책들이 시중에 많지만, 이 책은 확실히 그런 책이 아니다.

감사의 말

　이런, 이 '감사의 말'이 두려운 이유는 내가 누군가를 빼먹는 바람에 그 사람이 출판 기념회 같은 곳에서 내게 냉담한 눈초리를 보내고 나는 최선을 다해 그걸 모른 체하려 할 게 분명하기 때문이다. 그런 사람들에게는 부디 너그러운 양해를 구한다. 내게는 매주 최대 다섯 번의 팟캐스트 방송과 네 명의 자녀(나중에 더 설명하겠다!)가 있고, 다 언급하지 못할 만큼 많은 온갖 일이 있다. 일단 할 수 있는 말은 죄송하다는 것뿐이다.

　그렇다고 하더라도 특정한 일부 사람은 호명될 자격이 있고, 여기에는 내가 다년간 테크업계와 실리콘밸리를 취재하며 만난 훌륭한 사람과 그렇지 않은 사람 모두가 포함된다. 하지만 나는 많은 이를 위해 이 책을 썼기 때문에 그들의 이름을 언급하지는 않겠다. 사람들이 하는 말처럼, 질척대지 않고 빠르게 마무리하겠다.

　이제 진짜배기다.

　우선 월트 모스버그에게 이 책을 바친다. 나는 운 좋게도 젊은 나이에 세계 최고의 멘토이자 파트너를 얻었고 내 인생, 경력, 저널리즘 그리고 내 영혼에 그가 끼친 영향은 엄청나다.

그런 맥락에서 나는 『워싱턴포스트』『월스트리트저널』『뉴욕타임스』, 그리고 특히 복스미디어 등 미디어 기업에서 업계 최고의 사람들과 함께 일하는 특권을 누렸다. 그중에서도 특별히 언급할 만한 사람은 가장 친절한 상사이자, 가만히 앉아 지나치게 많은 것을 묵인하는 세상에서 특출나게 궐기하던 남자 짐 밴코프다. 올싱스D 콘퍼런스부터 레코드, 스웨이, '온위드카라스위셔On with Kara Swisher', 피벗까지 수년에 걸쳐 나의 다양한 사업체에서 일해온 멋진 사람들도 마찬가지다. 모든 이름을 언급하지는 않겠지만, 스콧 갤러웨이를 빼먹는다면 팟캐스트에서 계속 시달릴 것이다.

샬럿 퍼먼, 마크 파스킨, 필라 퀸을 포함해 유나이티드탤런트에이전시의 여러 에이전트에게도 고마움을 전한다. 이들은 모두 에이전트 이름값을 하는 사람들이다. 사실 아주 훌륭하게 하는 사람들이고, 백 퍼센트의 값어치(음, '거의' 백 퍼센트)를 해냈다.

나를 저술 활동에 다시 끌어들일 수 있었던 유일한 에디터는 존 카프다. 그는 현재 멋쟁이 사모펀드 파트너들과 함께 사이먼앤슈스터를 이끌고 있지만, 그가 젊은 리포터였던 나를 출판의 길로 이끌었을 땐 그도 그저 젊은 편집자였다. 흠잡을 데 없는 그의 판단력은 내게 변함없이 도움을 주었다. 그에게 책을 한 권 더 빚지게 되었으니, 내 속도대로라면 우리는 죽는 날까지 서로 알고 지내게 될 것이다. 스테퍼니 프레리치도 마찬가지다. 내가 이 책을 작업하는 데 얼마나 늦었는지 생각하면 분명 화나는 순간도 있었을 텐데 그녀는 언제나 감각과 재능으로 이 책을 올바른 방향으로 이끌어주었다. 그녀는 보물 같은 편집자다.

　또한 사이먼앤슈스터의 브리타니 애덤스, 프리실라 페인턴, 스티븐 베드퍼드, 줄리아 프로서, 엘리자베스 허먼, 에일린 보일, 어맨다 멀홀랜드, 로런 고메즈, 조이 캐플런, 네이번 존슨, 메릴 프레포시, 베스 말리오네, 서맨사 코언, 미케일라 비옐랍스키, 폴 디폴리토, 재키 서, 에마 쇼, 톰 스페인, 레이 초코프, 니콜 모런, 마리 플로리오, 마벨 타베라스, 린지 브뤼게만, 위노나 루키토, 아이린 케라디, 캐럴린 러빈에게도 고마움을 전한다. 또한 나는 팩트체크를 좋아하는데, 크리스티나 레벨로가 촉박한 마감 기한 내에 훌륭하게 해냈다. 그리고 수십 년 동안 멋진 인터뷰 사진을 찍어준 에이사 마사트와 릭 스몰런에게도 고마움을 전한다.

책을 쓰는 과정에는 많은 사람이 필요하지만(위 문단 참조), 가장 중요한 사람 한 명만 골라야 한다면 나는 넬 스코벨을 선택할 것이다. 내 담당 편집자이자 테스터, 아이디어 공장, 지금은 좋은 친구인 그녀의 유머 감각, 테크 산업에 대한 깊은 지식과 통찰은 내 일을 수월하게 만들어주었고, 덕분에 이 책도 탄생할 수 있었다. 그녀의 추진력, 열정, 에너지가 없었더라면 이 책은 존재하지 못했을 것이다. 또한 그녀는 굉장히 재미있는 사람이고 나를 항상 웃게 만든다.

이제 카라의 친구들(카친!) 섹션으로 넘어가자. 나는 오랜 세월 좋은 친구를 아주 많이 둔 행운아였다. 그들은 여기까지 오는 긴 여정에 언제나 함께하며 나를 훨씬 더 즐겁게 만들어주었다. 모든 사람을 언급하지는 못하겠지만, 특별히 브룩 해멀링, 스테퍼니 룰, 리사 디키, 퀸시 스미스, 조앤 브래드퍼드, 메러디스 레비언, 태미 아다드, 캐런 프리드먼, 로런 굿, 힐러리 로즌, 매기 해버먼,

402

그리고 앨릭스 콘스탄티노플, 브랜디 바커, 섀넌 스투보, 프랭크 쇼, 제시카 파월, 레이철 웨트스톤을 포함해 나 때문에 대단히 짜증났을, 내가 대단히 존경하는 참을성 있는 대화의 프로들에게 고마움을 전하고 싶다. 그리고 인터넷 시대를 밝혀준 한 줄기 빛이자 우리 아들들에게 훌륭한 엄마였던 메건 스미스에게 특별히 고마움을 전한다.

내 가족 역시 큰 지지가 되어주고 수십 년 동안 내 모든 계획을 격려해주었다. 내 형제, 제프와 데이비드는 그들의 가족과 함께 그런 부분에서 최고였다. 그리고 어머니 러키는 더 많은 특별한 영혼을 필요로 하는 이 세상에 특별한 영혼이었고, 지금의 나를 만들어주셨다.

멋진 인생의 동반자, 훌륭한 엄마, 뛰어난 에디터이자 저술 조언가인 내 아내 어맨다 캐츠 또한 그렇다. 나의 436가지 직업과 끝나지 않는 이 책은 유능한 그녀의 어깨에 많은 부담을 지웠고, 그녀의 인내심과 평정심은 당연히 메달감이다. 그녀의 가족들, 그중에서도 특히 내 팟캐스트의 세계 최고 애청자인 앤 또한 매우 친절했다.

그러나 내가 고마움을 전하고 싶은 모든 사람 중에서도 나의 네 아이, 루이, 앨릭스, 클라라, 솔은 거의 완벽하고 내 인생에서 가장 좋은 사람들이다. 그토록 풍성한 인생이었지만 그 아이들이 내게 준 것, 무한한 기쁨에 비하면 아무것도 아니다.

색인

　색인은 없다. 그러니 책 전체를 끝까지 읽어서 찾는 것이 안에 있는지 확인해야 한다. 솔직히 말하면 여러분 대부분은 그렇게 하지 않는다. 그래도 수백 페이지에 달하는 책일지라도 전부 읽어라. 트위터(Ex, X, Q, 이름은 뭐가 됐든, 일론, 이 지칠 줄 모르는 호들갑쟁이)에서 강박적으로 스크롤을 내리는 것처럼 생각하라. 어쨌든 나는 여러분 모두가 15초 이상 주의를 기울일 수 있다고 믿는다. 특히나 재미, 공포, 혐오를 번갈아 느끼게 될 것이고, 궁극적으로는 나에게 격하게 동의하게 될 것이기 때문이다. 여러분도 알다시피 나는 그렇다. 그럼 즐거운 시간 보내길.

테크 천재들의 연대기
: 그들은 어떻게 세상을 읽고, 바꾸고, 망가뜨리나

초판인쇄 2025년 3월 12일
초판발행 2025년 3월 21일

지은이 카라 스위셔
옮긴이 최정민
펴낸이 강성민
편집장 이은혜
마케팅 정민호 박치우 한민아 이민경 박진희 황승현 김경언
브랜딩 함유지 함근아 박민재 김희숙 이송이 김하연 박다솔 조다현 배진성 이준희

펴낸곳 (주)글항아리 | 출판등록 2009년 1월 19일 제406-2009-000002호
주소 경기도 파주시 문발로 214-12, 4층
전자우편 bookpot@hanmail.net
전화번호 031-955-2689(마케팅) 031-941-5161(편집부)

ISBN 979-11-6909-368-2 03300

잘못된 책은 구입하신 서점에서 교환해드립니다.
기타 교환 문의 031-955-2689, 3580

www.geulhangari.com